Ludwig Erhard

Erfahrungen für die Zukunft

Meine Kanzlerzeit

LUDWIG ERHARD

ERFAHRUNGEN *für die* ZUKUNFT

Meine Kanzlerzeit

Herausgegeben von Ulrich Schlie
im Auftrag der Ludwig-Erhard-Stiftung

ECON

Wir verpflichten uns zu Nachhaltigkeit
- Papiere aus nachhaltiger Waldwirtschaft und anderen kontrollierten Quellen
- Druckfarben auf pflanzlicher Basis
- ullstein.de/nachhaltigkeit

MIX
Papier | Fördert gute Waldnutzung
FSC® C014496

Econ ist ein Verlag
der Ullstein Buchverlage GmbH

ISBN: 978-3-430-21116-1

Lektorat: Dr. Annalisa Viviani, München
Umschlaggestaltung: Brian Barth, Berlin
Layout und Satz: Arnold & Domnick, Leipzig
Gesetzt aus der Scala Pro
Druck und Bindearbeiten: GGP Media GmbH, Pößneck
Printed in Germany

Inhalt

Vorwort

Häufig wird Ludwig Erhard als der »Vater des Wirtschaftswunders«, als der prägende Wirtschaftsminister des wieder zu Wohlstand kommenden Deutschland betrachtet. Auch wir in der Ludwig-Erhard-Stiftung sehen uns als Streiter für Freiheit, Soziale Marktwirtschaft und Wohlstand für alle Bevölkerungsschichten. Die Zeit Erhards als Kanzler tritt dahinter zu oft zurück. Der Ökonom Ludwig Erhard war immer auch ein politischer Generalist. Anders wäre das anstrengende und doch fruchtbare Spannungsverhältnis mit Konrad Adenauer nie entstanden. Die Atlantische Allianz, die formellen Beziehungen zu Israel sind in diesem Zusammenhang wichtige Stichworte. Als Politik-Gestalter und auch als Politik-Manager hat Ludwig Erhard seine Spuren hinterlassen.

Kaum ein anderer deutscher Politiker und Staatsmann wird im politischen Diskurs so oft zitiert wie er. Ludwig Erhard ist auch in den politischen Auseinandersetzungen unserer Tage allgegenwärtig. Zu seiner Modernität hat wesentlich seine Überzeugung beigetragen, dass es immer Aufgabe der Politik ist, den Blick in die Zukunft zu richten. Erhard war insbesondere der Auffassung, dass die Soziale Marktwirtschaft noch nicht zu Ende geführt worden sei und es künftigen Generationen obläge, auf ihrer Grundlage eine moderne, freiheitliche Gesellschaftspolitik zu entwickeln. Wie sehr Ludwig Erhard mit seinem Einsatz für die Soziale Marktwirtschaft, mit seinem nach vorne gerichteten Denken und Handeln die Geschichte der Bundesrepublik Deutschland bis zum heutigen Tag geprägt hat und immer noch prägt, ist frappierend. Fragen der Haushaltsdisziplin und Probleme der Koalitionskohäsion, Klienteldenken, Lastenteilung im europäisch-amerikanischen Verhältnis, Sand im Getriebe der deutsch-französischen Beziehungen, kleinere und größere Zeitenwenden, die Bedeutung der Lage im Nahen Osten und die Freundschaft mit Israel als Grundpfeiler der deutschen Außenpolitik – alles, was Ludwig Erhard im Rückblick auf seine Zeit als Bundeskanzler anspricht, ist auch in den Diskussionen unserer Gegenwart vorhanden.

Ludwig Erhard hat vielleicht in einem höheren Maße als andere an die Vernunft und das Gute im Menschen geglaubt. Zur Macht hat er zeitlebens ein skeptisches Verhältnis bewahrt. Für ihren Missbrauch hat er nie Verständnis aufgebracht, vielmehr hat er für den pfleglichen Umgang mit Macht geworben. Ludwig Erhard hat einmal gesagt: »Ich glaube zudem, dass es zu einer guten Politik gehört, zu verhindern, dass Machtpositionen sich überhaupt ausprägen können, dass Macht gegen Macht ausgespielt wird.«[1] Auch diese Einsicht könnte in den gegenwärtigen Diskussionen von Vorteil sein. Wie zeitlos Ludwig Erhard ist, wird auch daraus ersichtlich, dass die von Gerhard Schröder, Alfred Müller-Armack, Johannes Gross und Rüdiger Altmann im Vorwort zu der Festschrift zum 75. Geburtstag von Ludwig Erhard am 4. Februar 1977 gewählte Formulierung bis heute nichts an Aktualität verloren hat: »In einer Zeit ideologischer Radikalität, in der von manchen die Gewalt höher geschätzt wird als das Argument, ist es recht, einen Mann zu ehren, dessen erster Gedanke die Freiheit ist, der der Vernunft des Menschen vertraut und in seinem Leben bewiesen hat, was der Mut zur Freiheit vermag.«[2]

Dieses geistige Erbe Ludwig Erhards im öffentlichen Bewusstsein zu halten, ist vornehmste Aufgabe der Ludwig-Erhard-Stiftung. Die Memoiren zu Erhards Kanzlerzeit zeigen eindrucksvoll, wie wichtig der Stiftung die historische Dokumentation ist. Aber damit ist sie nicht komplett beschrieben. Die Ludwig-Erhard-Stiftung nimmt sich gezielt der von ihrem Namensgeber und Gründer definierten Daueraufgabe an, die klaren Prinzipien und harten Maßstäbe einer Sozialen Marktwirtschaft dynamisch für die Anforderungen an eine moderne freiheitliche Wirtschaft und Gesellschaft im 21. Jahrhundert fortzuentwickeln. Nur ordnungsökonomisch resilient bleibt die Soziale Marktwirtschaft der erfolgreiche Gegenpol zu staatsinduzierter Wirtschaftspolitik und überbordendem politischem Pragmatismus. Nur das unbedingte Eintreten für eine Ordnung, die Freiheit und Kreativität mit sozialem Ausgleich verbindet, eröffnet weiterhin systemisch die Perspektive »Wohlstand für alle«. Die junge Generation auf diesem Weg zeitgemäß mitzunehmen, ist eine der Herausforderungen der Ludwig-Erhard-Stiftung in heutiger Zeit. Wenn dabei die Schätze des Stiftungsarchivs genutzt werden können, schließt sich der Kreis.

Wenn jetzt erstmalig die politischen Memoiren über Ludwig Erhards Kanzlerzeit der Öffentlichkeit vorgelegt werden können, ist dies ein wesentlicher Beitrag zur Geschichte der Bundesrepublik, zur Erhard-Forschung und zur Geschichte der CDU. Seine politische Memoiren zeigen nicht zuletzt, wie sehr bei Ludwig Erhard die Aufgaben der Gegenwart mit seinen Vorstellungen von der nahen Zukunft verwoben und in eine umfassende Betrachtungsweise eingebettet sind. Die hier vorgelegte kommentierte Ausgabe mit einer editorischen Notiz und einem Essay über Ludwig Erhard und seine Zeit von Ulrich Schlie, ergänzt um eine Zeittafel, Kurzbiografien und eine Zitatensammlung, richtet sich besonders an zeitgeschichtlich interessierte Leserinnen und Leser, an alle im In- und Ausland, die Näheres über Lebenswerk und Persönlichkeit von Ludwig Erhard erfahren möchten.

Roland Koch
Frankfurt a. M., im April 2024

Editorische Notiz

Wenn heute, im Sommer 2024, 47 Jahre nach dem Tod von Ludwig Erhard, Memoiren des Bundeskanzlers und Vaters des Wirtschaftswunders vorgelegt werden können, ist dies eine zeitgeschichtliche Überraschung und bedarf der Erklärung. Genauer gesagt handelt es sich bei den hier vorgelegten Erhard-Memoiren um einen Rechenschaftsbericht über seine Zeit als Bundeskanzler in den Jahren 1963 bis 1966. Der Bericht trägt zutreffend den von Erhard gewählten Titel *Meine Kanzlerzeit*. Die Memoiren sind eine Auftragsarbeit, für die sich im Jahresbericht der Ludwig-Erhard-Stiftung 1977 die unscheinbare Notiz »Ausgaben für Publikationen Meine Kanzlerzeit, Manuskript von Hans Klein 1.998,-- DM«[1] findet. Verfasst wurde der Text von Johnny Klein, einst Erhards Pressereferent, der anschließend als Bundestagsabgeordneter für den Wahlkreis München-Mitte von 1976 bis 1996, als Außenpolitischer Sprecher der CDU/CSU-Bundestagsfraktion von 1982 bis 1986, als Bundesentwicklungshilfeminister von 1987 bis 1989, als Chef des Presse- und Informationsamtes der Bundesregierung von 1989 bis 1990 sowie schließlich als Bundestagsvizepräsident von 1990 bis zu seinem Tod im Jahr 1996 eine bemerkenswerte eigene politische Karriere vorzuweisen hat.[2]

Dass Erhards Wahl bei der Suche nach einem Ghostwriter ausgerechnet auf Hans »Johnny« Klein gefallen ist, war kein Zufall. Der 1931 in Mährisch-Ostrau geborene Journalist Klein war ein begnadeter Schreiber und genoss Erhards uneingeschränktes Vertrauen. 1959 trat Johnny Klein als Quereinsteiger in den Auswärtigen Dienst ein, als er die Aufgabe des Presseattachés an der deutschen Botschaft in Amman übernahm. In der gleichen dienstlichen Funktion wurde er anschließend an den Auslandsvertretungen in Syrien, Irak und Indonesien eingesetzt. Damit hatte Klein in jungen Jahren operative Erfahrungen in der deutschen Außenpolitik sammeln können, Erfahrungen, die ihm in seinem späteren Berufsleben von großem Nutzen sein sollten. Er verstand sich, wie sein Biograf Karl Hugo Pruys treffend bemerkt hat, zeitlebens als »registrierender, räsonierender Chronist«.[3] Aber er suchte auch von Anfang an die Nähe zur Macht. Bereits seit 1956 als parlamentarisch-diplomatischer Korrespondent der Presseagentur DIMITAG, des Dienstes mittlerer Tageszeitungen, und seit 1958 als Korrespondent des *Hamburger Abendblatts* war er in Hintergrundkreisen der rechten Hand des Bundeswirtschaftsministers Ludwig Erhard, Karl Hohmann, aufgefallen. Die damals geknüpften Kontakte sollten Klein nach seiner Rückkehr aus dem Nahen Osten zugutekommen.

1964 hatte Klein auf dem CSU-Parteitag sein »Schicksalerlebnis«,[4] wie er es formulierte, als er in den Bann des Redners Ludwig Erhard gezogen wurde und der Entschluss in ihm reifte, in den Dienst dieses Bundeskanzlers zu treten. Auf Vorschlag Hohmanns und mit Unterstützung Eduard Ackermanns, des Sprechers der CDU/CSU-Bundestagsfraktion, konnte Klein bereits zu Beginn des Jahres 1965 als pressepolitischer Referent bei Bundeskanzler Ludwig Erhard anfangen. Zu seinen Aufgaben zählte dabei auch, den Bundeskanzler auf dessen Auslandsreisen zu begleiten und Entwürfe für Reden und Aufzeichnungen anzufertigen. Klein sollte bald zum engsten Beraterkreis um Erhard zählen. Zusammen mit Rüdiger Altmann, Johannes Gross, Hermann Blome und Karl Hohmann gehörte er zum sogenannten Sonderkreis, der sich

14-tägig zu inhaltlichen Gesprächen mit dem Bundeskanzler traf und auf den unter anderem das Konzept der »formierten Gesellschaft« zurückging. Klein erlebte das ganze Jahr 1965 der Kanzlerzeit Ludwig Erhards aus nächster Nähe mit: die außenpolitischen Erfolge, insbesondere auch den Wahlkampf, den Triumph des Wahlsiegs und das Pokerspiel um die Koalitionsbildung 1965, aber auch den Zwist mit der FDP, die zermürbenden Intrigen vor allem auch der Parteifreunde – Erfahrungen, die Ludwig Erhard menschlich tief erschütterten und die ihn zeit seines Lebens nicht mehr losließen.

Johnny Klein gehörte zweifelsohne zum innersten Kreis. Den »Abschiedsabend« am 30. November 1966, als im Palais Schaumburg die Lichter ausgingen, hielt er in einer sehr persönlichen Vignette fest, die er zur Festschrift für Ludwig Erhards 75. Geburtstag beisteuerte. Dies ist vielleicht der persönlichste Beitrag des voluminösen, von Gerhard Schröder, Alfred Müller-Armack, Karl Hohmann, Johannes Gross und Rüdiger Altmann herausgegebenen Werks.[5] Auch in diesem Beitrag stand für Klein die Frage »Woran war dieser zweite Bundeskanzler Nachkriegsdeutschlands gescheitert?« im Vordergrund, eine Frage, der letztlich auch die hier vorgelegten Memoiren gewidmet sind. Die dort von Johnny Klein gegebene Erklärung, Ludwig Erhard sei in die Frontstellung zwischen Gerhard Schröder und Franz Josef Strauß geraten,[6] nimmt im Grunde die Deutung der Memoiren vorweg, denn auf eine ganz andere Art als zu Ludwig Erhard sollte Johnny Klein später auch zu Franz Josef Strauß, dessen Bundestagswahlkampf als Kanzlerkandidat er 1980 organisierte, ein Naheverhältnis entwickeln.

Es war jene Mischung aus Nähe, menschlicher Sympathie und Chronistenverständnis, die Klein auszeichnete und die in Verbindung mit seiner Neigung, auch als Journalist ungewöhnliche Pfade einzuschlagen und immer wieder von Neuem anzufangen, seinem Lebensweg eine besondere Note gab und die

Qualität seiner Texte auszeichnete. Bereits zum Jahresanfang 1966 wechselte Johnny Klein nach nur einem Jahr an Ludwig Erhards Seite und nach sieben Jahren im Staatsdienst auf die Stelle des Bonner Korrespondenten des Heinrich Bauer Verlags, ohne dass das enge Vertrauensverhältnis zu Ludwig Erhard dabei Schaden nahm. Die Bundesregierung habe ihm, wie er in einem Rundbrief an seine Freunde schrieb, die Gelegenheit gegeben, ihn mit »Stil und Machart des Auswärtigen Dienstes vertraut zu machen [und] das Phänomen der Macht aus der Nähe zu studieren«.[7] Sowohl seinem »Patron«, Staatssekretär Karl-Günther von Hase, als auch dem Leiter des Kanzlerbüros, Ministerialdirektor Karl Hohmann, dankte Klein am Ende seines Rundbriefs für deren Loyalität und Hilfsbereitschaft. Kleins Beschreibung von Hohmann, seinem unmittelbaren Vorgesetzten, als »kühl, schweigsam, zuverlässig, informiert, mit allen bekannt, die für Erhard wichtig sind oder werden können, einfallsreich und hintergründig«[8] war zugleich das prägnanteste und kürzeste Charakterbild des wortkargen Westfalen.

Hohmann, der Leiter des Büros des Bundeskanzlers, war die Schlüsselfigur in Erhards Umfeld, und er hat auch mit Blick auf die Genese dieser Memoiren neben Klein eine zentrale Rolle gespielt. Die Hingabe an Ludwig Erhard, dem er seit 1953 als persönlicher Referent und Leiter des Grundsatzreferats für Preispolitik in der Abteilung von Professor Müller-Armack diente und dessen Pressearbeit er ab 1956 organisierte, war für Hohmann, Jahrgang 1916, wie für viele Angehörige seiner Generation, die durch den Kriegsdienst geprägt waren – Hohmann hatte vom ersten bis zum letzten Tag des Kriegs in Aufklärungsabteilungen des Heers an der Front verbracht, einschließlich der Schlacht um Stalingrad – auch eine Antwort auf die Erfahrungen der Kriegszeit und das Glück, noch einmal davongekommen zu sein.[9]

Auch in seiner neu/alten Funktion als Journalist ließ Johnny Klein Bundeskanzler Erhard und dessen Umfeld nicht aus den

Augen. Als Insider wurde infolge des zermürbenden Intrigenspiels, das Erhard schließlich zum Rücktritt veranlasste, auch Kleins persönliche Leidensfähigkeit getestet. Genau eine Woche vor Bildung der Großen Koalition veröffentlichte Klein am 20. November in der Zeitschrift *Neue Illustrierte Revue* einen nicht autorisierten Abschiedsbrief des Bundeskanzlers, der auch eine Abrechnung mit dessen innerparteilichen Gegnern, allen voran mit dem Fraktionsvorsitzenden Rainer Candidus Barzel, war.[10] Ludwig Erhard hat die Intervention seines einstigen Pressereferenten zu schätzen gewusst und dessen Einfall mit der Bemerkung »Sie haben mir aus der Seele geschrieben« goutiert.[11]

Wie eng das Verhältnis zwischen Karl Hohmann, Johnny Klein und Ludwig Erhard gewesen sein muss, geht auch daraus hervor, dass Johnny Klein für den biografischen Essay, den er 1967 in einem Bildband über Ludwig Erhard im Verlag Kiepenheuer und Witsch[12] verfasst hatte, den Altkanzler dazu gewinnen konnte, als Korrekturleser seines eigenen biografischen Porträts zu fungieren. Die wenigen handschriftlichen Korrekturen und Ergänzungen aus der Feder Erhards sprechen für einen seltenen Gleichklang der Sichtweise. Neben den ganz marginalen Änderungen Ludwig Erhards finden sich dort ebenfalls ausführlichere redaktionelle Korrekturen Karl Hohmanns, insbesondere mehrere Streichungen.[13] Auch dies hebt den eingreifenden Anspruch des einstigen Büroleiters und engsten Vertrauten von Ludwig Erhard hervor. Als 1972 die Festschrift zum 75. Geburtstag Ludwig Erhards erschien, war wiederum Johnny Klein mit von der Partie. Die Einladung zum Geburtstagsfrühstück am Donnerstag, dem 3. Februar 1972, in die Redoute in Bad Godesberg konnte Klein nur deshalb nicht annehmen, weil er als Pressechef des Organisationskomitees für die Spiele der XX. Olympiade in München 1972 an einer Sitzung des Internationalen Olympischen Komitees bei den XI. Olympischen Winterspielen in Sapporo teilnehmen musste, nicht ohne bei seiner Absage hinzuzufügen: »Sie wissen, mit wie viel Freude ich für Sie gearbeitet habe und mit welcher Affektion ich Ihnen anhänge.«[14]

Die genauen Umstände der Auftragserteilung zur Erstellung des Memoiren-Manuskripts lassen sich heute nicht mehr rekonstruieren. Aus mehreren Dokumenten kann jedoch zweifelsfrei abgeleitet werden, dass Ludwig Erhard eng in das Vorhaben eingebunden war. Im Terminkalender von Karl Hohmann finden sich Einträge für Gespräche mit Johnny Klein am 5. November 1975 um 11:30 Uhr, vermutlich in Bonn, sowie am 18., 19., 20. Februar und 1. April 1976, hier jeweils ohne Uhrzeit. Die ursprüngliche Abgabe des Manuskripts war, wie wir aus einem anderen Schreiben von Karl Hohmann wissen, für Ende März 1976 terminiert gewesen. Am 9. April 1976 lieferte Johnny Klein die Auftragsarbeit bei Karl Hohmann ab. Das Begleitschreiben Kleins hat offenkundig auch Ludwig Erhard zur Kenntnis erhalten, da Erhard darauf zu Händen Hohmanns knapp handschriftlich notierte: »Nächste Woche können wir uns dann über den Fortgang unterhalten.« Die in Kleins Schreiben enthaltenen Formulierungen sind mit Blick auf Art und Umfang des Auftrags entscheidend, weil sie Rückschlüsse auf den Vertragsgegenstand enthalten: »Es hat ungefähr die vereinbarte Länge. [...] Zum Manuskript selbst: Ich habe mir Mühe gegeben. Insbesondere bei Abhandlung der delikaten Themenkreise. Obwohl es auch ein wenig meiner Absicht entsprach, stellte sich bei der Arbeit heraus, dass ich der Außenpolitik der Erhard'schen Kanzlerschaft doch ein sehr großes Gewicht beimessen musste.«[15] Aus diesen Formulierungen geht hervor, dass es zwischen Hohmann und Klein im Vorfeld des Auftrags eine detaillierte Verständigung über die Schwerpunkte und die Umsetzung des Auftrags gegeben haben muss und dass der eigentliche Auftraggeber und der Ghostwriter sich darin einig waren, mit dem Manuskript einen politischen Akzent setzen zu wollen: »Einer der Punkte, die von seinen Gegnern bestritten wurden, deren einigermaßen plausible Darstellung aber auch einen Beitrag zur Korrektur der Geschichtsschreibung über jene Jahre leisten kann.« Die hier so freimütig festgehaltene Tendenz entspricht ganz und gar den anderen Eindrücken von Karl Hohmann, der schon vor seiner formalen Übernahme des Amtes des Vorsitzenden der Ludwig-Erhard-Stiftung von Alfred Müller-Armack im Jahr 1978 der eigentliche Strippenzieher der Erhard-Community war und dem es um nichts weniger als eine Beeinflussung des Bildes Ludwig Erhards in der Geschichte ging. Auch darüber, wie er diesen delikaten Auftrag umgesetzt hatte, reflektierte Johnny Klein in seinem Abgabeschreiben: »Bei mancher Formulierung bin ich nach einem Postulat verfahren, das ich aus meiner Arbeit unter Ihnen im Gedächtnis bewahrt habe: sinngemäß handeln. Natürlich verfolgte ich eine Tendenz. Sollte ich ungewollt dabei Tatsachen falsch wiedergegeben oder Erhard'sche Auffassungen missinterpretiert (sic), werden Sie dies ja sofort entdecken und korrigieren.« Wie wichtig Klein seine Arbeit war, wird auch an der gegenüber Hohmann gemachten abschließenden Bemerkung Kleins sichtbar, dass die Arbeit »wie man schwäbisch sagt, ein ›Schlauch‹« gewesen sei. »Sie hat mir viel Freude gemacht, mir nolens volens meine eigenen Kenntnisse erweitert und mich auch reichlich angeregt.«[16]

Klein bestätigt in seinem Anschreiben an Hohmann, dass das Manuskript lediglich in zwei Fassungen vorgelegt wurde: das an Hohmann adressierte Original – es ist im Nachlass Erhards erhalten – und eine Kopie, die Klein für sich behielt und die sich heute in dessen nachgelassenen Papieren befindet. Wohl schon 1977 wurden in der Ludwig-Erhard-Stiftung dann zwei weitere Ablichtungen angefertigt, denn neben dem Original sind diese an unterschiedlichen Stellen im Nachlass von Ludwig Erhard abgelegt.[17] Erst durch meine Recherchen im Jahr 2022 im Nachlass von Johnny Klein wurde ich auf das

Manuskript aufmerksam, das von der Forschung bislang nicht zur Kenntnis genommen worden ist.

Warum aber hat Karl Hohmann der Forschung das Manuskript vorenthalten? Und warum ist es, wie ursprünglich vorgesehen, nicht schon 1977 zum Druck gelangt? Die Beantwortung dieser Fragen wird zunächst erschwert, weil Hohmann sich dazu nur an einer einzigen Stelle und zudem nur indirekt geäußert hat. Als ehemaliger Leiter des Büros von Bundeskanzler Ludwig Erhard und als erster Vorsitzender der Ludwig-Erhard-Stiftung verstand sich Karl Hohmann schon zu dessen Lebzeiten als eine Art Türhüter der Erhard-Welt und Wächter des Vermächtnisses des schon damals legendären Bundeskanzlers. Hohmann war eine Art selbst ernannter Lordsiegelbewahrer, der zutiefst verletzt war durch die Umstände, unter denen Ludwig Erhard 1966 zum Rücktritt gezwungen wurde. Noch zu Lebzeiten von Ludwig Erhard hatte es sich Hohmann zur Aufgabe gemacht, »den großen Zeitungen und Magazinen der Weltpresse, deren Interessen sich nicht überschneiden, in bestimmten Abständen Namensartikel des Altbundeskanzlers zur Verfügung zu stellen, um damit in die Diskussion z. B. um das sogenannte Nord-Süd-Verhältnis oder die ›neue Weltwirtschaftsordnung‹ einzugreifen«. Hohmann wies dabei ausdrücklich auf die in der Bundesrepublik stärker werdenden »Gegenkräfte« hin, die »für planwirtschaftliche bis hin zu zentralverwaltete[n] Wirtschaftsformen eintreten«.[18] Hohmann wollte zweifellos in die Debatte eingreifen und das Bild Ludwig Erhards in der deutschen Geschichte prägen.

1977 schließlich veröffentlichte Karl Hohmann im Auftrag der Ludwig-Erhard-Stiftung den Band *Ludwig Erhard: Erbe und Auftrag.*[19] Die dort enthaltenen Texte umfassen die entscheidenden Reden des Staatsaktes sowie des Staatsbegräbnisses in Tegernsee und Gmund am 12. Mai 1977, die Trauerbekundungen ausländischer Staatsmänner sowie die Würdigungen,

Kommentare und Presseberichte sowohl zum Tod Ludwig Erhards am 5. Mai als auch zu dessen 80. Geburtstag wenige Monate zuvor am 4. Februar 1977. Im Vorwort zu dieser Gedenkschrift wies Karl Hohmann ausdrücklich darauf hin, dass die an dieser Stelle vorgelegten Erklärungen Ludwig Erhards »vermächtnishaften Charakter«[20] besäßen und sich als Beitrag zu der sich im Entstehen begriffenen Erhard-Forschung verstünden, »deren Anfang gemacht ist und deren Notwendigkeit sich immer mehr erweist«.[21] Dies war der erklärte Anspruch und auch das Motiv für den Erinnerungsbericht, den Klein im Auftrag der Ludwig-Erhard-Stiftung geschrieben und abschließend an Hohmann adressiert hatte. Aus den Unterlagen Kleins geht nicht nur die Höhe der Honorarzahlung für den Band hervor, sondern auch der Umstand, dass Klein die Forderung der für den Band entstandenen Spesen sowie »das vereinbarte Schreibhonorar für Fräulein Bayerschmidt« an Hohmann richtete und die Überweisung mit der launigen Bemerkung anregte, »damit die Phönizier nicht umsonst das Geld erfunden haben«.[22]

Es ist auffällig, dass sich Hohmann nicht nur mit der Kommentierung des Textes zurückgehalten hat, sondern auch keinen inhaltlichen Austausch mit Klein über die Kanzlerzeit gesucht hat. Hatte Hohmann von der ursprünglichen Publikationsabsicht schon relativ bald nach Erhards Tod Abstand genommen? Zum besseren Verständnis des Lesers ist der Vermerk Hohmanns an den das Memoiren-Manuskript betreffenden Stellen in den Anmerkungen wörtlich zitiert. Aus einer kryptischen Bemerkung im Jahresbericht der Ludwig-Erhard-Stiftung von 1977 ist zu entnehmen, dass Karl Hohmann verschiedene Manuskripte zu einem größeren Gesamtbild zusammenbringen wollte, eine Absicht, die er dann aber nie verwirklicht hat.

Aufschlussreich ist in diesem Zusammenhang insbesondere ein undatierter, einseitiger maschinenschriftlicher Vermerk mit einer handschriftlichen Ergänzung aus der Feder Hohmanns, der dem Memoiren-Manuskript beigelegt ist.[23] Der Diktion nach und vor dem Hintergrund der handschriftlichen Ergänzung ist die Autorenschaft Hohmanns eindeutig. Aus dem Vermerk wird insbesondere klar, in welchen Punkten Hohmann gegen das von Johnny Klein verfasste Memoiren-Manuskript Vorbehalte verspürte. Die darin dargestellten Themenkomplexe beinhalten bis auf einen Punkt eher marginale Anmerkungen. Wegen seiner grundsätzlichen und zeitgeschichtlichen Bedeutung vor dem Hintergrund der hier dargestellten Entstehungsgeschichte des Manuskripts ist der einzige inhaltliche Vermerk, der aus der Feder von Karl Hohmann zu den Erhard-Memoiren vorliegt, an den entsprechenden inhaltlichen Stellen wortwörtlich in die Anmerkungen eingearbeitet worden. Wenn sich Hohmanns *dissenting opinion* im Wesentlichen auf kleinere Retuschen bezog, so hatte sie doch in einem Punkt eine zentrale politische Frage zum Gegenstand, bei der eine grundlegende unterschiedliche Auffassung zwischen Karl Hohmann und Johnny Klein vermerkt werden muss. Diese bezog sich auf Franz Josef Strauß, den damaligen CSU-Vorsitzenden, der 1963 maßgeblich daran beteiligt war, dass Ludwig Erhard zum zweiten Bundeskanzler der Bundesrepublik Deutschland gewählt werden konnte, und der trotz seiner politischen Bewunderung für Ludwig Erhard in den Kanzlerjahren dessen schwieriges Verhältnis zur Macht, vor allem aber die von Strauß wiederholt kritisierte fehlende strategische Orientierung – und hierbei insbesondere die Vernachlässigung des deutsch-französischen Verhältnisses – dazu gebracht hatte, Erhard mehr und mehr kritisch zu sehen.[24] In dem undatierten Vermerk Hohmanns heißt es dazu bezeichnend: »Die Person Strauß – bzw. dessen Einflussnahme ist m. E. viel zu positiv gezeichnet. [...] M.E. ist ohnehin der Kanzlersturz stark zugunsten von Strauß und zuungunsten der FDP verzeichnet. (S. 98/102 ff.)«[25]

Für die positive Darstellung von Franz Josef Strauß mag es zudem Gründe gegeben haben, die in der politischen Biografie von Johnny Klein zu suchen sind. Denn Klein war zum Zeitpunkt der Abgabe des Manuskripts schon Mitglied der CSU-Bundestagsfraktion mit eigenen politischen Ambitionen und bald darauf nach den Wahlen 1976 Bundestagsabgeordneter und damit, wie Strauß auch, Mitglied der CSU-Landesgruppe. Bei der Lektüre der entsprechenden, auf das Wirken der CSU bezogenen Passagen der Erhard-Memoiren muss ein aus dem Spannungsverhältnis zwischen politischer Aufgabe und schriftstellerischem Auftrag erwachsener Interessenkonflikt des Ghostwriters Johnny Klein in Rechnung gestellt werden. Bereits im November 1972, nach den Olympischen Spielen, deren Pressechef Klein gewesen ist, hatte er erfolglos im Wahlkreis 204 München-Mitte für den Deutschen Bundestag kandidiert. Vier Jahre später konnte er dann als direkt gewählter Abgeordneter dieses Wahlkreises in den Deutschen Bundestag einziehen. Diese zeitliche Abfolge lässt die Schlussfolgerung zu, dass Klein das Manuskript unmittelbar vor Beginn der heißen Phase des Bundestagswahlkampfs fertiggestellt haben muss. Eine zu deutliche Kritik, gar eine Auseinandersetzung mit der Rolle von Franz Josef Strauß in der Schlussphase der Regierung von Ludwig Erhard – Ereignisse, die damals ein Jahrzehnt zurücklagen – wäre zu diesem Zeitpunkt für den Bundestagsaspiranten Johnny Klein kaum opportun gewesen.

Aus der hier ausführlich paraphrasierten inhaltlichen Kritik Hohmanns können dennoch keine grundsätzlichen Zweifel am Quellenwert der Memoiren oder gar ein grundlegender Dissens zwischen Hohmann und Klein abgeleitet werden, denn das enge Verhältnis zwischen Karl Hohmann und Johnny Klein hatte durch die Abgabe der Auftragsarbeit nicht gelitten. Bereits mit dem Schreiben vom 18. April 1977 übersandte Karl Hohmann Johnny Klein die Urkunde zur Mitgliedschaft im

Freundeskreis Ludwig Erhard,[26] und im September 1977 forderte er ihn dazu auf – wie andere Wegbegleiter auch –, einen Beitrag (konkret angefragt war der Nachruf auf den Bundeskanzler aus der Feder von Johnny Klein, der im *Bayernkurier* erschienen war) zur Gedenkschrift für Ludwig Erhard beizusteuern.[27] Bereits wenige Tage vor dieser Anfrage hatte Hohmann zudem Klein um Mitwirkung am ersten Symposium der Ludwig-Erhard-Stiftung gebeten, das für den 10. November 1977 geplant war.[28]

Folgt man der Korrespondenz, gestaltete sich mit zunehmendem Abstand der Kontakt zwischen dem Vorstand der Ludwig-Erhard-Stiftung und dem vielbeschäftigten Klein in den 1980er-Jahren dann weniger intensiv. Als Hohmann 1988, wiederum im Econ Verlag, aus Anlass des 100. Geburtstags ein voluminöses Buch über *Ludwig Erhard – Gedanken aus fünf Jahrzehnten* veröffentlicht hatte, wandte er sich an den einstigen Weggefährten – der Brief ganz korrekt mit »Sehr geehrter Herr Minister, lieber Herr Klein« adressiert –, um ihn für eine mit der *Frankfurter Allgemeinen Zeitung* vereinbarte Buchbesprechung anzufragen.[29] Klein, der nunmehr als Bundesminister für wirtschaftliche Zusammenarbeit selbst am Kabinettstisch Helmut Kohls saß, übernahm die Aufgabe unverzüglich und im vereinbarten Umfang und verwies dabei nicht nur auf die Aktualität der Analysen und Prognosen Erhards, sondern würdigte auch den Herausgeber mit anerkennenden Worten: »Karl Hohmann, intellektueller Nachlassverwalter und treuester der treuen Erhard-Mitarbeiter« habe mit kundiger Hand 153 Artikel und Ansprachen seines alten Chefs zusammengestellt.[30]

Worin liegt nun der zeitgeschichtliche Wert der Erhard-Memoiren, und welche Besonderheiten weist das Manuskript auf? Auffällig ist zunächst der selektive, sehr persönliche und in Form und Wortlaut gewählte Stil, der sich auf den ersten Blick etwas vom klassischen Erhard-Sound abhebt, auf den zweiten

Blick indes die für Erhard typischen Formulierungen enthält, die er auch in seinen Reden wiederkehrend aufgegriffen hat. Das Besondere der Aufzeichnung liegt in ihren unverstellten Einblicken in die Maschinenräume der Macht, in das innere Gefüge der Christlich Demokratischen und der Christlich-Sozialen Union Deutschlands sowie der Fraktionsgemeinschaft, die sie bildeten und die es ihrem Bundeskanzler Ludwig Erhard beim Regieren nicht allzu leicht gemacht hat. Es zeigt insbesondere die persönliche Verwundung, die Ludwig Erhard in jenen für ihn schmerzvollen Jahren erlitten hat und die auch nach dem Amtsverlust nicht von ihm gewichen ist. Klein konnte aufgrund seiner Nähe und seines psychologischen Gespürs so manches aufnehmen und in Worte fassen, was bis dahin verborgen geblieben war. Gerade diese Gabe macht das Manuskript zu einer faszinierenden Lektüre, die zudem erstaunlich aktuell ist. Denn vieles von dem, was im Manuskript mit messerscharfem Verstand und flotter Feder festgehalten ist, könnte eins zu eins auf das Parteiengezerre in der im Publikationsjahr 2024 amtierenden Ampelkoalition und auf die Auseinandersetzungen zwischen Regierung und Opposition übertragen werden. Gewiss: Geschichte wiederholt sich nicht, aber bestimmte Konstellationen kehren wieder.

War Ludwig Erhard, der leutselige Franke mit der nie verglimmenden Zigarre, ein Machiavelli? Johnny Klein hat an anderer Stelle diese Frage gestellt und gleich selbst beantwortet: »Er ist anders, ganz anders als sein Bild in der Öffentlichkeit. Aber nichts sitzt fester als ein Vorurteil [...]. Erhard hat eine visionäre Gabe, ein instinkthaftes Gefühl für große Entwicklungslinien. Er hat eine geradezu amerikanische Freude am Neuen und am Ungewöhnlichen.«[31] Der Erhard, der uns in seinem Manuskript gegenübertritt, trägt gewiss auch Züge, die Johnny Klein in ihm sehen wollte. Dies ist das Schicksal aller Erinnerungswerke von Staats- und Regierungschefs, die sich bei der Niederschrift mehr oder weniger ganz auf fremde

Federn verlassen haben, ohne dass dies von Wissenschaft und Publizistik immer so wahrgenommen worden ist.[32]

Erhards Memoiren werden an dieser Stelle als Faksimile mit einem knapp gehaltenen wissenschaftlichen Apparat vorgelegt. Offenkundige Schreib- und Interpunktionsfehler sind deshalb nicht korrigiert. Die Anmerkungen beschränken sich dabei auf Angaben, die zum Verständnis des zeitgeschichtlichen Kontexts für den heutigen Leser hilfreich erscheinen und die insbesondere Querverweise zu den biografisch-politischen Bezügen des Ghostwriters Johnny Klein aufzeigen. Ein Personenregister soll zudem helfen, biografische Kurzangaben zu den im Text erwähnten Personen parat zu halten. Hierin wurden alle im Text genannten Personen aufgenommen, die in Beziehung zu Ludwig Erhard standen und deren biografische Daten für das Verständnis seiner Memoiren von Belang sind. Ein ausführlicher Essay ordnet die Memoiren in den zeitgeschichtlichen und biografischen Kontext über Ludwig Erhard als Person und Bundeskanzler ein. Das Verzeichnis der herangezogenen Quellen und Literatur, eine Zitatensammlung, ein Verzeichnis der Kurzbiografien und eine Zeittafel schließen die Edition ab.

Ulrich Schlie
Bonn, Ostern 2024

Ludwig Erhard

Meine Kanzlerzeit

Liebe Freunde!

Erkenntnisse und Erfahrungen meiner Kanzlerzeit: Ich lege sie Ihnen vor, weil ich die Lehren aus Geschehenem und Gewolltem, Erreichtem und Verhindertem weitergeben will. Die Distanz von bald zehn Jahren, aus der ich schreibe, verschärft die Konturen des objektiv Wichtigen. Was mich im Herbst 1966, in den Wochen vor und nach meinem Rücktritt als Bundeskanzler, subjektiv bewegt hat, ist dagegen inzwischen eher verblaßt. Keine Rechtfertigung also und keine Enthüllung, auch nicht die des eigenen Denkmals.

Das Gerüst meiner Darlegungen bildet der Ereignisablauf vom 16. Oktober 1963 bis zum 30. November 1966. Doch um bestimmte Verwicklungen zu entschlüsseln, skizziere ich - zumindest mit einigen Strichen - jeweils ihre Ursachen und ihren historischen Weg. Um die teilweise dramatische Aktualität des Berichteten zu verdeutlichen, führe ich auch Daten, Zahlen und Fakten aus der allerjüngsten Vergangenheit an.

Niemand kann aus seiner persönlichen Gleichung herausspringen. Diese Aufzeichnung, die als Appell an Sie gemeint ist, enträt der Emotion,[1] aber nicht des Engagements. Sie ist aus dem Bemühen um chronistische Nüchternheit entstanden, aber sie soll einen Beitrag leisten zu der großen geistig-politischen Auseinandersetzung unserer Zeit. Zu der Auseinandersetzung zwischen Freiheit und Sozialismus.[2]

Der Kanzlerwechsel

Die Welt war keineswegs in Ordnung, als ich am 18. Oktober 1963, zwei Tage nach meiner Wahl zum Bundeskanzler, im Deutschen Bundestag meine Regierungserklärung abgab. Aber die Kräfte in der Welt, die für eine freiheitlich-demokratische Ordnung eintraten, waren noch nicht in den lebensgefährlichen Strudel lustvoller Selbsterniedrigung geraten. Der Sozialismus in all seinen Erscheinungsformen und mit all seinen internationalen Querverbindungen glaubte selber noch nicht an die Sprüche von der geschichtlichen Erfolgsautomatik seiner Ideologie. Auf die damalige Situation in der Bundesrepublik Deutschland verkürzt, bedeutete dies jedenfalls noch weitgehende Übereinstimmung der drei Bundestags-Parteien in den Schicksalsfragen der Nation. In welchem Maße sich dabei die SPD lediglich in politischer Mimikri übte, in wahltaktischer Anpassung an eine kraftvolle Mehrheitshaltung, das sollte allerdings schon bald erkennbar werden. Eine unscheinbare statistische Angabe kennzeichnet die intellektuelle Manövrierfähigkeit demokratischer Sozialisten ebenso wie die undoktrinäre Vernunft sozialer Demokraten: Meine Regierungserklärung wurde von 112 Beifallsbekundungen unterbrochen. 45 davon gaben allein oder gemeinsam mit den Regierungsparteien Mitglieder der SPD-Fraktion ab. Unter ihnen Herbert Wehner ebenso wie Fritz Erler.

Das befreundete, der Bundesrepublik Deutschland wohlgesonnene Ausland beobachtete den Kanzlerwechsel mit einer gewissen Spannung. Galt er doch vielen als erste Bewährungsprobe der jungen deutschen Demokratie. So laut auch über die Unterschiede, ja Gegensätzlichkeiten im Persönlichkeitsbild von Konrad Adenauer und mir nachgedacht wurde, in dem Übergang lag nichts Abruptes. Schließlich war ich als Bundeswirtschaftsminister und später auch als Vizekanzler Adenauers engster Mitarbeiter. Schließlich war die "Soziale Marktwirtschaft" wesentlicher Bestandteil, wenn nicht sogar Voraussetzung der Errungenschaften der "Ära Adenauer". Schließlich war ich in der Nachfolge Adenauers als Bundeskanzler von einer breiten Mehrheit der Unionsparteien und der FDP, deren Bundestagsfraktionen, aber auch der öffentlichen Meinung getragen. Und schließlich hatte meine politische Nachkriegskarriere - genau wie die Adenauers - bereits 1945 begonnen. Nur: Im Gegensatz zu meinem Vorgänger konnte ich auf keine politische Vorkriegskarriere zurückblicken. Ein Umstand, dessen Bedeutung ich in meinen Kanzlerjahren noch zu bewerten lernte.

Der Übergang vom ersten deutschen Bundeskanzler zum zweiten verlief - abgesehen von einer eindrucksvollen weltweiten Publizität - geräuschlos und nach einer fast selbstverständlich-plausiblen Logik. Dem oberflächlichen Beobachter fielen vielleicht einige Stiländerungen auf, einige neue semantische Nuancen. Aber die erwartete, aus den unterschiedlichen Erfahrungsbereichen "hochgerechnete" Gewichtsverlagerung von der Außenpolitik auf die Wirtschaftspolitik unterblieb. Im Gegenteil. Während Konrad Adenauer in seiner letzten Regierungserklärung am 29. November 1961 deutlich innenpolitische Schwerpunkte gesetzt hatte, stellte ich zwei Jahre später die Deutschland- und Außenpolitik erkennbar in den Vordergrund.[3] Daß ich, ganz im außenpolitischen Koordinatensystem Adenauers, dabei die unvermindert aggressive Haltung der Sowjetunion anprangerte, die Deutschlandfrage als Kern der Ost-West-Beziehungen heraushob, unsere NATO-Mitgliedschaft als Fundament der Sicherheit bezeichnete, die enge Zusammenarbeit mit den USA unmittelbar neben den angestrebten Ausbau der Freundschaft mit Frankreich stellte und unsere guten Beziehungen zu den befreundeten Völkern des Nahen und Fernen Ostens, Afrikas und Südamerikas betonte - das war jedoch nicht nur Reverenz vor den Erfolgen kluger und beharrlicher diplomatischer Aufbauarbeit meines Vorgängers. Es spiegelte die Grundzüge unserer bis heute gültigen außenpolitischen Position, in der das wohlverstandene deutsche Nationalinteresse seinen in der Vergangenheit realistischen, für die Zukunft aussichtsreichen Platz gefunden hat. An der Richtigkeit dieser Position haben weder die gefährlich unsolide "Ostpolitik" der SPD/FDP-Bundesregierungen etwas geändert noch das von den Sowjets und ihren kommunistischen Verbündeten schamlos und zielbewußt ausgebeutete weltweite Bedürfnis nach Entspannung.

Doch selbst meine Anregungen und Impulse für weitere Erleichterungen der Situation Berlins, für eine den beiderseitigen Interessen nützliche Verbesserung unseres Verhältnisses zum Ostblock und für eine Intensivierung des europäischen Einigungsprozesses, bauten auf in Gang befindlichen Entwicklungen auf.

Niemand zeigte sich auch überrascht davon, daß ich in einigen Fragen mehr Aufgeschlossenheit zu erkennen gab und praktisch-wirtschaftliche Möglichkeiten zuungunsten formal-juristischer Gegebenheiten stärker betonte. So habe ich den osteuropäischen Staaten in meiner Regierungserklärung beispielsweise die Bereitschaft der Bundesregierung signalisiert, den Wirtschaftsaustausch mit ihnen zu verstärken. Dabei ging ich von einer sehr präzisen Kenntnis der immensen Bedürfnisse dieser Länder aus. Und ich dachte keinen Augenblick an einseitige Vorleistungen, weil die Russen - hierbei scheinen sie die marxistisch/leninistische Ideologie lediglich als ein brauchbares Vehikel zu benützen - bisher jede erfüllte Forderung mit einer neuen Forderung quittiert haben.

Meine außenpolitischen Vorstellungen, meine vor dem Parlament und damit vor der Weltöffentlichkeit bekannt gegebenen Richtlinien für die Wahrnehmung der deutschen Interessen nach außen, ermangelten mithin weder der Prinzipientreue noch der Flexibilität. Wenn es trotzdem Kreise innerhalb der CDU/CSU gab, die eine zu große Konzessionsbereitschaft aus meiner Regierungserklärung herauszuhören glaubten, so waren sie weitgehend identisch mit jenen, die schon bald darauf das außenpolitische Bundesressort dem SPD-Parteivorsitzenden antrugen.

Die Regierungskunst

Ein krasser Unterschied zwischen Konrad Adenauer und mir wurde allerdings sehr bald nach meiner Wahl zum Bundeskanzler sichtbar: Die von Veranlagung, Bildungsweg und allgemeiner Lebenserfahrung geprägte, geradezu gegensätzliche Auffassung von der Kunst zu regieren oder zeitgemäßer ausgedrückt, von den Methoden, Mehrheiten zu schaffen und mit ihrer Hilfe eine bestimmte Politik durchzusetzen. Konrad Adenauer, patriarchalisch veranlagt, juristisch gebildet und politisch in langen Jahren als Oberbürgermeister Kölns und Präsident des Preußischen Staatsrats erfahren, handhabte das zur Verfügung stehende politische Instrumentarium virtuos. Er dachte in Hausmacht-Begriffen, spielte widerstreitende Interessenten-Gruppierungen geschickt gegeneinander aus, bediente sich fast aller denkbaren Mittel der Personalpolitik und war - obwohl auf den Ruf des autoritären Mannes der einsamen Beschlüsse bedacht - stets bis an die Grenze des Vertretbaren, manchmal sogar ein Stückchen darüber hinaus zu Kompromissen bereit. Dabei zögerte er nie, die Vorrechte seines hohen Alters in die Waagschale zu werfen. Undmit rheinischem Charme überspielte er negative Reaktionen auf den häufigen Gebrauch von List und die gelegentlich starke Stilisierung der wahren Sachverhalte.

Konrad Adenauer, in vielen Fragen durch den großen Erfolg seiner Leistung gerechtfertigt, bekräftigte damit aber zugleich eine Vorstellung vom Politiker, dessen Wertmaßstäbe etwa zwischen Pragmatismus und Machiavellismus zu orten sind. Ein Politiker-Bild, das nach meiner Überzeugung das Spektrum demokratischer Verhaltensmöglichkeiten nur noch bedingt abdeckte. Damit Sie, meine verehrten Freunde, mich nicht mißverstehen: Die christlich-abendländischen Grundzüge der Adenauer'schen Politik waren so klar, daß sich dieses Urteil wesentlich nur auf die Methode ihrer Verwirklichung beziehen konnte. Doch das Beispiel dieser Methode hatte Auswirkungen auf spätere politische Sitten. Und es barg naturgemäß Gefahren in sich für Epigonen, die von einem weniger soliden ethischen Fundament aus handelten als Konrad Adenauer.

Einer meiner Kritiker schrieb vor Jahren: "Ludwig Erhard hat die Macht, die ihm als Regierungschef zukam, die das Geschäft des Regierens eigentlich erst ermöglicht und ohne die auf die Dauer auch ein demokratischer Staat nicht zu führen ist, nicht ergriffen."[4] es mag vordergründig naiv klingen: Aber ich halte den Begriff Macht in einer Demokratie für eine contradictio in adjecto, auch wenn ihm die angelsächsische Definition zeitlicher Begrenzung und parlamentarischer Kontrolle beigefügt ist. Und es ist weder sophistische Spielerei noch parteipolitische Polemik, wenn ich zur Verdeutlichung meiner Auffassung erkläre: Die CDU/CSU hat 20 Jahre lang in der Bundesrepublik Deutschland regiert, die SPD/FDP hat von 1969 an Macht ausgeübt.[5] Mit dieser Feststellung wird klar, daß ich Konrad Adenauer nicht etwa für einen "Machtpolitiker" gehalten habe. Aber wir gingen in der Einstellung zu diesem Begriff von diametralen Standpunkten aus.

Ich will hier auch nicht mit einem zweiten Anti-Machiavell aufwarten.[6] Das würde ich für genauso anachronistisch halten wie eine durch neuzeitliche politische Dogmen begründete Wiederbelebung der Lehren Niccolo Machiavellis. Vermutlich ist die moralische Substanz der Individuen eine gleichbleibende Größe. Aber in der Politik kommt es darauf an, sie zu aktivieren und sie als Maßstab verantwortlichen Handelns zu akzeptieren. Im Rahmen demokratischer Spielregeln widersetzt sich das Selbstwertgefühl des Einzelnen einem Beherrschtwerden durch "Machthaber", selbst wenn diese gewählt wurden. Und das Gruppenverständnis in einer modernen, aufgeklärten Industriegesellschaft erheischt eher eine Regulierung gegeneinander gerichteter Dynamiken als Befehls- und Gehorsamsverhältnisse, die sich aus dem Phänomen Macht ableiten.

Zugegeben: Auch die antiquiertesten Formen der Macht bezogen sich im Regelfall auf eine Instanz, die außerhalb des Machtausübenden lag. Gleichgültig ob diese Instanz nun archaisch-mystischen Charakter hatte oder dynastisches Gottesgnadentum war. Hier ließe sich leicht eine Parallele konstruieren zur Instanz Wähler.

Die Demokratie und mit ihr die wohlbedachte politische Gleichstellung aller hat aber dem menschlichen Zusammenleben eine neue Dimension eröffnet, der staatlichen Regulierung dieses Zusammenlebens eine andere Qualität gegeben. Wer die Mündigkeit des Bürgers ohne Ansehen seiner sozialen, rassischen, religiösen oder weltanschaulichen Zugehörigkeit bejaht, muß zwangsläufig die Macht als Mittel ablehnen, den Bürger zu regieren. Macht zielt in ihrem innersten Kern stets auf absolute Macht.

Aus dieser Einstellung habe ich zu keinem Zeitpunkt einen Hehl gemacht. Weder gegenüber der Öffentlichkeit noch gegenüber der CDU/CSU, noch gegenüber Konrad Adenauer. Dennoch habe ich nie in Frage gestellt, daß gerade der demokratische Staat, seine Institutionen, seine Wirtschaftsunternehmen, seine gesellschaftlichen Gruppierungen der Autorität bedürfen. Einer Autorität, die auf Können, Wissen, Erfolg und sittlicher Verpflichtung der führenden Persönlichkeiten fußt. Es erscheint mir wahrscheinlich, zumindest habe ich keine andere Deutung, daß es meine Einstellung zur Macht und meine Einschätzung der eigenen Autorität waren, die Konrad Adenauers Reserve, ja zeitweilig energischen Widerstand gegenüber seinem Nachfolger erklären. Dies in aller Offenheit darzulegen, halte ich nicht nur aus Gründen der historischen Wahrheit für notwendig. Versuchte ich, mich mit einigen schönfärberischen Formeln darum herum zu mogeln, verlöre vieles von dem, was ich Ihnen weitergeben will, seinen Wert.

Weil zahlreiche Entwicklungen während meiner Kanzlerzeit nur aus davorliegenden Ereignissen zu erklären sind, muß ich zurückgreifen: Das wichtigste politische Ziel, das sich die CDU und die CSU bei ihrer Gründung gesteckt hatten, war zweifelsfrei die Überwindung der konfessionellen Spaltung in einer politischen Willensgemeinschaft, die sich an Sittenlehre und Menschenbild des Christentums orientierte. Aus Gründen, deren vollständige historische Erforschung hier zu weit führen würde, spielten aber in beiden Unionsparteien katholische Persönlichkeiten eine hervorragende Rolle, die sich bereits im Zentrum oder in der Bayerischen Volkspartei bewährt hatten. Und unter ihnen hatten wiederum die Männer ein zumindest zahlenmäßig starkes Gewicht, die ihre politische Laufbahn in der Katholischen Arbeitnehmer-Bewegung begonnen hatten. Aus ihren Kreisen stammten die ersten programmatischen Vorstellungen einer Sozial- und Wirtschaftspolitik, aus denen das Ahlener Programm hervorging. Ein Dokument leidenschaftlichen sozialen Einsatzes und großen humanitären Verantwortungsbewußtseins. Es war der Versuch einer christlichen Antwort auf die Herausforderung der unbeschreiblichen Nachkriegsnot unseres Volkes. Vor dem Hintergrund des Unvermögens der Weimarer Republik, brennende soziale Fragen zu lösen, und nach der langen Gewöhnung an staatliche Zwangslenkung der Wirtschaft durch das Dritte Reich war es nur zu verständlich, daß in diesem Programm teilweise widersprüchliche und von sozialistischen Vorschlägen schwer unterscheidbare Wege aufgezeigt wurden.

Das Ahlener Programm wurde in den ersten Februar-Tagen 1947 beschlossen.[7] Am 20. Juni 1948 hob ich als Direktor der Verwaltung für Wirtschaft des Vereinigten Wirtschaftsgebietes die alliierten Bestimmungen für die Zwangsbewirtschaftung auf. Konrad Adenauer setzte sich mit mir in Verbindung. Am 15. Juli 1949 verabschiedete die CDU ihre Düsseldorfer Leitsätze, die in ihren wesentlichen Zügen das von mir vertretene Programm der Sozialen Marktwirtschaft umfaßten. Das war eine logische, von den Ereignissen bestätigte Fortentwicklung des Ahlener Programms. Es war allerdings auch die deutliche Abkehr von allen sozialistischen Tendenzen. Ich habe später gelegentlich scherzhaft erklärt: "Die CDU ist auf dem Wege der unbefleckten Empfängnis zu einer Wirtschaftspolitik gekommen." Diese Bemerkung richtete sich nicht gegen die christlichen Sozialpolitiker, die bei Abfassung des Ahlener Programms federführend waren. Im Gegenteil! Waren es doch Männer wie Theo Blank, die neben den süddeutschen und vor allem bayerischen Politikern im Wirtschaftsrat an meiner Seite für die Durchsetzung der Prinzipien der Sozialen Marktwirtschaft gekämpft haben. Dennoch: Meine absolute Selbstgewißheit in Sachen Soziale Marktwirtschaft und vielleicht auch meine anfängliche Unbekümmertheit, sie partei-intern zu vertreten, mögen Gründe dafür sein, warum ich Jahrzehnte später als Bundeskanzler bei Teilen dieser Gruppierungen innerhalb hauptsächlich der CDU wachsende Vorbehalte zu spüren bekam. Und ein Zweites: Konrad Adenauer hat die Soziale Marktwirtschaft von Anfang an unterstützt. Ihm, dem Katholiken gegenüber wurden aber solche Vorbehalte nicht gemacht.

Obwohl in den Jahren meiner Kanzlerschaft häufig die ebenso ungenaue und durch das politische Verhalten der betroffenen Persönlichkeiten keineswegs durchgängig gestützte Unterscheidung zwischen evangelisch-liberal und katholisch-konservativ gemacht wurde, eine Unterscheidung, die im übrigen das christlich-soziale Element in den Unionsparteien außer acht ließ, muß ich an dieser Stelle Konrad Adenauers persönliche Verdienste um die Überwindung des konfessionellen Proporzdenkens hervorheben. Daß ich aber dem Ergebnis einer Emnid-Umfrage im Juni 1949 für mein Verhältnis zu Konrad Adenauer keinerlei Bedeutung beimaß, mag ein Fehler gewesen sein. 3 000 Bürger der drei westlichen Besatzungszonen wurden befragt. Sie sollten Politiker nennen, die sie in der "Regierung des künftigen Bundesstaates" sehen wollten. An erster Stelle standen der damalige SPD-Vorsitzende Kurt Schumacher und ich mit je 13 Prozent.[8] Und erst danach wurde Konrad Adenauer mit elf Prozent genannt. Es erschien mir, dem damals immer noch Parteilosen, auch völlig plausibel, daß die CDU im ersten Bundestagswahlkampf mit Flugzetteln des Inhalts warb: Wenn Prof. Erhard der CDU sein Vertrauen schenkt, können auch Sie das tun! Und aus der gleichen unbefangenen Selbstsicherheit heraus ist die Erklärung zu verstehen, die ich am

19. August 1949, fünf Tage nach gewonnener Wahl, abgab: "Ich bin mit Dr. Adenauer völlig darüber einig, daß, gleichgültig welche Lösung (in der Regierungsbildung) gefunden wird, auf keinen Fall die klare Linie unserer Wirtschaftspolitik angetastet werden darf."

Ich sehe heute meine Rolle bei Einführung der Sozialen Marktwirtschaft, bei den ersten und den vier folgenden Bundestagswahlen nicht anders als damals. Wohl aber weiß ich heute, daß ich dadurch manchen Affekt ausgelöst habe, dessen Wirkungen während und insbesondere gegen Ende meiner eigenen Kanzlerschaft spürbar wurden. Ich weiß auch, daß eine machtbezogene Komponente im Regierungsstil Konrad Adenauers auf den nicht blasphemisch gemeinten Satz reduzierbar ist: "Du sollst keine fremden Götter neben mir haben".

In diesem psychologisch-politischen Umfeld müssen Sie die Versuche Konrad Adenauers sehen, meine Kanzlerschaft zu verhindern und statt dessen einer ganzen Reihe von Kabinettskollegen die "Kronprinzen"-Rolle anzutragen: Franz Etzel, Fritz Schäffer, Heinrich Krone, Heinrich von Brentano, Gerhard Schröder.[9] Noch bevor mich die CDU/CSU-Bundestagsfraktion mit 159 gegen 47 Stimmen am 23. April 1963 zum Kanzlernachfolger vorschlug, hat Konrad Adenauer seine Favoriten abgefragt, ob sie nicht das Amt übernehmen wollten. Sie stimmten alle mit Nein. Lediglich Gerhard Schröder machte die Einschränkung, daß für ihn die Fragestellung verfrüht sei. Und Franz Josef Strauß, der zusammen mit Heinrich von Brentano und Josef-Hermann Dufhues die Weichen für diese Wahl gestellt hatte, schrieb einige Monate später: "Die Ära Adenauer war auch eine Ära Erhard."[10]

Seit einigen Jahren geistert das gefährliche Wort von der "Unregierbarkeit" durch die Lande. Teils als hochgerechnete Diagnose der jüngsten Entwicklungen. Teils als verantwortungslose Drohung für den Fall der demokratischen Ablehnung des sozialistischen Machtanspruchs. Die Sozialisten in SPD und FDP, bestärkt durch wirklichkeitsfremde Rigoristen, verfassungsfeindliche Radikale und anpasserische Mitläufer, haben mit ihrer massiven Antiautoritäts-Propaganda eine Bewegung in Gang gesetzt, der am Ende nur noch mit härtesten Machtmitteln gesteuert werden könnte. Die Strategie ist deutlich erkennbar: Abbau jeglicher Autorität, Herbeiführung anarchistischer Zustände, sozialistische Macht als verlockendes Angebot einer neuen Ordnung für die von der Autorität "Emanzipierten". Italiens Kommunisten beispielsweise haben sich konsequent als Ordnungs-"Macht" aufgebaut.

Soweit die "Unregierbarkeit" als Ergebnis möglicher Entwicklungen in modernen Industrienationen diagnostiziert wird, hat sie - nach meiner Auffassung - ihre Wurzeln in der falschen Auslegung des Begriffs "Regierungskunst" in repräsentativen Demokratien. Die "Unregierbarkeit", wichtiger Meilenstein auf dem Weg zur sozialistischen Macht, ist aber vermeidbar, wenn sich demokratisch legitimierte Regierungen nicht als befristete Machthaber verstehen und gewissermaßen als Ablenkungsmanöver die Zerstörung funktionell notwendiger Autoritäten in Staat, Wirtschaft und Gesellschaft dulden.

Damit bin ich wieder ganz konkret bei meiner Kanzlerschaft. Die innenpolitische Entwicklung, die ihr folgte, hat unzweideutig bewiesen, wie sehr die Regierbarkeit eines Staates mit offener pluralistischer Gesellschaft von einer der modernen Demokratie entsprechenden Auslegung der Kunst zu regieren abhängt. Der von den Sozialisten ins Werk gesetzte Versuch, Autorität zu zerstören, um Macht zu erlangen, hätte weniger eindrucksvolle Anfangserfolge verzeichnen können, wenn ihm nicht so viel wirklich oder scheinbar plausible Begründungen zur Verfügung gestanden hätten. Diese Erkenntnisse als Regierungschef in Regierungswirklichkeit umzusetzen, bedarf der Vernunft, der Bereitschaft zur Autoritätenteilung und der Selbstbescheidung. Aber eben nicht nur auf Seiten des Regierungschefs.

Das Bundeskanzleramt

Natürlich ließe sich ein bekannter Aphorismus auch auf das Bundeskanzleramt anwenden, indem man feststellte, es arbeite so gut oder so schlecht wie die Menschen, die darin tätig sind. Doch um einer Pointe willen würde damit der wirkliche Tatbestand verwischt. Es gibt nämlich auch so etwas wie eine normative Kraft des Administrativen. Und als ich 1963 in das Bundeskanzleramt einzog, war seine Funktionsfähigkeit geprägt von einem Bundeskanzler mit umfassender administrativer Erfahrung, ja sogar einer Passion für die politische Exploitation verwaltungstechnischer Möglichkeiten. Und unter diesem Bundeskanzler war mit Staatssekretär Hans Globke eine zwar kongeniale, aber auf Distanz gehaltene und sich in Distanz haltende Persönlichkeit als Amtschef tätig. Die Strukturen waren mir also vorgegeben. Die Verwaltungsbahnen waren von 16 Jahre langer Routine tief eingeschliffen. Entsprechend der Adenauer'schen Auslegung seiner Richtlinienkompetenz empfanden Abteilungsleiter und Referenten im Bundeskanzleramt ihre Rolle als eine Art Überwachungsaufgabe gegenüber den jeweiligen Ressortbereichen des Bundeskabinetts. Daß die so "beschatteten" Bundesministerien selten oder nie gegen dieses System aufbegehrten, lag einerseits an Adenauers durchsetziger Kabinettsführung, andererseits aber an Globkes kluger Behutsamkeit im Umgang mit der geliehenen Autorität.

Aber dies vorab! Der bedeutenden Sachkenntnis fast aller Kanzleramts-Mitarbeiter gebührt Respekt, ihrer vorbehaltlos auf mich übertragenen Loyalität Dank. Und so unglaublich das heute, nach sechseinhalb Jahren schamloser Ämterpatronage durch die SPD/FDP-Bundesregierung, klingen mag und so sehr die folgende Feststellung vielleicht den beliebten Verdacht nähren wird, ich sei politisch arglos gewesen: Kein Kanzleramts-Mitarbeiter wurde damals nach seiner Parteizugehörigkeit gefragt. Es gab unter ihnen, wie ich später erfuhr, langjährige SPD-Mitglieder. An der Korrektheit ihrer Pflichterfüllung, an ihrer persönlichen Ergebenheit habe ich auch nachträglich keinen Grund für den leisesten Zweifel.

Doch das "Regime der Administratoren",[11] als weltweite Erscheinung vermutlich aktueller als das literarisch seit langem diskutierte "Regime der Manager", war im Bundeskanzleramt des Jahres 1963 auf Adenauer und Globke zugeschnitten. Bei meiner Amtsübernahme traten sich gewissermaßen zwei einander fremde Kategorien gegenüber. Daran änderte zunächst wenig, daß ich einige eigene Mitarbeiter mitbrachte. Sie waren natürlich auf meinen Stil eingestellt und somit nur teilweise in der Lage, den völlig anders funktionierenden Apparat in kurzer Frist umzustellen. Handelte es sich doch nicht nur um leichte Kurskorrekturen, um kleinere Kompetenzverlagerungen oder um unwesentliche Veränderungen des amtsinternen Instanzenweges. Es ging vielmehr um die Schaffung eines völlig neuen Selbstverständnisses für die Regierungszentrale: Vom Kontrollorgan zur Koordinationsstelle.

Da ich Ihnen, meine Freunde, auch jene Erkenntnisse vermitteln will, die weniger positiven Erfahrungen entspringen, stehe ich nicht an, zu erklären: Die Übernahme einer so wichtigen Institution wie des Bundeskanzleramtes erheischt eine langfristige, gegebenenfalls auch personelle

Konsequenzen umfassende Vorbereitung. Die rasche Durchsetzung der eigenen Vorstellungen ist zu einem beträchtlichen Teil von solcher Vorausplanung abhängig. Dieser Hinweis erscheint mir insbesondere im Blick auf die mögliche erneute Bildung einer CDU/CSU-geführten Bundesregierung notwendig.

Eine Reihe objektiver, von mir nicht beeinflußbarer Umstände - wie zum Beispiel die Einstellung Konrad Adenauers zu seinem Nachfolger - hat solche Vorausplanung in meinem Fall weitgehend vereitelt. Selbst nachträgliche Veränderungen waren nur mühsam zu verwirklichen. Eine daraus resultierende vorübergehende Verunsicherung des Amtes war deshalb nicht ganz vermeidbar. Auch einzelne Bundesressorts unternahmen unauffällige Versuche, die von meinem Vorgänger sehr kurz gehaltene Richtlinien-Leine ein wenig zu verlängern. Aber die Effizienz des Apparates erlitt keine Minderung. Pensum und Tempo der politischen Aktivitäten sind ebenso unwiderlegbare Beweise dafür wie die große Flexibilität, mit der die Bundesregierung während meiner Kanzlerschaft den rapiden Veränderungen der Weltlage begegnete.

Am 16. Oktober 1963 wurde ich zum Bundeskanzler gewählt. Am 17. stellte ich mein Kabinett vor. Am 18. gab ich meine Regierungserklärung ab. Wenige Tage später, am 1. November, präzisierte ich die in der Regierungserklärung gemachten Angebote gegenüber dem kommunistischen Osten. In einer Fernsehdiskussion des amerikanischen Columbia Broadcasting System (CBS) sagte ich, die Bundesregierung sei zu großen Opfern bereit, wenn dadurch die Wiedervereinigung herbeigeführt werden könne. Am 9. November wurde in Budapest ein langfristiges deutsch-ungarisches Abkommen über den Handels- und Zahlungsverkehr sowie über die Errichtung von Handelsvertretungen abgeschlossen. Ihm folgten am 24. Dezember das erste langfristige deutsch-rumänische Abkommen über den Warenverkehr und am 6. März 1964 nach einmonatigen Verhandlungen zwischen der Bundesrepublik Deutschland und der Volksrepublik Bulgarien ein Abkommen über den Waren- und Zahlungsverkehr sowie über die Errichtung von Handelsvertretungen in Bonn und Sofia.

In Berlin wurde mit Zustimmung der Bundesregierung am 17. Dezember 1963 ein Passierschein-Abkommen unterzeichnet. Es ermöglichte rund 1,2 Millionen Westberlinern, in der Zeit vom 18. Dezember 1963 bis 5. Januar 1964 ihre Verwandten im Ostsektor der Stadt zu besuchen.

Vom 21. bis zum 23. November machte ich meinen ersten Arbeitsbesuch als Bundeskanzler in Paris. Am 25. November traf ich anläßlich der Beerdigung des ermordeten amerikanischen Präsidenten John F. Kennedy mit den Spitzen der US-Regierung zusammen. Am 28. und 29. Dezember besuchte ich den neuen amerikanischen Präsidenten Lyndon B. Johnson in Texas. Am 9. Januar 1964 gab ich einen außenpolitischen Rechenschaftsbericht ab mit besonderer Betonung der freundschaftlichen Beziehungen zu Frankreich und den USA. Am 15. und 16. Januar besuchte ich Großbritannien, vom 27. bis 29. Januar Italien, am 14. und 15. Februar im Rahmen der deutsch-französischen Konsultationen Frankreich, am 2. und 3. März als erster deutscher Bundeskanzler offiziell die Niederlande, am 23. und 24. April unternahm ich den ersten Staatsbesuch, den ein deutscher Regierungschef seit dem Ersten Weltkrieg in Belgien gemacht hat.

Gleichzeitig wurden zahlreiche wichtige innenpolitische Entscheidungen getroffen. Wie die Vereinbarung zwischen den Ministerpräsidenten der Länder und mir über eine umfassende Finanzreform. Wie das Entwicklungshilfe-Steuergesetz. Wie die Proklamation über die Erforschung und Ausbeutung des Festlandsockels vor den deutschen Küsten. Wie die Konstituierung des Sachverständigenrats zur Begutachtung der gesamtwirtschaftlichen Entwicklung. Oder wie die Gründung des deutschen Instituts für Entwicklungspolitik in Westberlin.

Diese nüchterne Aufzählung der Arbeitsergebnisse nur weniger Monate soll Ihnen dreierlei verdeutlichen: Erstens, wie haltlos und unaufrichtig die spätere Charakterisierung der CDU/CSU-Politik in Bonn durch die SPD/FDP-Koalition ist. Zweitens, daß innen- und außenpolitisch bedeutsame Schritte unternommen wurden, ohne dafür den ganzen Pomp einer aufgeblasenen Propaganda zu bemühen. Und Drittens, daß der Apparat des Bundeskanzleramts meine Auffassung von seiner Koordinationsfunktion rascher in die Wirklichkeit umgesetzt hatte als es Zweifler und Gegner zugeben wollten. Dem Bundeskanzleramt gehörten zum Schluß meiner Kanzlerzeit 191 Beamte und Angestellte an. In den wenigen Jahren unter den SPD-Kanzlern Brandt und Schmidt ist diese Zahl auf über das Doppelte angeschwollen.

Und sehr wohl erinnere ich auch Vorwürfe und Kritik, als ich, eingefügt in die Parklandschaft des Bundeskanzleramtes, die Bungalow-Residenz errichten ließ. Als Gegenstück zu dem neoklassizistischen Palais Schaumburg. Nach den Plänen des bedeutenden deutschen Baumeisters Sepp Ruf. In zeitgemäßer stilistischer Fortführung der großen Bauhaus-Tradition. Eine architektonische Visitenkarte gewissermaßen für die Industrienation, deren Regierungschef dort Besucher aus aller Welt empfing.

Daß ausgerechnet aber die Kanzler einer Partei, die sich selbst gern als Arbeitnehmerpartei sieht, jetzt einen Amtsbau von geradezu byzantinischen Ausmaßen für Hunderte von Millionen Mark Steuergelder aufführen lassen, führt nicht nur die damalige Kritik am Kanzler-Bungalow ad absurdum.

Die Partei

Zu den - übrigens gar nicht so wenigen - Gemeinsamkeiten mit Konrad Adenauer gehörte auch mein später Eintritt in die CDU. Das lag nicht etwa daran, daß mir der Entschluß so schwer gefallen wäre oder daß ich die mir häufig unterstellte Abneigung gegen Parteipolitik nicht so leicht hätte überwinden können. Hatte ich mich doch schon 1948 zur CDU bekannt und die CDU sich zu mir. Der formale Beitritt erschien mir somit als eine technische Frage von untergeordneter Bedeutung, auf die ich auch kaum einen Gedanken verwendete.

Zum Zeitpunkt meiner Wahl als Bundeskanzler waren von der Partei oder, exakter ausgedrückt, von den beiden Unionsparteien Entwicklungen vollzogen, Strukturen aufgebaut, Gruppierungen aufgesogen, Karrieren ermöglicht und Interpretationen des politischen Standorts fortgeschrieben worden, die gegenüber dem langjährigen Nichtmitglied auch eigene Formen des Selbstbewußtseins begründeten. Um mich Ihnen verständlich zu machen: Stellen Sie sich einen Botschafter mit glanzvoller diplomatischer Vergangenheit vor, der ursprünglich aus einem anderen Ressort, aus der Politik oder der freien Wirtschaft in das Auswärtige Amt gekommen ist.[12] Für den jungen, selbstbewußten Legationsrat, dessen Karriere in der Diplomatenschule begonnen hat, ist der Betreffende "Außenseiter", ungeachtet seiner Verdienste und einer inzwischen sehr viel längeren AA-Zugehörigkeit.

Ähnlich wie bei seiner Einschätzung durch die katholischen Sozialpolitiker spielte Konrad Adenauers später Parteibeitritt dagegen überhaupt keine Rolle.[13] Als Zentrumsparteiler noch aus kaiserlichen Zeiten zu zudem Anhänger der "Kölner Richtung", die sich schon frühzeitig für beide christliche Konfessionen geöffnet hatte, stand er jenseits solcher Beurteilungsmaßstäbe.

CDU und CSU waren, nicht ohne Zutun Adenauers, Anfang der Sechzigerjahre weitgehend auf ihre Funktion als Regierungspartei fixiert. Das barg zweifellos manche Bequemlichkeit für die Regierungsmitglieder. Gleichzeitig bedeutete es auch manchen zusätzlichen Kraftaufwand für sie, weil von ihnen erwartet wurde, all das mindestens abzufangen, was bei der damals in Opposition stehenden SPD von einer straffen Parteiorganisation, einem engagierten Funktionärskorps und einer erheblich größeren Zahl von Mitgliedern an bürgernaher politischer Arbeit geleistet wurde. Dieser Umstand bewirkte aber auch, daß sich die Interessentengruppierungen innerhalb der Unionsparteien teilweise als direkte Partner der Regierung verstanden und sich im Sinne von pressure groups "ihres Ressortministers" zu bedienen versuchten. Bis zu einer gewissen Grenze entsprach dies dem Volkspartei-Bild von CDU und CSU und spiegelte auch die pluralistische Gesellschaft.

Im wirtschafts- und gesellschaftspolitischen Bereich handelte ich als Bundeskanzler vermutlich stärker prinzipienorientiert als mein Vorgänger. Und drohte ein Kompromiß in die Nähe dessen zu geraten, was die Zeitkritik "Gefälligkeitsdemokratie" nannte, war meine Verhandlungsbereitschaft erheblich geringer.

Ich war und bin kein Ideologe, wenngleich mir dies gelegentlich nachgesagt wurde, als Kontrastbezeichnung gewissermaßen zum parteipolitischen Pragmatiker. Und wenn ich mich hier auf Prinzipien beziehe, so meine ich meine theoretisch untermauerten Einsichten in ökonomische Zusammenhänge und Wirkungsabläufe. Solange das System der Sozialen Marktwirtschaft - das selbstverständlich nicht losgelöst von weltwirtschaftlichen Interdependenzen gesehen werden kann - fast reibungslos funktionierte, solange das Wirtschaftswachstum Jahr um Jahr das Bruttosozialprodukt vergrößerte und solange es weder durch politisch-psychologische Eingriffe noch durch staatliche Fehlentscheidungen gestört wurde, war auch die außertourliche Befriedigung partieller Interessen eine "läßliche Sünde".

Wohl konnte man mit dieser Methode bestimmte Gruppen ruhig und, um es ganz unumwunden auszudrücken, bei der Wahl-Stange halten. Dem vergleichsweise kurzfristigen Nutzen stand aber ein zu erwartender langfristiger Schaden entgegen. Und weil ich diesen Schaden abschätzen konnte, die ersten Unruheanzeichen der sich selbst bremsenden Wohlstandgesellschaft zu deuten vermochte, wandte ich mich mit meinen "Maßhalte"-Appellen an die Bevölkerung. Ein gefundenes Propaganda-Fressen für eine kurzsichtige Opposition. Aber auch eine Ursache für Unmut innerhalb der eigenen Partei, die darin zurecht eine Bedrohung für die scheinbar billige Art und Weise sah, einzelne Gruppen zu befriedigen.

Schließlich wurde mein Verhältnis zur Partei auch dadurch gekennzeichnet, daß sie - über anderthalb Jahrzehnte von Konrad Adenauer autoritär geführt - einen ziemlichen Nachholbedarf an eigenständigem Handeln zu befriedigen versuchte. Dabei ist auch nicht zu verhehlen, daß nach Abtreten des damals fast 88jährigen Bundeskanzlers ein lange zurückgedämmter Generationenstau spürbar wurde.

Zu einem Kabinettsumbau aber, der die Bezeichnung "Wachablösung" verdient und neue, unverbrauchte Gesichter präsentiert hätte, war die Zeit zwischen meiner Amtsübernahme und den nächsten Bundestagswahlen zu kurz. Ein solcher Schritt, eine solche auch öffentlichkeitswirksame Selbsterneuerung hätte natürlich mit einer Kabinettsverkleinerung verbunden sein müssen. Das hätte mancher späteren negativen Entwicklung die Spitze abgebrochen. Doch zu diesem Zeitpunkt, weniger als zwei Jahre vor dem nächsten Wahltermin, waren die Strukturen, die aus der Verbindung zwischen parteiinternen Gruppierungen und organisierten

Verbandsinteressen bestanden, aus der Berücksichtigung des Selbstdarstellungsbedürfnisses dreier Parteien, der CDU, der CSU und der FDP, sowie der beiden christlichen Konfessionen, nicht ohne Gefährdung des Wahlergebnisses zu sprengen. Hätte Konrad Adenauer seine Zusage vom Frühsommer 1959 wahr gemacht, für das Amt des Bundespräsidenten zu kandidieren, hätte die Geschichte der Bundesrepublik Deutschland einen anderen Verlauf genommen. So aber geriet auch die Partei in eine durch keinen Kraftakt auflösbare Zwangslage.

Den Vorsitz der CDU hatte bis in mein letztes Kanzlerjahr hinein Konrad Adenauer inne. Diese Tatsache, von mir zunächst für logisch und richtig gehalten, war allerdings nicht ohne einen in bestimmten Bereichen die Beziehung Bundeskanzler-Partei belastenden Einfluß. Ich hatte mich in meiner Zeit als Bundeswirtschaftsminister an eine zwar nicht verabredete, aber im Ergebnis vorhandene Arbeitsteilung zwischen Konrad Adenauer und mir gewöhnt. Neben seinen vielfältigen politischen, insbesonders auch außenpolitischen Interessensgebieten, auf denen er seine Richtlinienkompetenz besonders nachdrücklich wahrnahm, sorgte er in wirkungsvoller Weise für den Konzensus zwischen Bundesregierung und Partei. Ich vermochte mich dafür auf die wirtschafts- und gesellschaftspolitischen Entwicklungen zu konzentrieren und auch auf die Schaffung jener inneren Stabilität, die zum Ausgangspunkt für den deutschen Wiedereintritt in die internationale Politik wurde. Gerade vor diesem Hintergrund erschien mir die Weiterführung des CDU-Vorsitzes durch Konrad Adenauer absolut sinnvoll. Und ich gestehe Ihnen in allem Freimut, daß ich einige Zeit gebraucht habe, um zu der Erkenntnis zu gelangen, daß alle von meinem Vorgänger einst abgedeckten Bereiche nunmehr meine eigene Aufmerksamkeit erforderten.

Und zweieinhalb Jahre vor meinem Amtsantritt als Bundeskanzler hatte Franz Josef Strauß den Vorsitz der CSU übernommen.[14] Der ehemalige Atom- und Verteidigungsminister, der im Verlauf der sogenannten "Spiegel-Affäre" einen Großteil der gegen Konrad Adenauer gerichteten Anwürfe auf sich gezogen und das Bundeskabinett verlassen hatte, gab vor meinen beiden Regierungsbildungen, 1963 und 1965, zu erkennen, daß er an der erneuten Übernahme eines Ministeramtes noch nicht wieder interessiert sei. Das erleichterte zwar meine Verhandlungsposition gegenüber der FDP, die sich in einer starren Anti-Strauß-Haltung festgefahren hatte. Andererseits bedeutete dies aber, daß keiner der beiden Parteivorsitzenden der Bundesregierung angehörte. Angesichts einer wachsenden Eigendynamik beider Unionsparteien war dies ein Zustand, dessen voller Ernst sehr rasch erkennbar wurde.

Und ein weiterer Faktor, mit dem ich zunehmend rechnen mußte, waren die Emanzipationsbestrebungen der CDU/CSU-Bundestagsfraktion. Nach dem Tode Heinrich von Brentanos wählte sie Rainer Barzel am 1. Dezember 1964 zu ihrem Vorsitzenden.[15] Zwei Jahre vorher hatte Konrad Adenauer den damals 38jährigen nordrhein-westfälischen Politiker als Bundesminister für gesamtdeutsche Fragen in sein letztes Kabinett aufgenommen. Bei meiner ersten Kabinettsbildung aber bestand die FDP darauf, dieses Ressort für ihren Vorsitzenden Erich Mende zu erhalten, dem die zugegebenermaßen weitgehend funktionslose Funktion eines Vizekanzlers als nicht ausreichend erschien. Ich bot Barzel statt dessen das Bundesvertriebenenministerium an. Doch er zog es vor, in der Fraktion tätig zu werden. Und aus dieser Position heraus strebte er nach dem Parteivorsitz. Aber die CDU wählte mich auf ihrem Parteitag in Bonn am 23. März 1966 zum Bundesvorsitzenden, meinen Vorgänger Konrad Adenauer zum Ehrenvorsitzenden.

Der Koalitionspartner

Die FDP, von 1949 bis 1956 und von 1961 bis 1966 Bonner Koalitionspartner der Unionsparteien, war in ihrem politischen Verhalten zu jedem Zeitpunkt stärker von tagesaktuellen Opportunitätserwägungen beeinflußt als CDU/CSU. Kennzeichnen die ihr im Deutschen Bundestag zugeteilten Sitzplätze auf der Rechten des Hauses zwar unscharf, aber in der großen Tendenz richtig den national-liberalen Standort, den sie bis etwa Anfang der Sechzigerjahre besetzt hielt, hätte sie während meiner Kanzlerschaft eher in der Mitte und seit Ende der Sechzigerjahre zweifelsfrei auf der Linken sitzen müssen. Das größere persönliche Geschick und vielleicht auch der stärker ausgeprägte Ehrgeiz ihrer Spitzenpolitiker hat sie davor bewahrt, genauso zu bedeutungslosen Splittergruppen herabzusinken wie die Deutsche Demokratische Partei und die Deutsche Volkspartei in den Jahren vor 1933. Mit Ausnahme der CDU/CSU bei den Bundestagswahlen im Herbst 1957 war es aber bisher niemals einer der beiden großen Parteien gelungen, die absolute Parlamentsmehrheit und damit die Chance zur Alleinregierung zu erlangen. Die FDP, für zahlreiche eher unpolitische Wähler eine beruhigende Möglichkeit, klaren Entscheidungen auszuweichen oder auch die schärferen politischen Konturen von CDU/CSU und SPD ein wenig abzuschleifen, kam damit einer Einstellung entgegen, die nur aus der besonderen geschichtlichen Erfahrung der Deutschen erklärt werden kann. Und vor allem seit Einführung des Fernsehens hat die FDP, ob mit Hilfe des Regierungsbonus oder aufgrund einer taktisch klug dargestellten Oppositionsrolle, ihren Stimmenanteil immer um ein beträchtliches Stück oberhalb der Fünf-Prozent-Grenze halten können.

Wie ehrlich auch die subjektive Absicht der FDP-Bundesminister Erich Mende, Rolf Dahlgrün, Ewald Bucher und Walter Scheel gewesen sein mag, in meinem zweiten Kabinett pflichtbewußt mitzuarbeiten und die Koalitionsabsprachen einzuhalten, so sehr waren die Schwierigkeiten, die mit dem Austritt des Koalitionspartners am 27. Oktober 1966 ihren Höhepunkt erreichten, durch den Wahlausgang am 19. September 1965 vorprogrammiert: Vier Jahre vorher, bei den letzten von der CDU/CSU unter Bundeskanzler Konrad Adenauer bestrittenen Bundestagswahlen, hatte die FDP 12,8 Prozent der Stimmen errungen. Das bedeutete 67 Sitze im Bundestag und fünf Ministersessel für sie. Bei den ersten reinen Erhard-Wahlen kam sie nur noch auf 9,5 Prozent der Stimmen, 49 Bundestagssitze und vier Ministerämter.

Diese Argumentation mit nüchternen Zahlen soll Ihnen, meine verehrten Freunde, vor Augen führen, daß die FDP immer dann eine Änderung ihrer Koalitionsbindungen erwägt, wenn ihr entsprechende Wahlergebnisse dies nahezulegen scheinen. Politische Begründungen findet sie dann allemal. Doch halte ich aufgrund meiner eigenen Erfahrungen die Annahme für einen gefährlichen Irrglauben, die FDP mache ihre Koalitionsbereitschaft vom Ausmaß der Liberalität ihres potentiellen Koalitionspartners abhängig. Kein FDP-Mann wird doch im Ernst behaupten können, ein Bundeskanzler Brandt oder ein Bundeskanzler Schmidt hätten eine liberalere Politik betrieben als ein Bundeskanzler Erhard. Diese FDP-Maxime hat vielmehr einen doppelten taktischen Zweck: Zum einen soll sie die eigene politische Glaubwürdigkeit stützen und zum anderen den potentiellen Koalitionspartner veranlassen, sie in der öffentlichen Auseinandersetzung weitgehend zu schonen. In dieser Art politischen Windschattens schlüpfen die Freien Demokraten dann rasch in die Rolle von Schiedsrichtern, Bremsern oder Zensuren-Verteilern. Je nach tagesaktueller Opportunität.

Ich stehe nicht an, die wichtigen liberalen Impulse, die in der deutschen Nachkriegspolitik von der FDP ausgingen, zu würdigen. Dies gilt insbesondere für jene Perioden, in denen CDU/CSU und FDP zusammengearbeitet haben. Ich leugne auch nicht den wahren Kern einer Aussage der FDP, daß ihre bloße Existenz das liberale Element in den beiden grossen Parteien stärke. Und ich habe allen Anlaß, die gute Zusammenarbeit anzuerkennen mit den FDP-Ministern in den beiden von mir geführten Bundesregierungen sowie mit den Ministerkollegen in früheren Bundeskabinetten, denen ich als Bundeswirtschaftsminister angehörte.

Ein Dilemma, in das über kurz oder lang jeder Koalitionspartner der FDP gerät, besteht in dem gelegentlichen Versuch der Minderheit, ihre Meinung der Mehrheit aufzuzwingen. Es gibt dafür das karikaturistische Bild von dem Schwanz, der mit dem Hund wedelt. Gleichwohl kann der Sinn einer Koalition zwischen einem größeren und einem kleineren Partner nicht darin bestehen, daß der kleinere Partner sich grundsätzlich der Meinung des größeren unterordnet. Also muß der Ausweg im Kompromiß gesucht werden, der allerdings auch den Mehrheitsgewichten in vernünftiger Weise Rechnung trägt. Dieses Verfahren funktionierte mit verhältnismäßig geringen Reibungsverlusten in meinen beiden Kabinetten etwa bis zum Sommer 1966. Dann begannen sich die Stimmen in der FDP zu mehren, mit denen zunächst politisch-verbal und schließlich konkret-personell Absetzbewegungen von der CDU/CSU eingeleitet wurden. Der damalige FDP-Schatzmeister Rubin, der später noch mit einem "progressistischen" Deutschland-Papier[16] die Linksschwenkung der FDP signalisieren sollte, forderte Anfang August 1966 schlicht meine Ablösung als Bundeskanzler und ein Zusammengehen der FDP mit der SPD. Diese Äußerung wurde von führenden FDP-Politikern teils modifiziert, teils zurückgewiesen. Doch sie hatte zweifellos FDP-interne Signalwirkung. Und auf dem Gipfel der Koalitionsauseinandersetzungen um den Ausgleich des Bundeshaushalts 1967 erklärte sogar mein damaliger Vizekanzler, FDP-Bundesvorsitzender Erich Mende, die grundsätzliche Bereitschaft seiner Partei, auch mit den Sozialdemokraten eine Koalition einzugehen.[17]

Vergleiche ich das Verhalten der FDP in der Koalition mit der SPD angesichts einer Bundesneuverschuldung, die bis Ende 1976 bei rund 70 Milliarden DM liegen wird, so kann ich die Gründe für das Ausscheiden der FDP-Minister aus meinem Kabinett nur zurückhaltend als fadenscheinigen Vorwand qualifizieren. Um den jetzigen Schuldenberg abzutragen, gaben sich die FDP-Minister der Regierung Schmidt mit winzigsten Einsparungen zufrieden und stimmten unbefangen bedeutenden Steuererhöhungen zu. Die Deckungslücke des Bundeshaushalts 1967 dagegen betrug knapp fünf Prozent von dem, womit wir es heute zu tun haben. Der Ausgleich wäre mit einigen Einsparungen und notfalls leichten Anhebungen der Steuern für Tabakwaren und Alkohol zu erzielen gewesen. Die FDP-Bundesminister Erich Mende, Rolf Dahlgrün und Ewald Bucher stimmten deshalb auch noch am Abend des 26. Oktober 1966 der folgenden Erklärung zu: "Das Bundeskabinett hat unter Vorsitz des Bundeskanzlers über die finanzpolitische Gesamtsituation beraten. Dabei standen Probleme des Haushalts 1967 im Vordergrund. Das Kabinett hat sich auch ausführlich mit der Finanzvorausschau befaßt, die für die nächsten Jahre Deckungslücken ausweist. Die Erörterungen betrafen mögliche Ausgabekürzungen und mögliche Einnahmeverbesserungen durch weiteren Abbau von Steuervergünstigungen. Es bestand Einvernehmen, daß, erst wenn diese beiden Maßnahmen zur Schließung verbleibender Lücken nicht ausreichen, Steuererhöhungen in Betracht gezogen werden müssen. Ferner hat das Kabinett beschlossen, einen Nachtragshaushalt 1966 einzubringen. Am 28. Oktober 1966 wird der Bundesfinanzminister grundsätzliche Ausführungen zum Haushalt 1967 vor dem Bundesrat machen. Am gleichen Tag wird sich das Bundeskabinett mit der Stellungnahme des Bundesrates befassen." Walter Scheel hatte die Erklärung nicht etwa abgelehnt,er war lediglich an jenem Tag verreist. Tags darauf aber gab die FDP-Bundestagsfraktion dem CDU/CSU-Fraktionsvorstand die telefonische Mitteilung durch, daß die vier FDP-Bundesminister wegen der Haushaltsentscheidung zurückgetreten seien, die am Vorabend mit ihren Stimmen beschlossen worden war.

Die haushalts- und finanzpolitischen Details dieses gespenstischen Vorgangs kann ich als bekannt voraussetzen. Auch die Tatsache, daß der Fraktionsbeschluß der FDP anderenorts sorgfältig vorbereitet worden war. Und da ich weiß, daß zumindest die bei der Kabinettssitzung am 26. Oktober 1966 anwesenden FDP-Bundesminister aus ehrlicher Überzeugung mitgestimmt hatten, kann ich sie nur als Opfer einer subtilen Form des imperativen Mandats betrachten.

Daß diese Entwicklung bestimmten Tendenzen in meiner eigenen Partei entgegenkam, ja von ihnen beschleunigt, wenn nicht angeheizt wurde, steht auf einem anderen Blatt.

Die SPD-Opposition

Die SPD, die während meiner Kanzlerschaft in Opposition stand, war scheinbar weder die verwirrte Neinsager-Partei der ersten Nachkriegsjahre noch die heutige internationalistisch orientierte Linkspartei mit den immer stärker werdenden sozialistischen Kaderstrukturen. Und doch war es die gleiche SPD. Sie machte damals lediglich eine Phase besonders raffinierter Anpassungsversuche und ausgeklügelter Täuschungsmanöver durch. Seit Kurt Schumachers Tod im Jahre 1952 bestimmt Herbert Wehner die Richtlinien ihrer Strategie. Bis zum heutigen Tag. Dazu gehörte 1959 als notwendige Zwischenstufe die Verabschiedung ihres Godesberger Programms, das ein Abrücken vom Marxismus, ein Bekenntnis zur Demokratie als allgemeine Staats- und Lebensform, eine Bejahung der Zusammenarbeit mit den Kirchen im Sinne der Partnerschaft, eine Absage an den Gedanken der Weltanschauungspartei und eine positive Einstellung zur Landesverteidigung, zum Privateigentum an Produktionsmitteln (bei Kontrolle der wirtschaftlichen Macht), zum Wettbewerb und zur Unternehmerinitiative bekunden sollte. Zufall oder Absicht - allein der Klang des Wortes Godesberg erinnerte die Eingeweihten an das Gothaer Programm, mit dem 1875 die neugegründete "Sozialistische Arbeiterpartei Deutschlands" den Ausgleich zwischen der marxistisch-internationalistischen und der nationalen Richtung dokumentierte. Aber so wie das Gothaer Programm 16 Jahre später der eindeutig marxistisch-internationalistischen Linie des Erfurter Programms weichen mußte, begann auch die SPD sofort ihre Arbeit an dem sozialistischen Orientierungsrahmen 85, als das Godesberger Programm seine Schuldigkeit auf dem Wege zur Regierungsmacht erfüllt hatte.

Günter Gaus, der spätere SPD-Staatssekretär und Vertreter der Bundesregierung in Ostberlin, gab in seinem 1965 erschienenen Buch "Kanzlerregiment und Opposition" ganz unumwunden zu: "Auf Bundeskanzler Brandt kann die SPD verzichten. Ihr wichtigstes Ziel ist erreicht, wenn sie in der neuen Regierung auch nur einen einzigen Minister stellt."[18] Und er lieferte auch gleich die Erklärung für diese manchem verblüffend erscheinende Feststellung mit. Allenfalls routinemäßig streite die SPD für neue Antworten auf die deutsche Frage; eher beiläufig kämpfe sie um eine geordnete Gesellschaftspolitik. Dies alles seien Sachziele, die morgen von Belang sein könnten. "Vorerst sind sie allesamt einem politisch-psychologischen Vorhaben untergeordnet, das gemäß Wehners Konzept heute allein zählt: dem wechselseitigen Friedensschluß zwischen Sozialdemokratie und der immer noch argwöhnischen Mehrheit des westdeutschen Staatsvolks." Deutlicher konnte es kaum ausgedrückt werden.

Und dies ist auch der Zusammenhang, liebe Freunde, in dem ich rückhaltlos erklären muß: Der Sozialismus hätte in unserem Lande nie eine Chance erhalten, wenn CDU/CSU mit allen freiheitlich gesinnten Kräften auch im Jahre 1966 zusammengehalten hätte! Und ich brauche Ihnen nicht zu beteuern, daß es mir hier nicht im geringsten darum geht, ob der deutsche Bundeskanzler in den folgenden Jahren Ludwig Erhard oder anders geheißen hätte. Worum es mir aber wohl geht, ist der suizide Taumel, in dem die Partei meine Warnungen überhört hat. Glaubte doch die SPD, im Nebel unverbindlicher Aussagen gewinnen zu können. Auf dem 13. CDU-Bundesparteitag in Düsseldorf am 31. März 1965 habe ich den Delegierten zugerufen: "Aus dem Verhalten der Sozialdemokraten ist zu schließen, daß es ihnen am vorteilhaftesten erschiene, die Macht nach Verabredung zwischen den großen Parteien aufzuteilen. Sie liebäugeln mit dem Gedanken einer Proporzkoalition der großen Parteien - also der Proporzdemokratie. Der Sozialismus will sich in dem von uns erreichten Wohlstand einnisten. Zu diesem Zweck beschwört die SPD gelegentlich den nationalen Notstand, der die Proporzdemokratie rechtfertigen soll."[19]

Doch als diese Worte gesprochen wurden, waren schon die ersten Fäden zwischen Politikern der Unionsparteien und der SPD geknüpft. Viele der prominenten Akteure auf Seiten von CDU/CSU haben dieses Verhalten später auch in Gesprächen mit mir bedauert und für falsch erklärt. Und es war Herbert Wehner, der in der Nacht, in der er seine eigene Fraktion von der Notwendigkeit des Beitritts zur Großen Koalition überzeugte, das Wort von der "Lenin'schen Verdrängungstheorie" benutzt hat.

Daß eine Opposition nur in Ausnahmefällen sichtbare politische Erfolge erzielen kann, liegt in der Natur der Sache. Daß sie aber in allen entscheidenden Fragen für das künftige Schicksal der Nation einen falschen Standpunkt einnimmt, ist nur denkbar, wenn sie - wie die SPD - in einer veralteten, in aller Welt gescheiterten Ideologie befangen ist. Insofern tat sich die SPD-Opposition mit mir als Bundeskanzler besonders schwer. Übte sie an meinen wirtschafts- und gesellschaftspolitischen Vorstellungen Kritik, brauchte ich sie nur daran zu erinnern, daß ihr früherer wirtschaftspolitischer Wortführer, Prof. Erich Nölting, beispielsweise Ende 1951 noch den allenthalben bereits spürbaren wirtschaftlichen Wiederaufstieg der Bundesrepublik Deutschland "ein Paradies für die Reichen und eine Hölle für die Armen" genannt hatte. Dabei war Nölting wie ich Schüler von Franz Oppenheimer, jenes Mannes also, der mit seiner Lehre vom "liberalen Sozialismus" eine ganze Generation moderner Gelehrter angeregt hat. Während ich jedoch bei dem Oppenheimer'schen Begriff Adjektiv und Substantiv umgelagert habe zu "sozialem Liberalismus", verstrickte sich Nölting in sozialistischen Theorien alter Prägung.

Der Begriff sozial in der Sozialen Marktwirtschaft ist kein apologetisches Tarnwort. Er drückt aus, was unter den Vorzeichen dieser Politik im freien Teil Deutschlands geleistet wurde: Die dynamische Rente, würdige Weiterentwicklung der deutschen Spitzenstellung in der internationalen Sozialgesetzgebung. Der Lastenausgleich, eine Gemeinschaftsanstrengung zur gerechten Vermögens- und Lastenumverteilung von historischer Dimension. Die Kriegsopferversorgung, Solidaritätsbeweis eines ganzen Volkes. Der soziale Wohnungsbau, beispielhafter Weg zur Vermögensbildung in Arbeitnehmerhand. Die Lohnfortzahlung im Krankheitsfall, gleichermaßen soziale Hilfe wie Beitrag zur Entproletarisierung eines Großteils der deutschen Arbeitnehmer. Die Kartellgesetzgebung, entscheidender gesetzlicher Schritt zur Sicherung des wirtschaftlichen Wettbewerbs im Interesse der Gesamtheit der Verbraucher. Der Beitritt zu den europäischen Institutionen, Grundlage für die Entwicklung eines Europas der Freien und der Gleichen. Die Wiederbewaffnung der Bundesrepublik Deutschland und ihr Beitritt zur NATO, unersetzlicher Beitrag zur Aufrechterhaltung des militärischen Gleichgewichts in Europa und zur eigenen Sicherheit der Bundesrepublik Deutschland.

Dies sind besonders markante Beispiele für einen Teil dessen, was unter CDU/CSU-geführten Bundesregierungen in unserem Lande erreicht wurde und woran die Glaubwürdigkeit der SPD-Opposition tagtäglich gemessen werden konnte. Es bedurfte schon eines ungeheueren agitatorischen Aufwandes und einer bedenkenlosen Arbeitsteilung zwischen untadeligen, pflichtbewußten SPD-Parlamentariern auf der einen und radikalen, schon damals kommunistisch beeinflußten Demonstrantenbewegungen auf der anderen Seite, um den Bürgern gegenüber jene Probleme ins Maßlose zu übersteigern, die wegen vordringlicherer Aufgaben in den ersten Nachkriegsjahren noch nicht voll gelöst waren. So wurde der Bildungsnotstand ausgerufen, den eine hysterisierte Propaganda dann auch gleich zur Bildungskatastrophe hochputschte. So wurde ein fanatischer Kampf gegen die Notstandsgesetze geführt, die ausgerechnet von Gegnern unserer freiheitlichen Demokratie als "Anschlag auf die Verfassung" denunziert wurden. So wurde eine nach heutigen Maßstäben eher geringfügige Wirtschaftsstagnation zur schweren Krise umgefälscht, die zu rücksichtslosen Versuchen mißbraucht wurde, die betroffenen Arbeiter zu radikalisieren. Im Lichte einer vernünftigen Betrachtung, insbesondere aber im Blick auf die verheerenden, von der SPD/FDP-Bundesregierung zu verantwortenden späteren Entwicklungen bleibt es unverständlich, daß sich auch weite Kreise der CDU/CSU von der oppositionellen Argumentation beeindrucken ließen.

Lange vor den nordrhein-westfälischen Landtagswahlen im Hochsommer 1966, die der CDU im Zeichen der Krise im Kohlebergbau ernste Stimmenverluste brachten, erhielt die SPD einen "Offenen Brief"[20] des SED-Chefs Walter Ulbricht.

Am 11. Februar 1966 forderte er zur Verständigung "über die große Verantwortung der beiden stärksten deutschen Parteien" auf. Gleichzeitig schlug er eine Zusammenkunft von Vertretern der SPD und der SED vor. Am 18. März antwortete die SPD, daß für eine Zusammenarbeit der beiden Parteien jede Voraussetzung fehle. Dennoch solle darauf hingearbeitet werden, daß Vertreter der Bundestagsfraktionen und der "DDR" ihre Auffassung über die Deutschland-Frage einander offen darlegen könnten. Das SED-Zentralorgan "Neues Deutschland" veröffentlichte am 26. März diesen Briefwechsel. Und es unterbreitete einen neuen Vorschlag, dem zufolge Vertreter beider Parteien sich auf Parteiveranstaltungen in Chemnitz (Karl-Marx-Stadt) und Essen zur Aussprache treffen sollten. Den SPD-Rednern wurde Sicherheit und Redefreiheit garantiert und das gleiche für die SED-Sprecher gefordert. Am Schluß des mehrmonatigen, durch Zeitungen und Briefe, auf Parteikundgebungen und in Fraktionssitzungen geführten Pseudo-Dialogs zwischen SPD und SED stand ein brutales Nein der Pankower Machthaber. Hatten sie doch fürs erste den Zweck ihres Manövers erreicht. Die Sozialdemokraten waren mit ihnen in Korrespondenz getreten, hatten ihre Parteiprominenz als Gesprächspartner angeboten, entsprechende gesetzliche Maßnahmen für "freies Geleit" der SED-Redner initiiert. Und sie waren vor allem immer wieder auf Änderungs- und Verschiebungswünsche der kommunistischen Seite eingegangen. Ein Punktsieg für die SED. Aber auch ein wichtiger Schritt in der atmosphärischen Aufbereitung der Öffentlichkeit der Bundesrepublik Deutschland durch jene sozialdemokratischen Planer, die wenig später ihre Konzepte vom "Wandel durch Annäherung" oder eine "Politik der kleinen Schritte" gegen die angeblich fruchtlose Starre der Unionsparteien verwirklichten.

Berlin und Deutschland

Die angebliche Sonderstellung der "DDR" innerhalb des Ostblocks, ihre scheinbar größere Selbständigkeit und Bewegungsfreiheit war zu keinem Zeitpunkt an etwas anderem abzulesen als an besonders beflissener Verfolgung der Moskauer Ziele und besonders linientreuer Härte gegenüber der Bundesrepublik Deutschland. Ein wesentliches politisches Ziel meiner, aber auch aller anderen bisherigen Bundesregierungen war, menschliche Erleichterungen für die 17 Millionen Landsleute in Mitteldeutschland zu erwirken, den Kontakt zwischen ihnen und den Bürgern der Bundesrepublik Deutschland aufrecht zu erhalten und die Bindung Westberlins an den Westen dabei fortzuentwickeln. Es gehört zu den Verhaltensnormen demokratischer Staaten, im Umgang mit kommunistischen Regimen ein vorübergehendes, als Taktik durchaus erkennbares und in seinen Folgen unerhebliches Ablassen von der gewohnten Härte bereits als Konzession der Gegenseite zu akzeptieren und dafür meist handfest politische oder wirtschaftliche Leistungen zu erbringen. Eigene berechtigte Forderungen dagegen werden vom Westen oft mit einem deutlichen Anflug schlechten Gewissens, halbherzig und immer voller Angst vor möglicher Kritik vorgetragen. Dieses Verhaltensmuster ist von der SPD/FDP-Bundesregierung, aber auch von einigen unserer westlichen Partner in den letzten Jahren zum gefährlichen Regelfall entwickelt worden. Seine Gefährlichkeit besteht auch darin, daß es nach innen mit einem nie dagewesenen, das öffentliche Bewußtsein abstumpfenden Propagandaaufwand gerechtfertigt wird. Doch der Hinweis auf die sich stetig verändernde Weltlage, auf die Notwendigkeit, einen eigenen Beitrag zur Entspannung zu leisten, war auch während meiner Kanzlerschaft kein überzeugendes Argument für einseitige Vorleistungen.

Ich könnte es mir jetzt leicht machen und Ihnen dartun, daß die allerjüngste Vergangenheit unwiderlegbar bewiesen hat, wie rücksichtslos die Sowjetunion Friedenswillen und Entspannungsbereitschaft der westlichen Demokratien mißbraucht, ja zielbewußt in ihr eiskaltes Expansionskalkül eingesetzt hat. Doch auch diese retrospektive Beweisführung ließe den Kern des deutschen Standpunktes, so wie ich ihn zumindest sehe und immer vertreten habe, unberücksichtigt. Die unmenschliche Teilung unseres Landes machte uns zwangsläufig zum Hauptinteressenten, aber auch zum Hauptbetroffenen einer Friedens- und Entspannungspolitik. Anerkenntnisse und Zugeständnisse in dieser Frage sind deshalb mit keiner noch so weitgehenden Konzession vergleichbar, die von anderen westlichen Ländern gegenüber der Sowjetunion oder ihren Satelliten gemacht werden kann. Das forderte von der Bundesregierung in den Jahren zwischen 1963 und 1966 außergewöhnliche Anstrengungen, um ein Höchstmaß an Übereinstimmung mit Frankreich und Amerika, aber auch mit allen übrigen NATO-Partnern, den Bündnisfreien Demokratien und einer möglichst großen Zahl von Ländern der Dritten Welt zu bewahren. Gleichzeitig mußten wir uns gegenüber dem kommunistischen Osten, der eine fieberhafte politisch-diplomatische Aktivität einleitete, flexibel verhalten und Gelegenheiten nutzen, unseren Zielen zu dienen.

Dem Passierscheinabkommen für Weihnachten 1963 folgte am 9. September 1964 die von der "DDR"-Regierung erlassene Genehmigung für Besuchsreisen von Rentnern in die Bundesrepublik Deutschland. Am 1. Oktober 1964 nahm in Westberlin die Passierscheinstelle für dringende Härtefälle ihre Tätigkeit auf. Im Rahmen einer zweiten Passierscheinaktion besuchten zwischen 30. Oktober 1964 und 3. Januar 1965 1,4 Millionen Westberliner ihre Verwandten im Ostsektor der Stadt. Am 25. November 1965 wurde nach langen und schwierigen Besprechungen eine dritte Passierscheinvereinbarung unterzeichnet, die Weihnachten und Neujahr 824 000 Westberlinern Verwandtenbesuche im Osten ermöglichte. Und noch einmal fast eine Million Westberliner konnten aufgrund eines neuesn kurzfristigen Passierscheinabkommens Ostern und Pfingsten 1966 Verwandtenbesuche im Ostsektor machen. Bei Unterzeichnung dieses Abkommens am 7. März 1966 wurde außerdem vereinbart, die Tätigkeit der Härtestelle zu verlängern. Die Westberliner Vertreter unterschrieben "ungeachtet der unterschiedlichen politischen und rechtlichen Standpunkte und der Meinungsverschiedenheiten über Orts-, Behörden- und Amtsbezeichnungen". Diese salvatorische Klausel war vom "DDR"-Vertreter all die Jahre über stillschweigend hingenommen worden. In der Zeit nach meinem Rücktritt wurde von der "DDR" aber der Verzicht darauf und die Anerkennung der "DDR" als regelrechter Vertragspartner verlangt. Zu Weihnachten 1966 gab es keine Passierscheine. Wohl hatte die "DDR" gleich zu Beginn der Passierscheinverhandlungen in Berlin versucht, aus diesem humanitären Vorgang ein Maximum an politischem Kapital zu schlagen. Doch konnte ihr Verlangen nach politischer Aufwertung oder gar völkerrechtlicher Anerkennung bis Ende 1966 erfolgreich zurückgewiesen werden.

Am 2. März 1964 gründete der Bund und das Land Berlin in Westberlin das "Deutsche Institut für Entwicklungspolitik". Am 1. Juli 1964 trat die vierte Bundesversammlung in Westberlin zusammen, um den Bundespräsidenten zu wählen. Proteste der UdSSR dagegen wurden von den Regierungen der USA und der Bundesrepublik Deutschland zurückgewiesen. Am 22. August 1964 bekräftigten die USA, Frankreich und Großbritannien in Noten an die UdSSR ihr Recht auf freie Benutzung der Luftkorridore zwischen dem Bundesgebiet und Westberlin. Am 7. April 1965 hielt der Deutsche Bundestag in Westberlin seine fünfte Plenarsitzung ab. Die "DDR"-Behörden versuchten, unter dem Vorwand gemeinsamer Truppenmanöver mit der UdSSR durch massive Störmanöver auf den Zugangswegen und eine zeitweilige Sperrung der Autobahnen gegen diese Berlin-Sitzung zu opponieren. Am 29. April 1966 legte das Auswärtige Amt ein Weißbuch über "Bemühungen der deutschen Regierung und ihrer Verbündeten um die Einheit Deutschland 1955 - 1966" vor. Darin hieß es: "Die deutsche Einheit in Freiheit zu vollenden bleibt das oberste Ziel der deutschen Politik." Und: "Solange Deutschland geteilt ist, wird sich die Bundesregierung darum bemühen, die Folgen der Teilung für die betroffenen Menschen, vor allem für die Deutschen in der sowjetischen Besatzungszone, zu erleichtern. Die dazu erforderlichen Schritte, die nicht zu einer Minderung des rechtlichen und politischen Besitzstandes der Bundesrepublik Deutschland führen dürfen, sind kein Ersatz für eine internationale Wiedervereinigungspolitik. Der deutsche Appell, durch die Wiedervereinigung Deutschlands eine gesicherte Grundlage für einen Frieden in Mitteleuropa wie für die Aussöhnung mit Deutschlands östlichen Nachbarn zu schaffen, richtet sich vornehmlich an die Sowjetunion."

Wie ernst die Bundesregierung während meiner Kanzlerschaft[21] die Postulate des Weißbuchs nahm, belegten die Tatsachen. Dessen ungeachtet begannen sich in der deutschen Öffentlichkeit Stimmen zu Wort zu melden, die zwar nach raschen und sichtbaren Ergebnissen unserer Ostpolitik riefen, ihre festen Grundlagen aber in Frage stellten. So veröffentlichte der Rat der Evangelischen Kirche in Deutschland (EKD) im Oktober 1965 eine Studie seiner Kammer für öffentliche Verantwortung über "Die Lage der Vertriebenen und das Verhältnis des deutschen Volks zu seinen östlichen Nachbarn". Mit der darin enthaltenen Forderung, die Frage der "künftigen deutschen Ostgrenzen sorgfältig zu prüfen und neu zu formulieren", wurde der Verhandlungsposition der Bundesregierung ein arger Bärendienst erwiesen. Dies muß ich feststellen, ohne damit eine Wertung der Motive vorzunehmen, aus denen heraus die Verfasser gehandelt haben.

Ein Vorgang, dessen volle Virulenz allerdings erst unter SPD/FDP-Bundesregierungen spürbar wurde, war die systematische Beeinflussung unseres Sprachgebrauchs durch die "DDR"-Propagandamaschinerie. Und dadurch, daß kommunistische Begriffe in unsere eigene Terminologie eingeführt wurden, veränderte sich ihre politische Substanz. Das augenfälligste Beispiel war der Ausdruck "Alleinvertretungsrecht", der sich aus dem Grundgesetz ableitete und der auch entscheidender Ausgangspunkt für zahlreiche Leistungen der Bundesrepublik Deutschland gegenüber Opfern des nationalsozialistischen Dritten Reichs war. Die entsprechende "DDR"-Vokabel dafür lautete von Anfang an "Alleinvertretungsanspruch". Sie wurde so beharrlich benutzt, bis sie in den politischen Sprachgebrauch der Bundesrepublik Deutschland, ja neuerdings sogar in regierungsamtliche Schriftstücke und in Äußerungen der CDU/CSU Eingang fand. Die Reaktion Ostberlins? Dort wird jetzt - nach dem bewährten kommunistischen Rezept, Erreichtes einvernehmen und das nächste fordern - von der "Alleinvertretungsanmaßung" gesprochen.

Zu den Drängern in der Ostpolitik gehörte während meiner Kanzlerzeit auch die FDP. Während Erich Mende, Vizekanzler und gesamtdeutscher Minister, mit praktischen Schritten, die teilweise von seinem Vorgänger Rainer Barzel bereits eingeleitet worden waren, im wesentlichen auf dem Gebiet "menschliche Erleichterungen" tätig wurde, wurden aus verschiedenen Kreisen seiner Partei sehr viel weitergehende Forderungen erhoben. Einige davon waren ganz im Sinne des Dehler'schen Vorwurfs von den "verpaßten Gelegenheiten" gegenüber Konrad Adenauer.

Es oblag mir als Bundeskanzler, nicht nur für eine solide Vertretung der deutschen Interessen gegenüber den kommunistischen Staaten zu sorgen und dabei jede Chance zu prüfen, ja möglichst zu nutzen, um dem gesteckten Ziel näher zu kommen. Ich mußte selbstverständlich auch darauf achten, daß der für die Regierungsfähigkeit notwendige Konzensus mit dem Koalitionspartner erhalten blieb. An diesem Punkt setzte manche zunächst verhaltene, später aber hörbar geäußerte CDU/CSU-interne Kritik an meiner Deutschland- und Berlinpolitik an. Es war keine allgemeine Kritik. Es gab breite Kreise, die mich verstanden und mir folgten. Konnte es doch nicht in unserem Interesse liegen, die westlichen Verbündeten in einer weltpolitischen Phase des Suchens durch deutsche Maximalforderungen zu verunsichern, wenn nicht gar in alten falschen Vorurteilen zu bestätigen.

So war und bin ich der festen Überzeugung, daß Bundesverkehrsminister Hans-Christoph Seebohm die wirkliche Einstellung seiner patriotischen, fleißigen, aber besonnenen sudetendeutschen Landsleute nicht korrekt artikuliert hat, als er auf ihrem Pfingsttreffen 1964 erklärte, weder die Bundesrepublik Deutschland noch das deutsche Volk könnten auf sudentendeutsche Heimatgebiete verzichten und das Münchner Abkommen habe nach wie vor Gültigkeit. Ich habe deshalb wenige Wochen später vor dem New Yorker "Council of Foreign Relations" klargestellt: "Das Münchner Abkommen vom Jahre 1938 ist von Hitler zerrissen worden. Die Bundesregierung erhebt gegenüber der Tschechoslowakei keinerlei territoriale Forderungen."[22]

Meine Feststellung bedeutete keine Anerkennung des himmelschreienden Unrechts, das an den Sudetendeutschen und den anderen Millionen vertriebener und geflüchteter Deutscher begangen worden ist. Sie war vor dem Hintergrund der erfolgreichen Integration dieser Menschen in der Bundesrepublik Deutschland und ihres bedeutenden Anteils am Wiederaufbau des Landes auch wahrhaftig. Und sie war vor allen Dingen notwendig, um nicht die Bürger jener Staaten zu verschrecken, die unsere Sicherheit, insbesondere auch die Westberlins, garantieren und auf deren Hilfe wir bei einer schließlichen Lösung der deutschen Frage angewiesen sind.

Die Sowjetunion

Der Schlüssel zur deutschen Frage liegt in Moskau. Darüber, meine verehrten Freunde, darf sich niemand einer Illusion hingeben, der eine realistische deutsche Politik betreiben will. Und so sehr die Bundesrepublik Deutschland ihre Verbündeten braucht und aus der Geschichte der letzten drei Jahrzehnte auch das sichere Gefühl ableiten darf, daß auf diese Verbündeten Verlaß ist, so wenig kann sie in dieser Frage auf Aktionen oder auch nur Haltungen ihrer westlichen Partner rechnen, wenn nicht ein Mindestmaß an Deckungsgleichheit der Interessen vorliegt.

Ende der Fünfziger-, Anfang der Sechzigerjahre probte die UdSSR zum erstenmal im Rahmen eines offenbar weltweit angelegten Konzepts das Auseinanderdividieren dieser Interessen. Sie verfuhr dabei nach einem ebenso primitiven wie wirksamen Schema: Zwischen Herbst 1958 und Herbst 1961 baute sie ihre Positionen mit unbeirrbarer Härte aus. Dabei testete sie auch Willen und Kraft des Westens, zu reagieren. Es begann mit einer Äußerung des gerade erst wenige Monate im Amt befindlichen sowjetischen Ministerpräsidenten Nikita Chruschtschow, der bei einem sowjetisch-polnischen Freundschaftstreffen in Moskau am 10. November 1958 den Westmächten und der Bundesrepublik Deutschland vorwarf, andauernd das Potsdamer Abkommen verletzt zu haben. Und er zog den Schluß, daß die Zeit für die Signatarmächte dieses Abkommens gekommen sei, das Besatzungsregime in Berlin zu beenden, um eine "Normalisierung" der Situation herbeizuführen. Diesem Eröffnungszug folgte eine Reihe diplomatischer Noten der Sowjetunion an die drei Westmächte und die Bundesrepublik Deutschland. Hinter einem Schwall von Vorwürfen, Verdrehungen und Polemiken verbargen sich darin ultimative Forderungen mit dem Ziel, die Westmächte aus Berlin zu verdrängen und dem westlichen Teil der Stadt einen unabhängigen, entmilitarisierten, dem sowjetischen Einfluß offenen Status zu geben. Später verlagerte sich das Gewicht der sowjetischen Argumentation auf das Verlangen einer generellen Regelung der deutschen Frage. Unsere westlichen Verbündeten blieben fest. Sie ließen keinen Zweifel daran, daß sie auch weiterhin zu ihren Rechten und Verpflichtungen in Westberlin stehen würden. Am 19. März 1959 anerkannte Chruschtschow die Berlin-Rechte der drei Westmächte. Die Auslegung der sowjetischen Berlin-Vorschläge als Ultimatum wies er zurück.

Nachdem die Sowjetunion mit ihrer Noten-Offensive die Spannung um die alte Reichshauptstadt in gefährlicher Weise verschräft hatte, erklärte Chruschtschow am 5. Mai 1960, seine Forderung nach einem "Freie-Stadt-Status" für Westberlin sei wegen der "Gefährlichkeit" Berlins als Spannungsherd gerechtfertigt. Und am 3. Juni 1960 behauptete er auf einer Pressekonferenz in Moskau, die Westmächte seien an einer Wiedervereinigung Deutschlands nicht interessiert. US-Präsident Eisenhower habe ihm selbst gesagt, daß Amerika eine Stärkung Deutschlands fürchte. Das Weiße Haus bezeichnete diese Chruschtschow-Äußerung als absolut unwahr. Doch war es dem Kreml-Chef zweifelsfrei gelungen, in gewissen Kreisen der Bundesrepublik Deutschland Mißtrauen zu säen. Konferenz-Aktivitäten in der Deutschland-Frage scheiterten. Am 7. August 1961 kündigte Chruschtschow in einer Rundfunkrede die Verstärkung der sowjetischen Streitkräfte an den Westgrenzen und die Einberufung von Reservisten an. Sechs Tage später begann auf Anordnung der "DDR"-Behörden der Bau der Berliner Mauer.

Es ist nicht leicht zu entschlüsseln, inwieweit das SED-Regime Moskau zu dieser aggressiven Haltung gedrängt oder die UdSSR ihren strammen Satelliten "DDR" dafür eingespannt hat, an einem weltpolitisch neuralgischen Punkt die eigene Position zu verbessern. Auch die Erkenntnisse, die der Westen darüber in späteren Jahren erlangte, waren widersprüchlich. Offen ist auch, ob sich der Kreml zu Beginn dieser von ihm in Gang gesetzten Entwicklung weniger oder mehr Ergebnisse erwartet hatte. Fest steht auf jeden Fall, daß er nach der damals angewandten Methode - zwei Schritte vor, einen zurück - später, insbesondere aber seit Ende 1966 mit wachsendem Erfolg vorgegangen ist. Und zwar weltweit. Sicher, die Westmächte und die Bundesregierung sind damals von ihrem eindeutigen, völkerrechtlich klar begründeten Standpunkt nicht abgegangen. Aber sie konnten auch nicht verhindern, daß die "DDR" gegenüber dem Westen, ja teilweise sogar gegenüber ihren östlichen Nachbarn wie ein Konzentrationslager mit Wachtürmen, Stacheldraht, Minenfeldern, Scheinwerfern, Streifenposten, die den Schießbefehl in der Tasche haben, und mit automatischen Tötungsmaschinen abgeriegelt wurde. Und den Kommunisten wurde dabei von der Weltöffentlichkeit eine Erfahrung bestätigt, die sie 1956 zum erstenmal gemacht hatten: Nach einer vergleichsweise kurzen Spanne der Empörung gab es selbst im Westen die stillschweigende Anerkennung und schließlich sogar offene Rechtfertigung des kalten Einsatzes überlegener Machtmittel. Einzelne Wissenschaftler und Publizisten - besonders in den USA und in der Bundesrepublik Deutschland - begannen, jeweils kurze Zeit nach dem betreffenden Ereignis, die Moskauer Interventionen in Polen, den Einmarsch der Sowjets in Ungarn, den Mauerbau, schließlich die Besetzung der CSSR durch Truppen des Warschauer Pakts, die Anheizung des Nahost-Konflikts durch massive sowjetische Waffenlieferungen und den neokolonialistischen Eingriff sowjetisch-kubanisch-"DDR"-deutscher Streitkräfte in Angola aus der "inneren Logik" des Sowjetsystems heraus zu erklären. Dies alles geschah und geschieht unter dem vom Osten geforderten und vom Westen akzeptierten Zwang, den "kalten Krieg" abzubauen. Dafür wurden die verschiedensten Formen eines "heißen Krieges" gewissermaßen mit geschlossenen Augen toleriert und die systematische Einschränkung des eigenen politischen Aktionsradius hingenommen.

Diese ausführliche Lagebeschreibung samt der Darstellung ihrer späteren Konsequenzen ist zur Begründung der folgenden Feststellung nötig: Zwischen Oktober 1963 und November 1955 sind weder die Sowjetunion nocht die "DDR" auf dem beschriebenen Wege auch nur einen Millimeter weit vorangekommen. Im Gegenteil! Kein Mitglied der Bundesregierung hat während meiner Kanzlerschaft einen politischen Schritt unternommen, der von der "DDR" als Aufwertung oder von der Sowjetunion und ihren osteuropäischen Satelliten als Anerkennung ihres europäischen Besitzstandes hätte ausgelegt werden können. Mit einer Reihe weltweit beachteter diplomatischer Initiativen haben wir vielmehr dazu beigetragen, daß sich der ideologische Starrkrampf im kommunistischen Lager zumindest partiell löste. In keinem dieser Fälle wurden dabei seitens der Bundesrepublik Deutschland eigene rechtliche Positionen in Frage gestellt, geschweige denn als "politische Zahlungsmittel" ins Spiel gebracht.

Gern räume ich dabei ein, daß meine außenpolitischen Vorstellungen wesentlich auch von der Kenntnis wirtschaftspolitischer Zusammenhänge bestimmt waren. Ich bitte Sie, meine Freunde, das nicht etwa so zu verstehen, wie es mitunter von schlichten Gemütern interpretiert wurde.
Daß ich nämlich dem naiven Glauben huldigte, man könnte einem so machtbewußten, mit Hilfe einer totalitären Ideologie und einer gigantischen Geheimdienstarmee in Schach gehaltenen Reich wie der Sowjetunion und ihren zu Vasallen degradierten Nachbarn den Kommunismus "abkaufen". Doch die

wirtschaftlichen Schwierigkeiten des gesamten europäischen Ostens, noch mehr des asiatischen Teils der UdSSR sind immens. Und sie werden es unter dem allen wirtschaftlichen Gesetzmäßigkeiten hohnsprechenden Regime des Kommunismus bleiben. Auf Jahrzehnte hinaus. Westliche Weizenlieferungen ein Gebiete, die einst sprichwörtliche Kornkammern waren, sind nur ein Indiz dafür, die Rolle der westlichen Industrie beim wirtschaftlichen Aufbau der Sowjetunion ein weiteres.

Zu den russischen Nationaleigenschaften zählt eine ungeheuere Geduld, ein Abwarten-Können wie es großen Spielern eignet. Dessen muß sich jeder Verhandlungspartner Moskaus bewußt sein. Natürlich liegt internationaler Handel normalerweise im beiderseitigen Interesse. Das Gesetz von Angebot und Nachfrage, das bekanntlich den Preis bestimmt, gilt auch, wenn ein Geschäft Milliarden-Dimension und politische Bezüge hat. Noch dazu, wenn der Partner auf Kredit kauft.

Aus nüchterner Bewertung dieser Umstände habe ich mich deshalb als Bundeskanzler weder selbst in einen hektischen Zugzwang gebracht, noch mir einreden lassen, daß Exportgeschäfte mit Ostblockländern lediglich im Interesse der deutschen Exportindustrie lägen, dafür also nicht nur keine politischen Leistungen der Gegenseite zu erwarten seien, sondern darüber hinaus sogar noch deutsche Konzessionen gemacht werden müßten. Ich habe vielmehr bei sämtlichen Angeboten gegenüber kommunistischen Staaten die unüberhörbaren und unabdingbare Forderung damit verknüpft, daß unser völkerrechtlicher Standpunkt ausdrücklich respektiert werden müsse. Ich habe auch keinen Zweifel daran gelassen, daß von diesem Standpunkt aus Freiheit und Selbstbestimmung für alle Deutschen erstrebt wird. Und ich behaupte: Dies wurde von der Sowjetunion ebenso wie von jenen osteuropäischen Staaten akzeptiert, mit denen während meiner Regierungszeit der Austausch von Handelsvertretungen vereinbart wurde, solange sie spürten, daß die Deutschen meinen, was sie sagen.

In den ersten anderthalb Jahrzehnten des Bestehens der Bundesrepublik Deutschland war es eine Art Routine geworden, daß der Bundeskanzler, hauptsächlich wenn wichtige Landtags- oder gar Bundestagswahlen in Sicht waren, Besuche in Amerika oder Frankreich unternahm, die gutfreundschaftlichen Beziehungen zu diesen beiden wichtigsten Partnern demonstrativ in das Bewußtsein der Öffentlichkeit rückte und regelmäßig auch Bekundungen der Treue und Standfestigkeit des Westens in der Deutschland-Frage provozierte. Ich will dieses Verfahren keineswegs abwerten, obschon es mit fortschreitender weltpolitischer Entwicklung mitunter eher dazu führte, aus der Sachererwachsene Divergenzen zu übertünchen, statt sie ehrlich auszudiskutieren. Sie kamen dann zu einem anderen Zeitpunkt, aber mit umso größerer Gewißheit wieder hoch. Ich bin auch nicht der Meinung, daß irgendein deutscher Regierungschef seiner Aufgabe gerecht werden kann ohne die volle Sicherheit, in den entscheidenden Fragen die Rückendeckung unserer westlichen Verbündeten zu haben.

Seit Eintritt der Sozialdemokraten in die Bundesregierung, noch deutlicher aber seit Gründung der Bonner SPD/FDP-Koalition hat sich hier ein gefährlicher Wandel vollzogen: Für Wahlsiege war diese Koalition plötzlich in einem nicht unbeträchtlichen Ausmaß vom Wohlwollen der Regierungen in Moskau, Ostberlin oder anderen kommunistischen Staaten abhängig. Ich bin mir bewußt, daß dies eine sehr harte Aussage ist. Aber sie wird von den Tatsachen belegt. Und daß diese Tatsachen selbstverständlich auch Auswirkungen auf das innenpolitische Klima hatten, steht außerhalb jeden Zweifels. Ebenso glaube ich, daß die Ostpolitik von Brandt und Scheel eine gefährliche psychologische Bremswirkung auf die europäischen Einigungsbestrebungen ausgeübt hat. Und die inzwischen ja stark ernüchterten USA hätten vermutlich manches euphorische Entspannungsmanöver sorgfältiger überlegt, wenn nicht die Deutschen so bedenkenlos vorgeprellt wären.

Im Urteil der SPD wird meine Kanzlerzeit gerne als "Übergangsperiode" charakterisiert, so etwa nach dem bayerischen Scherzwort: "Mögen hätte er schon gewollt, aber dürfen hat er sich nicht getraut". Ich will hier gar nicht untersuchen, inwieweit diese Einschätzung der Unkenntnis entspringt oder eine sehr bewußte sozialdemokratische Schutzbehauptung ist, die das eigene politische Vorgehen zusätzlich legitimieren soll. Sicher ist jedenfalls, daß die Bundesregierung in meiner Kanzlerzeit gegenüber dem Sowjetblock zwar unmißverständlich Gesprächsbereitschaft zu erkennen gab, zugleich aber darauf bestand, den deutschen Fragenkatalog als wesentlichen Teil in solche Gespräch einzubeziehen. Das machte unsere Position gegenüber der Weltöffentlichkeit stärker, wenn wir Versuche der kommunistischen Seite zurückwiesen, die "Realitäten" in ihrem Sinne, und sei es auch nur durch einseitige verbale Darlegungen, zu verändern. Das ermöglichte es auch unseren westlichen Partnern, die deutschen Interessen nachdrücklich zu vertreten. So erklärten die USA, Großbritannien und Frankreich zu dem am 12. Juni 1964 abgeschlossenen langfristigen Vertrag über Freundschaft, gegenseitigen Beistand und Zusammenarbeit zwischen UdSSR und "DDR", daß Abschluß oder Anwendung dieses Vertrages durch die Sowjetunion in keiner Weise die sowjetischen Verpflichtungen oder Verantwortlichkeiten im Rahmen von Abkommen oder Abmachungen zwischen den drei Westmächten und der UdSSR über Deutschland einschließlich Berlins berührten. Die Regierung der Bundesrepublik Deutschland werde als die einzige frei und rechtmäßig gebildete Regierung Deutschlands betrachtet, die allein berechtigt sei, in internationalen Angelegenheiten für das deutsche Volk zu sprechen. Weder das ostdeutsche Regime noch die Existenz eines Staates in Ostdeutschland würden anerkannt werden. Ziel der drei Westmächte bleibe die Wiedervereinigung Deutschlands in Frieden und Freiheit auf der Grundlage der Selbstbestimmung. Solch klare Aussage war von unseren Verbündeten natürlich nur so lange zu erwarten, solange bei ihnen nicht der Verdacht erweckt wurde, sie sollten deutscher als die Deutschen auftreten.

Alexej Adschubej

An dem gleichen 13. Juni 1964, an dem die drei westlichen Botschafter in Moskau die Stellungnahmen ihrer Regierungen zu dem "Freundschaftsvertrag" abgaben, überreichte auch Horst Groepper, Botschafter der Bundesrepublik Deutschland in Moskau, dem sowjetischen Regierungschef Chruschtschow eine ähnlich lautende Erklärung der Bundesregierung. Und bei dieser Gelegenheit teilte er Chruschtschow mit, falls er ein Zusammentreffen mit mir für nützlich halte, könne er mit einer Einladung der Bundesregierung rechnen.

Dies löste einen Vorgang aus, der in nachträglicher Betrachtung Parallelen zu der berühmt gewordenen "Ping-Pong-Diplomatie" aufweist, mit der die Volksrepublik China einige Jahre später die Normalisierung ihrer Beziehungen zu den USA einleitete. Was im Falle der Chinesen Tischtennis-Mannschaften waren, war in diesem Falle der Chefredakteur der regierungsamtlichen Moskauer Zeitung "Iswestija", Alexej Adschubej. Eine Reihe bundesdeutscher Blätter hatte den sowjetischen Journalisten in die Bundesrepublik Deutschland eingeladen. Die Bedeutung dieser Reise lag weniger in der einflußreichen publizistischen Position des Besuchers als vielmehr darin, daß er der Schwiegersohn Nikita Chruschtschows war.[23]

Und so wurde Adschubejs Visite im Bundeskanzleramt am 28. Juli 1964 nicht etwa mit dem Wunsch nach einem politischen Interview begründet, sondern damit, daß er mir Grüße seines Schwiegervaters zu überbringen habe. Er fragte mich, ob ich eine Einladung nach Moskau annehmen würde, weil Chruschtschow mich kennenlernen möchte. Ich gab ihm deutlich zu verstehen, daß nach guter diplomatischer Übung jetzt der sowjetische Ministerpräsident am Zuge sei, zumal mit Konrad Adenauer ein deutscher Regierungschef bereits einen Besuch in Moskau gemacht habe. Außerdem hätte ich durch unseren Botschafter ja schon eine Einladung an ihn in Aussicht stellen lassen.

Dieses Gespräch löste einen mehrwöchigen, auf beiden Seiten mit großer Hartnäckigkeit geführten Dialog aus, dessen Partner direkt Alexej Adschubej und später der sowjetische Botschafter in Bonn, indirekt aber Nikita Chruschtschow und offensichtlich gegen Schluß auch Chruschtschows Gegner im Kreml waren.

Die Tatsache, daß sich der sowjetische Regierungschef damals überhaupt bereit zeigte, einen Besuch in Bonn zu machen, war schon eine mittlere Sensation. Aus ihr war aber auch erkennbar, daß die Sowjets aus vielerlei Gründen ein Interesse daran hatten. Doch nach bewährter Moskauer Taktik versuchten sie, gleich den ersten Schritt dabei mit für sie günstigen Bedingungen zu verknüpfen. Chruschtschow tat also zunächst so, als läge meine Anregung gar nicht vor. Wie so oft maßen die Sowjets protokollarischen Verfahrensfragen substantielle Bedeutung bei. Und selbstverständlich befindet sich der Gastgeber bei solch brisanter Fragestellung vor der Öffentlichkeit in einer besseren Ausgangslage als der Gast. Ich ließ meinerseits das Interesse an diesem Zusammentreffen durchaus erkennen, vermied aber sehr sorgfältig den Eindruck, daß mir mehr daran läge als Chruschtschow. Das Ergebnis: Chruschtschow willigte ein, nach Bonn zu kommen. Gleich jedoch stellte er die nächste Bedingung, daß die Deutschland-Frage nämlich bei dieser Gelegenheit nicht zur Sprache kommen sollte. Daraufhin ließ ich ihn wissen, daß ich es für ein Ding der Unmöglichkeit erachtete, wenn die Regierungschefs der Bundesrepublik Deutschland und der UdSSR zusammenträfen ohne über das Thema zu sprechen, das die beiderseitigen Beziehungen am stärksten berühre. Und wieder: Chruschtschow willigte ein, daß auch dieser Punkt Gegenstand des Gesprächs sein sollte. Zwar bat er sich, gewissermaßen zur Wahrung seines Gesichts,noch aus, daß weder vorher noch nachher schriftliche Erklärungen dazu abgegeben werden sollten. Aber dem stimmte ich ruhigen Gewissens zu.

Inzwischen war Adschubej nach Moskau zurückgekehrt und seine Berichte enthielten bemerkenswerter Weise nicht die obligatorische Beschuldigung, daß die Bundesrepublik Deutschland revanchistisch oder militaristisch sei, die immerhin noch wenige Wochen vorher von offizieller sowjetischer Seite erhoben worden war. Sein Gespräch mit mir bezeichnete Adschubej als den "ersten konstruktiven Schritt zur Verbesserung der Beziehungen". Am 3. September 1964 wurde in Moskau bekanntgegeben, daß Ministerpräsident Chruschtschow einen Besuch in der Bundesrepublik Deutschland machen werde.

Es ist viel darüber gerätselt worden, ob Chruschtschows Absicht, nach Bonn zu kommen, zu seinem Sturz am 14. Oktober 1964 beigetragen habe oder ob sie vielleicht sogar das auslösende Moment dafür gewesen sei. Ich neige dazu, diese Erwägungen für übertrieben zu halten. Ich glaube vielmehr, daß Chruschtschows Rücktritt weniger aus politischen als aus persönlichen Gründen erzwungen wurde. Stand er doch an Härte in der Vertretung der sowjetischen Expansionsinteressen seinem Vorgänger Stalin nur wenig, seinem Nachfolger Kossygin nichts nach. Andererseits hat aber auch die sowjetische Politik unter Kossygin und Breschnew ganz eindeutig belegt, daß Chruschtschow nicht etwa Männern von größerer Konzilianz gewichen ist. Ich erinnere genau, daß im Laufe der Abstimmungsgespräche einmal der sowjetische Botschafter, Monate vor dem Sturz Chruschtschows, in einer bis zur Unauffälligkeit verklausulierten Form die Frage stellte, ob meine Einladung auch für einen eventuellen Nachfolger Chruschtschows gelte. Das habe ich natürlich mit dem Hinweis bejaht, daß sie sich auf das Amt und nicht auf die Person beziehe. Doch muß ich gestehen, daß mir die Tragweite dieser Fragestellung nicht gleich zu Bewußtsein gekommen ist. Sie ist aber heute für mich ein Indiz dafür, daß Chruschtschow aller Wahrscheinlichkeit nach nicht über seine Besuchsabsicht gestürzt ist.

Die Friedensnote

Inhaltlich war die deutsche Ostpolitik während meiner Kanzlerschaft an dem Ziel orientiert, das Blockverhalten der kommunistischen Staaten Osteuropas vorsichtig aufzulockern, um wenigstens wieder ein Gespräch über die deutsche Frage in Gang zu bringen. Von der Methode her bedeutete dies absolute Festigkeit gegenüber allen Versuchen, unsere Positionen aufzuweichen oder zurückzuschneiden. Dabei war es nötig, unbeirrt von Rückschlägen und Äußerungen der Unversöhnlichkeit immer wieder initiativ zu werden. Dies umso mehr als auch andere große westliche Staaten anfingen, das Gespräch mit dem Osten zu suchen, und dabei nicht in eine Lage geraten durften, in der sie aus Überdruß oder unter dem Eindruck kommunistischer Propaganda das deutsche Problem als eine leidige Belastung empfanden.

Die von Botschafter Wilhelm Grewe entworfene, nach Staatssekretär Walter Hallstein benannte, von den Außenministern

Heinrich von Brentano und Gerhard Schröder behutsam weiterentwickelte Doktrin,[24] der zufolge diplomatische Beziehungen zu uns diplomatische Beziehungen zu Pankow ausschlossen, blieb ein wichtiges außenpolitisches Instrument. Sein hoher Verhandlungswert wurde erst richtig erkennbar, als sich die SPD/FDP-Bundesregierung selbst daran beteiligte, das "DDR"-Regime international aufzuwerten. Am 4. November 1963 hatte Gerhard Schröder in einem viel beachteten Rundfunkinterview erklärt, Sprecher für Deutschland in der Welt könnten wir praktisch nur dann sein, wenn wir nicht gleichzeitig zuließen, daß Pankow mehr und mehr etwa auf der internationalen Szenerie in Erscheinung träte. Daß diese Feststellung nicht nur deklamatorischen Charakter hatte, sondern exakt die Haltung der von mir geführten Bundesregierung umschrieb, machten wir wenige Monate später deutlich. Weil die ceylonesische Regierung die Errichtung eines Generalkonsulats der "DDR" zugelassen und darüber hinaus ihre Unterstützung für eine Lösung der Deutschland-Frage im kommunistischen Sinne erklärt hatte, beschloß die Bundesregierung am 19. Februar 1964, die Wirtschaftshilfe an Ceylon einzustellen. Am 24. Februar erklärte die Bundesregierung, daß sie die am 18. Januar proklamierte Volksrepublik Sansibar nicht anerkennen werde, weil sie mit der "DDR" diplomatische Beziehungen aufgenommen habe. Das bewirkte nach dem Zusammenschluß Sansibars mit Tanganjika zur Republik Tansania, daß die Zentralregierung in Dar-es-Salam später zwar die Errichtung eines "DDR"-Generalkonsulats zuließ, dies aber mit der ausdrücklichen Erklärung der Nichtanerkennung der "DDR" verband.

Den CDU/CSU-Bundesregierungen wird noch heute von einer unsachlichen linken Kritik "Immobilismus" vorgeworfen. Werden den Kritikern die ungezählten Beispiele diplomatischer Mobilität und politischer Flexibilität entgegengehalten, die insbesondere während meiner Regierungszeit die deutsche Ostpolitik kennzeichneten, so folgt mit öder Regelmäßigkeit die undifferenzierte Behauptung: "Aber greifbare Fortschritte in der deutschen Frage sind dadurch nicht erzielt worden." Jeder auch nur halbwegs informierte Bürger der Bundesrepublik Deutschland weiß jedoch inzwischen, daß in den vergangenen Jahren durch eine Politik des geradezu hektischen Mobilismus wichtige deutsche Positionen aufgegeben und dadurch sogar spürbare Rückschritte in der deutschen Frage gemacht worden sind.

Ein Beispiel konstruktiver deutscher Friedenspolitik, die zu einer wirklichen Entspannung beitrug und half, die Völker für unser Anliegen aufzuschließen, war dagegen die sogenannte "Friedensnote", die am 25. März 1966 von der Bundesregierung allen ausländischen Regierungen, zu denen die Bundesrepublik Deutschland diplomatische Beziehungen unterhielt, sowie den Regierungen der osteuropäischen und der arabischen Staaten übermittelt wurde. Darin wurden die einzelnen östlichen Nachbarn Deutschlands im Blick auf konkrete zweiseitige Probleme angesprochen. "Wenn zu gegebener Zeit die Polen und die Deutschen über die Grenzen in dem gleichen Geiste sprechen, der den Ausgleich zwischen Deutschland und seinen westlichen Nachbarn herbeigeführt hat, dann werden auch Polen und Deutsche sich einigen." so heißt es beispielsweise in dem Polen betreffenden Passus der Note. Bis zu einer Regelung der Grenzfragen in einem Friedensvertrag mit ganz Deutschland bestehe Deutschland völkerrechtlich in den Grenzen von 1937 fort.

An die Adresse der Tschechoslowakei gerichtet enthielt die Note die Formulierung, die ich im Sommer 1964 in New York für das Münchner Abkommen verwendet habe, sowie die Versicherung, daß die Bundesregierung gegenüber der CSSR keine territorialen Ansprüche erhebe.

In klarer, aber zurückhaltender Sprache heißt es gegenüber der Sowjetunion in der Note: "Die Regierung der UdSSR hat wiederholt verkündet, sie wünsche keinen Krieg. Die Bundesregierung geht davon aus, daß dieser Wunsch ernst gemeint ist. Die sowjetischen Versicherungen werden jedoch entwertet durch eindeutige und massive Drohungen, wie sie nicht selten an die Bundesregierung gerichtet wurden."

Zu den Fragen Abrüstung und Sicherheit hat die Bundesregierung ihren Standpunkt nachdrücklich und allgemein verständlich in der Note dargelegt. Sie hat ihre Bereitschaft ausgedrückt, mit den osteuropäischen Ländern förmliche Gewaltverzichtserklärungen auszutauschen sowie an umfassenden Plänen zur Vermeidung des Risikos eines nuklearen Krieges mitzuarbeiten. Sie stellte fest, "daß alle Bemühungen um Sicherheit, Abrüstung und Rüstungskontrolle nur dann entscheidenden und dauerhaften Erfolg haben, wenn man Schritt für Schritt auch die Spannung in der Welt beseitigt. In Europa heißt das vor allem, die Deutschland-Frage in gerechter Weise lösen, indem man dem gesamten deutschen Volk das Recht gewährt, frei über seine politische Lebensform und sein Schicksal zu bestimmen."

Die Antworten der Ostblockregierungen waren einheitlich. Negativ. Aus zahlreichen inoffiziellen Reaktionen weiß ich jedoch, daß die Note selbst dort wesentlich positiver aufgenommen wurde als dies der von Moskau und Ostberlin diktierte Antworttext erkennen ließ. Dies gilt insbesondere für die Bevölkerung der Ostblockstaaten, soweit sie - und dies wurde durch eine Anzahl dorthin strahlender fremdsprachiger westlicher Rundfunksender bewirkt - von der Note Kenntnis erhielt. Im Westen und in der Dritten Welt stieß diese Initiative auf breite Zustimmung. Die US-Regierung nannte sie "konstruktiv und zukunftsweisend".

Die große Wirkung der deutschen Friedensnote beruhte auf ihrem ausgewogenen Inhalt. Sie beruhte aber auch auf der vollendeten Form. Daß einem Regierungschef zugearbeitet wird von seinen Ministern, von seinen unmittelbaren Mitarbeitern, von Spezialisten der verschiedensten Fachrichtungen ist eine technische Notwendigkeit. Daß auch diese Friedensnote nicht etwa mein alleiniges politisch-schriftstellerisches Werk war, sondern im wesentlichen vom Auswärtigen Amt erstellt worden ist, brauchte hier nicht besonders hervorgehoben zu werden, wollte ich an dieser Stelle nicht einem für viele meine Reverenz erweisen, der einen herausragenden Anteil an der Abfassung der Note hatte: dem Diplomaten und Schriftsteller Erwin Wickert. Und ich bediene mich dazu eines Berufenen, nämlich seines damaligen Staatssekretärs Karl Carstens, der über Wickerts Beitrag schrieb: "Seine hervorragende Ausdruckskraft und die Schönheit seiner Sprache, durch die sich seine Romane auszeichnen, haben auch in der Note ihren Niederschlag gefunden."

Die vergangenen zehn Jahre haben meine Meinung eher bestärkt als widerlegt, daß es eine Entspannung in Europa unter Ausklammerung der deutschen Frage nicht geben kann. Aus diesem wohlüberlegten Grunde war in der deutschen Friedensnote vom März 1966 die "DDR" nicht als möglicher Partner angesprochen. Denn solange die Sowjetunion den Besitz Mitteldeutschlands für wichtiger hält als einen dauerhaften Ausgleich in Europa, ist jeder Versuch müßig, ja für die Position der Bundesrepublik Deutschland gefährlich, von Ostberlin auch nur irgendwie in politische Gewicht fallende Konzessionen zu erwirken. Erfolgversprechende Entspannungsbemühungen müssen der UdSSR in einem Prozeß, der viel Kraft und noch mehr Geduld erfordert, schlüssig vor Augen führen, daß ihr die Zustimmung zu einer freien und friedlichen Wiedervereinigung Deutschlands von der Welt honoriert, die Verweigerung aber mit wachsenden Schwierigkeiten quittiert wird. Das Verhalten des Westens und insbesondere der Bundesrepublik Deutschland im letzten Jahrzehnt muß die Sowjets jedoch zwangsläufig vom Gegenteil überzeugt haben. Daran ändert auch die späte Erkenntnis von US-Präsident Gerald Ford zunächst nur wenig, daß der Frieden der Stärke bedarf.

Die USA

Am 22. November 1963, 37 Tage nach meiner Wahl zum Bundeskanzler wurde der amerikanische Präsident John F. Kennedy ermordet. Bei seinem weltweit beachteten Deutschland-Besuch vom 23. bis zum 26. Juni 1963 hatte ich zu dem jungen charismatischen Staatsmann einen besonders herzlichen Kontakt gefunden. Seine Äußerungen, "Ich bin ein Berliner" und "Jeder Angriff auf die Bundesrepublik Deutschland ist wie ein Angriff auf amerikanisches Territorium zu bewerten", hatten alle deutschen Zweifel in die Verlässlichkeit des amerikanischen Partners ausgeräumt, die bei Kennedys Amtsantritt aufgekommen waren. Zweifel, die nicht zuletzt durch immer deutlichere Emanzipationsgesten des französischen Staatspräsidenten Charles de Gaulle bestärkt worden waren. Unter Kennedys Nachfolger Lyndon B. Johnson wurden aber Frankreichs psychologisch-politische Absetzbewegungen von Amerika weitergeführt. Eine Nato-Krise war die direkte, eine EWG-Krise die indirekte Folge davon.

In den Unions-Parteien tat sich plötzlich eine Kluft auf zwischen "Atlantikern" und "Gaullisten".[25] Hinter ihnen formierten sich auch jeweils Teile der FDP, der SPD und der veröffentlichten Meinung. Die Bezeichnungen für diese beiden politischen Denkrichtungen umrissen nur sehr ungenau ihre Ziele. Das lag wesentlich daran, daß sie in erster Linie durch die jeweils andere Gruppierungs negativ definiert wurden und daß die beiden Exponenten, Bundesaußenminister Gerhard Schröder und CSU-Landesvorsitzenden Franz Josef Strauß zu jenem Zeitpunkt scharfe persönlich Rivalen waren. Natürlich hat Schröder die Gemeinschaft der Europäer nicht etwa einer exklusiv bilateralen Verbindung der Bundesrepublik Deutschland mit den USA opfern wollen. Und ebenso natürlich schwebte Franz Josef Strauß nicht vor, Amerika aus seinen in Europa, besonders aber in der Bundesrepublik Deutschland und Berlin eingegangenen Verpflichtungen zu entlassen, dafür dem gaullistischen Frankreich eine Hegemonialrolle in Westeuropa zuzuerkennen,in der sicheren Erwartung, daß die USA im Ernstfall schon aus Eigeninteresse den atomaren Regenschirm über uns halten würden.

Die Beziehungen der Bundesrepublik Deutschland zu den USA können - das bewies ihr Zustand Mitte der Sechzigerjahre überdeutlich - nicht für sich allein betrachtet werden. Alle unsere außen- und innenpolitischen Interessen werden von ihnen berührt, ja oft entscheidend beeinflußt. Zum erstenmal in seiner Geschichte war - und ist Gott sei Dank noch - Deutschland mit der wirtschaftlich und militärisch stärksten Macht der Welt verbündet. Mehr: Es ist mit ihr befreundet. Und der Ausgangspunkt dieser Freundschaft war der menschliche Großmut der Siegernation Amerika gegenüber dem zerstörten, hungernden und frierenden Nachkriegsdeutschland. Man hat mir oft klar zu machen versucht, daß Dankbarkeit keine politische Kategorie sei. Aber niemand wird mich dazu bringen, in der großen Politik die Regeln menschlichen Anstandes gegen die Gesetze des Dschungels einzutauschen. Und auch der Hinweis zieht nicht, daß die amerikanische Haltung gegenüber dem westlichen Teil Deutschlands seinerzeit weniger von unseren blauen Augen als von dem nüchternen Kalkül auf unsere wirtschaftliche Potenz und unseren erwarteten militärischen Beitrag bestimmt gewesen sei und daß die USA damit angesichts einer wachsenden sowjetischen Bedrohung handfesten eigenen Interessen gedient hätten. Das überzeugende Gegenargument liegt vor unserer

Haustür: Die UdSSR hat an dem von ihr besetzten Teil Deutschlands ein ungleich größeres machtpolitisches Interesse gehabt. Und wie hat sie die dort lebenden Menschen behandelt? Die Antwort auf diese Frage, meine verehrten Freunde, richtet alle Zyniker.

Als ich meine Kanzlerschaft antrat, konnte ich bereits auf langjährige, gute und unbeschwerte Beziehungen zu den USA zurückblicken. Und ich gestehe, daß mich Kühnheit und Kraft Amerikas von je her fasziniert haben. Ich weiß, daß das Amerika der Sechziger- und Siebzigerjahre viel von seiner unkomplizierten Frische eingebüßt, seinen über die eigenen Grenzen hinausgreifenden Gestaltungswillen - zumindest für eine lange Periode der inneren Korrekturen - reduziert hat. Doch niemand soll sich in diesem Giganten täuschen, in seiner Energie zur Selbstbehauptung und in der Mobilisierbarkeit seiner moralischen Stärke. Die öffentlichen Sympathien Amerikas waren stets auf seiten des "underdog", des Schwächeren, des Getretenen. Davon haben wir Deutsche nach dem Kriege profitiert. Das führte in den letzten Jahren des unglückseligen Vietnamkrieges dazu, daß die Vietcong in den Vereinigten Staaten teilweise populärer waren als die eigenen Soldaten. Aber seit einiger Zeit wendet sich das Blatt. Die Amerikaner, von der ganzen Welt, auch von ihren Verbündeten und Freunden gescholten, empfinden sich plötzlich selber als "underdog". Und so beginnen sie ihre Kraft auf sich selbst und ihre unmittelbaren Interessen zu konzentrieren. Auf diesen Prozeß, meine verehrten Freunde, lenke ich Ihre volle Aufmerksamkeit.

Für uns Europäer kommt es darauf an, den USA als einigermaßen ebenbürtiger Partner gegenüberzutreten. Bitte verstehen Sie mich nicht falsch! Ich meine wirklich Partner. Das setzt voraus, daß der freie Teil Europas möglichst rasch und möglichst eng zusammenfindet. Das setzt voraus, daß wir es nicht einerseits den USA überlassen, die Hauptlast für unsere Sicherheit zu tragen, ihnen aber andererseits mit Hilfe der so eingesparten Wirtschaftskraft als harte Konkurrenten gegenübertreten und sie für ihr Engagement in anderen Teilen der Welt auch noch verhöhnen.

Diese Problematik kennzeichnet die europäisch-amerikanischen Beziehungen seit geraumer Zeit. Sie war während meiner Kanzlerschaft noch nicht so ausgeprägt, aber im Kern bereits vorhanden. An der wichtigsten Nahtstelle zum kommunistisch beherrschten Teil der Welt konnte allerdings auch nicht die simple Konsequenz gezogen werden, die Aufwärtsentwicklung des allgemeinen Wohlstands schlicht zugunsten erhöhter Verteidigungsanstrengungen abzubremsen. Ich habe als Kanzler immer wieder daran erinnert: Wenn wir Europa zu einem ebenbürtigen, gleichrangigen Partner der Vereinigten Staaten machen wollen, müssen wir uns auch volle Klarheit darüber verschaffen, was das politisch, militärisch,aber auch wirtschaftlich und finanziell bedeutet. Die Amerikaner waren nie gegen, sonders stets für eine solche Entwicklung. Ein Fortschreiten auf dem Wege zu einem vereinigten Europa setzte also keineswegs eine Lockerung oder gar ein Durchschneiden der Verbindungen zu den USA voraus.

Noch klingen mir die Worte von US-Präsident Johnson im Ohr, die ähnlich auch von seinen Vorgängern und anderen führenden amerikanischen Persönlichkeiten mir gegenüber formuliert worden waren: "Glauben Sie doch nicht, daß wir Wert darauf legen, ein buntes Netz bilateraler Beziehungen zu einer Vielzahl von europäischen Staaten zu unterhalten. Uns wäre es sehr viel sympathischer, wenn Europa ein stärkeres politisches Profil, eine stärkere politische Kraft erringen könnte. Nicht, daß wir es uns mit einem einzigen Ansprechpartner zu tun haben möchten, nicht, daß es da nur einen Briefkasten geben sollte." Amerika meine das ganze, vielgestaltige Europa, das sich zusammenschließen solle. Johnson ermutigte mich: "Arbeiten Sie daran. Das dient auch den Interessen Amerikas. Das stärkt unser gemeinsames Bündnis."

Am 28. und 29. Dezember 1963 machte ich meinen ersten offiziellen Besuch bei US-Präsident Lyndon B. Johnson auf seiner Ranch in Texas. Vom ersten Augenblick an war zwischen uns beiden eine kräftige Mann-zu-Mann-Sympathie spürbar. Und in einer schwer beschreibbaren, von der eindrucksvollen texanischen Landschaft ebenso wie von zahlreichen folkloristischen, ja auch kitschigen Attributen geschaffenen Atmosphäre sorgte der publizitätserfahrene Amerikaner dafür, daß unsere sichtbare Übereinstimmung auch von Fotografen und Kameraleuten festgehalten wurde. Schließlich standen dem ehrgeizigen, energiegeladenen Mann wenige Monate später Wahlen ins Haus. Und dabei wollte er das amerikanische Präsidentenamt aus eigener Kraft gewinnen.

Mir dagegen, dem neugewählten Bundeskanzler,erschien es richtig und voll im deutschen Interesse,der Welt die guten Beziehungen zwischen Bonn und Washington zu demonstrieren. In unseren Sachgesprächen waren wir uns einig in der Entschlossenheit, Rechte und Interessen der freien Völker zu verteidigen, die Ost-West-Beziehungen zu verbessern und die atlantische Partnerschaft weiterzuentwickeln. Johnson verpflichtete sich für die USA, ihre Kampfeinheiten in Deutschland zu belassen und die Schaffung einer Nato-Kernstreitmacht zu unterstützen. Er nannte mich "einen Mann seines Herzens". Ich bezeichnete meine Beziehung zu ihm als "eine besondere". Amerikanische Journalisten machten daraus eine "special relationship" zwischen der Bundesrepublik Deutschland und den USA.[26] Das war ein Begriff, der bis dato der Kennzeichnung des amerikanisch-britischen Verhältnisses vorbehalten war. Ich konnte ihn unmöglich dementieren. Und so warf er noch rückwärts einen Schatten auf Paris, wo ich vom 21. bis 23. November zugegebenermaßen etwas weniger herzliche Gespräche mit de Gaulle geführt hatte und nach vorwärts auf London, wo mich der britische Premier Douglas-Home am 15. und 16. Januar 1964 und der damalige Oppositionsführer Harold Wilson empfingen. Hatte ich einen Augenblick lang gebangt, den Engländern könnte die "special relationship" mißbehagt haben, so wurde ich allerdings rasch eines besseren belehrt: Douglas-Home, wie Harold Wilson dachten fast nur noch an ihre bevorstehenden Unterhauswahlen.

Ich bin mit Präsident Johnson wohl ein Dutzend Mal zusammengetroffen. Davon auch einige Male vor und nach meiner Kanzlerschaft. Aber jener nachweihnachtliche Besuch im Jahre 1963 auf seiner Ranch war zweifellos die intensivste und folgenreichste Begegnung zwischen uns. Wir waren beide erst kurz in unseren Ämtern. Doch schon lange in der Politik. Der Schwerpunkt unserer beider Erfahrungen lag auf innenpolitischen Gebieten. Und beide hatten wir von unseren Vorgängern schwere, ungelöste außenpolitische Probleme übernommen. Wir wollten einander nicht nur verstehen, wir konnten einander verstehen.

Unsere Gespräche waren von rückhaltloser Offenheit. Wir sagten einander, was uns besonders bewegte, wo wir Hilfe vom anderen erwarteten und wo bestimmte Verhaltensweisen des anderen unerwünscht seien. Mit großem Ernst erinnerte mich Johnson: "Wir Amerikaner haben uns verbürgt für Deutschland und für Berlin. Überall wo Euch militärisch oder politisch Gefahr drohte, traten wir für Euch ein. Jetzt brauchen wir eine freundschaftliche Geste von Euch: Im Augenblick keine deutsch-chinesischen Beziehungen."

Angesichts des schicksalhaften Engagements der Amerikaner in Vietnam erschien mit dieses Verlangen billig. Ich willigte ein. Obwohl geheime Verhandlungen deutscher Diplomaten mit Vertretern der Volksrepublik China in einem neutralen europäischen Land bereits weit gediehen waren. Obwohl eine eher unverbindlich-harmlose Formulierung im Abschluß-Communiqué über die deutsche Haltung zur US-Politik in Vietnam schon ausreichte, um von Kritikern daheim des "Satelliten-Verhaltens" geziehen zu werden.

Und obwohl sich de Gaulle, merkwürdigerweise übrigens erst bei meinem übernächsten Zusammentreffen mit ihm am 3. und 4. Juli 1964 in Bonn, gekränkt zeigte, weil er sich in seiner eigenen Asienpolitik dadurch desavouiert fühlte.

Die Volksrepublik China, die in späteren Jahren viel Verständnis für die europäische Situation und großes Interesse an einem intakten Nordatlantik-Pakt bekundete, hat es der Bundesregierung damals sicher nicht verübelt, daß sie der Bündnistreue den Vorzug gegeben hat. Und erlauben Sie mir, meine Freunde, die Anmerkung: Die beiden Politiker, deren Namen mit der schließlichen Aufnahme und dem eindrucksvollen Ausbau der deutsch-chinesischen Beziehungen verknüpft sind, waren Schröder und Strauß. Es gehört zu den tragischen Seiten der deutschen Nachkriegspolitik, zu den offensichtlichen Schwächen der Unionsparteien und zu den spürbaren Belastungen meiner Kanzlerschaft, daß diese zwei begabtesten, aus der Sicht meiner Generation damals "Nachwuchspolitiker" sich über eine so lange Periode gegenseitig den Weg verlegten.

Wie verquer die außenpolitische Diskussion vor dem Hintergrund der deutsch-amerikanischen Beziehungen in jenen Jahren geführt wurde und wie falsch die Kategorien waren, in die einzelne deutsche Politiker eingeordnet wurden, wird aus folgenden zwei Vorgängen deutlich: Der "Atlantiker" Schröder widerstand mit großer Festigkeit dem amerikanischen Drängen, die 1957 abgebrochenen diplomatischen Beziehungen zu Jugoslawien wieder aufzunehmen und einer jugoslawischen Entschädigungsforderung in Höhe von 100 Millionen Dollar zu entsprechen. Schröder schrieb an seinen amerikanischen Kollegen Dean Rusk, daß Bonn Entschädigungen für Opfer des NS-Regimes nur an Staaten zahle, welche die Bundesrepublik Deutschland als Rechtsnachfolger des Deutschen Reiches ansähen. Jugoslawien habe durch die Anerkennung der "DDR" diesen Rechtsanspruch der Bundesrepublik Deutschland nicht gebilligt. So hatte es einige Monate später auch mit der Unterzeichnung der fünften Zusatzvereinbarung zum deutsch-jugoslawischen Abkommen über den gegenseitigen Warenverkehr zunächst sein Bewenden.

Und am 12. Januar 1966 beispielsweise betonte Bundesaußenminister Schröder in einer außenpolitischen Debatte des Deutschen Bundestags, daß es in Vietnam keinen deutschen Soldaten gebe, weder in Uniform noch in zivil. Niemand habe auch von der Bundesrepublik Deutschland einen militärischen Einsatz in Vietnam gefordert. Doch habe die Bundesregierung von sich aus überlegt, was sie auf dem nichtmilitärischen Sektor tun könne.

Am 28. März 1966 wurde mit der Republik Vietnam ein Abkommen über den Einsatz des Hospitalschiffes "Helgoland" unterzeichnet.[27] Das Schiff lief knapp fünf Monate später nach Saigon aus.

Diese beiden Beispiele zeigen, wie gefährlich überspitzt das Wort vom "Satelliten" war, wie weit es neben den Tatsachen und wie nah es beim kommunistischen Propaganda-Vokabular lag. Doch es kam aus CDU/CSU-Kreisen.

Vom Beginn meiner Kanzlerschaft an spielten im deutsch-amerikanischen Dialog neben der deutschen Frage und der allgemeinen weltpolitischen Entwicklung wichtige Rollen: Erstens die von den USA vorgeschlagene, von uns begrüßte und von Frankreich bekämpfte, schließlich dann doch nicht verwirklichte multilaterale Atomstreitmacht. Zweitens die Fortentwicklung der NATO, die durch Frankreichs Ausscheiden aus der militärischen Integration am 21. Februar 1966 in eine ernste Krise geraten war. Und drittens der deutsch-amerikanische Devisenausgleich für die Stationierung amerikanischer Truppen in der Bundesrepublik Deutschland, den in vollem Umfang durch deutsche Rüstungskäufe in den USA zu leisten die Bundesrepublik Deutschland außerstande war.

Die deutsch-amerikanischen Beziehungen waren also keineswegs frei von Problemen, die aus der Sache sowie aus den unterschiedlichen Verpflichtungen und Belastungen der beiden Nationen erwuchsen. Daß diese Probleme keine Trübung des beiderseitigen Verhältnisses bewirkten, daß sie, wo nicht ausgeräumt, so doch mit Verständnis für die gegenseitigen Möglichkeiten behandelt werden konnten, das rechne ich allerdings auch zu einem nicht unbeträchtlichen Teil dem Vertrauensverhältnis an, das zwischen Präsident Johnson und mir geherrscht hat.

Frankreich und Europa

Wäre dies, meine Freunde, ein Bericht, der nichts anderes bezweckte als eine kurze und bündige Wiedergabe des Geschehenen ohne Hintergründe, und Schlußfolgerungen, so könnte ich mich in diesem Kapitel auf das Folgende beschränken: Der von der Kriegsgeneration beflügelte Elan der europäischen Gründerväter, Schumann, Adenauer und de Gasperi, ist schon Jahre vor meinem Amtsantritt als Bundeskanzler erschlafft. Die Hauptursache dafür war die - nach meiner Meinung - falsche Entscheidung für einen institutionellen Weg zur europäischen Einheit an Stelle des funktionellen Weges. Unter meiner Kanzlerschaft unternahm die Bundesregierung zwar zahlreiche Europa-Initiativen. Aber sieht man von ihren positiven psychologischen Wirkungen ab, so war auch ihnen kaum Erfolg beschieden. Dazu könnte ich noch Dialoge mit Präsident de Gaulle im Elysée-Palast, auf Schloß Rambouillet oder im Palais Schaumburg zitieren, Anmerkungen über seine souveräne Beherrschung von Sprachnuancen und Protokoll-Details anfügen und schließlich die Rolle der deutschen Akteure in der Europapolitik beschreiben.

Dies alles will ich Ihnen weitgehend ersparen. Ich will dafür versuchen, die entscheidenden Entwicklungslinien der europäischen Politik und des deutsch-französischen Verhältnisses nachzuzeichnen. Nach Wiedererlangen der deutschen Souveränität und Rückkehr in die Gemeinschaft der freien Völker kam dem Ausgleich mit unserem französischen Nachbarn, der Umwandlung einer jahrhundertealten Feindschaft in eine tragfähige Freundschaftsbeziehung die höchste Bedeutung zu. Dieses neue Vertrauensverhältnis war, obwohl nur teilweise institutionell verankert, zweifellos der harte Kern für ein vereintes Europa. Die militärische Präsenz der Sowjetrussen an der Elbe bedingte aber von der ersten Stunde an eine zuverlässige Einbindung der USA. Obwohl ich, um wenigstens das Erreichbare zu erreichen, zu dem eingeschlagenen Weg selbst ja gesagt habe, machte ich doch nie einen Hehl aus meiner Auffassung, daß ein Europa der Freien und der Gleichen weitere Grenzen haben müßte als die von Karls des Großen Reich. Ich habe auch immer vor der Gefahr gewarnt, daß sich die EWG durch ihre Außenzollschranken von der übrigen Welt abschließen könnte.

Sowohl die europäische Entwicklung als auch die deutsch-französischen Beziehungen traten mit dem Aufkommen des Gaullismus in Frankreich, mit der Wahl von General Charles de Gaulle zum Präsidenten der französischen Republik in ein neues Stadium. Konrad Adenauer hatte zweifelsfrei ein Organ für die Grandeur, das Autoritätsbewußtsein und die politische Raffinesse des Generals. Nichtsdestoweniger vertrat de Gaulle ein Konzept, das in einer ganzen Reihe von Punkten meinen Vorstellungen wesentlich näher war als denen Adenauers. Ich denke hierbei insbesondere an die technokratischen Illusionen von der supranationalen Formierung der EWG als Keimzelle eines souveränen europäischen Nationalstaats. Sie wurden von Walter Hallstein personifiziert, von dem Mann also, der als erster Adenauers außenpolitische Vorstellungen juristisch-bürokratisch umgesetzt hat. Dem gleichen Mann, den nach den Worten George W. Balls als Präsidenten der EWG-Kommission "Blitz und Donner vom Elysée-Gipfel" getroffen haben. Hallsteins Fachwissen und Überzeugungsstärke haben de Gaulle sicher oft beeindruckt, aber seine Politik nicht verändert. Dagegen hat sich Konrad Adenauer in dem offensichtlichen Bemühen, zu retten, was zu retten geht, wesentlichen Vorstellungen de Gaulles angepaßt. Darunter waren allerdings auch einige, die mir inakzeptabel erschienen.

Meine Vorbehalte gegenüber der EWG entsprangen immer der Besorgnis, sie könnte protektionistisch werden und sich zum Störungsfaktor im Wachstum des freien Welthandels entwickeln. Nie dagegen habe ich noch kleineren, noch engeren Lösungen das Wort geredet oder gar einer EWG-internen französischen, deutschen oder französisch-deutschen Hegemonie. Ich weiß, daß ich für de Gaulle kein bequemer Gesprächspartner war. Und ich gebe zu, daß mich seine Versuche, über Adenauer und andere öffentlich auf mich Druck ausüben zu lassen, eher dazu bewogen haben, ihm gegenüber den deutschen Standpunkt noch klarer zu vertreten. Es gibt Äußerungen von ihm aus späteren Jahren, in denen er mir für Offenheit und Loyalität Respekt zollte.

Ich habe zu keinem Zeitpunkt eine antigaullistische Politik betrieben. De Gaulles "Europa der Vaterländer",[28] interpretiert als ein Europa, in dem nicht Größe und Macht letzte Werte bedeuten, das seine wirtschaftlichen und sozialen Kräfte zusammenfügt, mit klarem Profil und gemeinsamem politischen Willen weltpolitische Verantwortung zu tragen in der Lage ist, das war von meinen eigenen Vorstellungen wirklich nicht weit entfernt. Doch de Gaulle, dieser Staatsmann des großen Wurfs, verfolgte auch eine Reihe kurzfristiger, und ich bedauere feststellen zu müssen, kurzsichtiger politischer Ziele. Manche von ihnen im Gegensatz zu den deutschen Interessen. An diesen Punkten durfte ich als Bundeskanzler selbstverständlich auch keine Kompromisse schließen.

Es würde mir nie schwer gefallen sein, Frankreichs ungebrochene, von der ganzen Welt akzeptierte geistige Autorität anzuerkennen. Dagegen erschien mir de Gaulles Angebot unannehmbar, die vergleichsweise winzige französische atomare force de frappe moralisch, politisch und vor allen Dingen auch finanziell mitzutragen ohne ein gesichertes Mitspracherecht für ihren Einsatz und um den für die Bundesrepublik Deutschland lebensgefährlichen Preis größerer Distanz zu den USA. Ich will nicht ausschließen, daß eine derartige deutsche Vorleistung auf lange Sicht vielleicht doch zu positiven Ergebnissen, möglicherweise sogar zu einer gemeinsamen europäischen Nuklear-Streitmacht geführt hätte. Doch das Risiko angesichts auch beispielsweise de Gaulles ostpolitischer Aktivitäten war damals auf jeden Fall für uns zu groß. Lag dem französischen Staatspräsidenten doch viel daran, seine eigene Linke dadurch zu pazifieren, daß er mit allen Mitteln versuchte, politisch und wirtschaftlich mit dem kommunistischen Osten ins Geschäft zu kommen. Aus dem Abstand eines Jahrzehnts, nach den bitteren Erfahrungen, die von den Unionsparteien mit einer großen Koalition gemacht wurden erscheint der damalige CDU/CSU-interne Zwist zwischen Atlantikern und Gaullisten geradezu grotesk. Die Sowjetunion unterhält heute die gigantischste konventionelle Militärmacht, die es je in der Geschichte der Menschheit gegeben hat. Sie hat seit der Zeit meiner Kanzlerschaft auch einige Male an verschiedenen Punkten der Welt von ihr Gebrauch gemacht. Und sie rüstet pausenlos weiter. Auch nuklear.

Im Frühjahr 1966 wurden die NATO-Partner durch ein französisches Memorandum[29] davon in Kenntnis gesetzt, daß die französischen Truppen bis zum 1. Juli aus der NATO ausscheiden und bis zum 1. April alle Kommandostellen der NATO aus Frankreich abzuziehen seien. Präsident de Gaulle begründete am 21. Februar diesen Schritt damit, daß die Kriegsgefahr in Europa geringer geworden sei. Konrad Adenauer griff das Argument auf und erklärte auf dem CDU-Parteitag am 23. März in Bonn, die sowjetische Vermittlung zwischen Indien und Pakistan beweise, daß die UdSSR in den Kreis der Völker eingetreten sei, die den Frieden wollen.

Nach meiner Einschätzung ist eine unmittelbare Kriegsgefahr trotz der fieberhaften sowjetischen Rüstungsanstrengungen in Europa heute noch nicht größer als Anfang 1966. Doch war und bin ich felsenfest davon überzeugt, daß sie Mitte der Sechzigerjahre nicht geringer geworden war. Daß der Frieden auf unserem Kontinent relativ sicher ist, haben wir in allererster Linie dem Atlantischen Verteidigungsbündnis zu danken.

Vor diesem Hintergrund gibt es keine schlüssigen Antworten auf das Verhalten der damaligen deutschen "Gaullisten". Denn es war ja ein offenes Geheimnis, daß sich ausgerechnet jene Kreise innerhalb der CDU/CSU hinter den Namen des Generals stellten, die Zweifel an der Festigkeit meiner Politik gegenüber dem kommunistischen Osten hatten. Daß sie mich aber angriffen, weil ich beispielsweise de Gaulles gefährlichen Optimismus gegenüber dem Sowjetblock nicht teilte, weil mir eine vage zugesagte französische Protektion für die Bundesrepublik Deutschland kein Ersatz für das atlantische Sicherheitssystem zu sein schien, legt allerdings den Verdacht nahe, daß der mir entgegengebrachte Antagonismus andere Motive hatte.

Israel

Am 7. März 1965 habe ich in einer Erklärung zur Lage im Nahen Osten angekündigt, daß sich die Bundesregierung um Aufnahme diplomatischer Beziehungen zu Israel bemühen werde. Den Jüngeren unter Ihnen, meine lieben Freunde, mag dies aus heutiger Sicht als ein völlig normaler Schritt erscheinen, bei dem Sie sich höchstens die Frage stellen, warum er so spät, erst 20 Jahre nach dem Kriege, erfolgt sei. Er bedurfte aber damals einer ungewöhnlichen politischen Kraftanstrengung. Er leitete ein neues Kapitel in den Beziehungen zwischen zwei Völkern ein, deren tragisch-finsterer Hintergrund in der Menschheitsgeschichte seinesgleichen nicht hat. Und er brachte der Bundesrepublik Deutschland - trotz schwerster Belastungen für einen Teil ihrer Außenbeziehungen, die er vorübergehend bewirkte - ein entscheidendes Stück neuer Bewegungsfreiheit. Er bekräftigte ihre Souveränität. Er befreite sie von Ansatzpunkten der Erpreßbarkeit und von dem Zwielicht geheimer, vor der Weltöffentlichkeit mühsam verborgen gehaltener Abmachungen.

Sie werden verstehen, daß sich mir in jenen Märztagen des Jahres 1965 zum zweiten Mal in meinem politischen Leben das Bild vom durchschlagenen gordischen Knoten aufdrängte. So wie ich im Juni 1948 durch Aufhebung der Zwangsbewirtschaftung in den drei westlichen Besatzungszonen den einzigen, von der späteren Entwicklung voll bestätigten Weg aus dem Gestrüpp staatlicher Reglementierung in eine offene Gesellschaft und in eine soziale Marktwirtschaft sah, erschien mir nunmehr auch die Aufnahme voller diplomatischer Beziehungen zu Israel als die allein erfolgversprechende Möglichkeit, den Knäuel moralischer und politischer Probleme aufzulösen. Es war deshalb keine inhaltslose diplomatische Courteoisie, als ich am 12. Mai 1965 nach Abschluß der Verhandlungen mit Israel und dem Austausch eines entsprechenden Briefwechsels zwischen Ministerpräsident Levi Eshkol und mir erklärte: "Diese Einigung, von gegenseitigem Verständnis und gutem Willen getragen, stellt das mich am meisten befriedigende und wahrhaft beglückende Ereignis in meinem politischen Wirken dar."

Der ganze Vorgang bleibt jedoch schwer verständlich, wenn man sich nicht die wichtigsten Tatsachen in der Entwicklung der Nahost-Situation und der Rolle ins Gedächtnis ruft, die Deutschland dabei aktiv oder passiv gespielt hat. Hatten die ersten zionistischen Einwanderer in Palästina doch schon um die Jahrhundertwende Kaiser Wilhelm II. bei dessen spektakulärem Besuch im Heiligen Lande gebeten, sich bei der Hohen Pforte für ihr Siedlungsrecht zu verwenden.[30] Im Ersten Weltkrieg setzte sich dann der britische Außenminister Arthur James Balfour in seiner berühmt gewordenen Erklärung für eine "jüdische Heimstätte" in Palästina ein. Gleichzeitig aber versprachen die Briten den an ihrer Seite gegen die Türken kämpfenden Arabern die Unabhängigkeit. Und zu allem Überfluß teilten sie sich in geheimen Abkommen mit den Franzosen den Nahen Osten in Mandats- und Einflußgebiete auf. Daß Hitlers wahnsinnige Rassenpolitik, an deren grausigem Ende die Ermordung von Millionen Menschen stand, viele Hunderttausend deutscher und europäischer Juden nach Palästina trieb, steht wie ein düsterer Markstein auf dem Wege zur Entstehung des Staates Israel. Am 10. September 1952 wurde zwischen der Bundesrepublik Deutschland und Israel das Wiedergutmachungsabkommen abgeschlossen. Noch lasteten die Eindrücke der jüngsten Vergangenheit aber so schwer auf dem israelischen Volk und auf dem internationalen Judentum, daß zu diesem Zeitpunkt die Aufnahme diplomatischer Beziehungen zwischen unseren beiden Staaten unmöglich war. Am 3. Mai 1953 jedoch errichtete Israel eine Handelsmission in Köln und betraute Botschafter

Felix Shinnar mit ihrer Leitung. 1956 erwog die Bundesregierung, in Israel eine entsprechende Dienststelle zu errichten. Eine Konferenz der deutschen Nahost-Botschafter widerriet mit Blick auf die deutsch-arabischen Beziehungen.

Weder fühle ich mich berufen, den schweren Schicksalsweg der Juden im Nahen Osten in seiner Gänze nachzuzeichnen, noch ließe sich die volle Komplexität der deutsch-israelischen, der israelisch-arabischen, der arabisch-deutschen, der kommunistisch-nahöstlichen und der Beziehungen des freien Westens zum Nahen Osten in den Rahmen dieser Darstellung zwängen. Deshalb beschränke ich mich auf die Feststellung, daß die sowjetische Politik spätestens seit Nassers Revolution in Ägypten in dem arabisch-israelischen Konflikt einen erfolgversprechenden Ansatzpunkt sah. Die amerikanische Weigerung, Waffen an Ägypten zu liefern, führte zu arabischen Waffenkäufen im kommunistischen Ostblock. Das bewirkte die Zurücknahme der US-Zusage, den Bau des Assuan-Staudamms zu finanzieren. Daraufhin verstaatlichte Nasser unter Bruch entsprechender Verträge den Suezkanal. Gemeinsam mit Israel griffen Frankreich und Großbritannien im Herbst 1956 dann Ägypten an. Die USA und die UdSSR stoppten das Unternehmen.

Die Position der Bundesrepublik Deutschland, als Staat ohne koloniale Vergangenheit, mit eindrucksvollen kulturellen Beziehungen zur arabischen Welt, als ehemaliger Kriegsgegner der immer noch als "Imperialisten" verketzerten Westmächte und als bedeutender Handelspartner, wurde bei den Arabern im gleichen Maße schwächer, wie der kommunistische Einfluß bei ihnen stieg. Ich glaube es ist fair, zu bemerken, daß die Zahl jener arabischen Deutschland-Freunde eher unbedeutend war, die ihre Sympathien auf Hitlers Judenpolitik zurückführte. Und es bestand auch ein mehr oder weniger offenes Einverständnis zwischen den arabischen Regierungen und uns, daß die Bundesrepublik Deutschland in mancher Weise Funktionen ausüben konnte, die die Araber angesichts ihrer wachsenden Abhängigkeit vom Sowjetblock anderen westlichen Staaten nicht mehr zugestehen durften. Eine Rolle übrigens, zu der uns unsere westlichen Partner stets ermutigt haben und die auch im wohlverstandenen Interesse Israels lag.

Je mehr sich die israelisch-arabische Situation verschärfte, desto mehr lag inzwischen auch den Israelis an diplomatischen Beziehungen zu Bonn. Doch die Bundesrepublik Deutschland war gegenüber den arabischen Staaten in eine Lage geschlittert, die diesen Akt, den vor ihr 89 andere Staaten der Welt - darunter als einer der ersten die Sowjetunion - ohne die geringsten arabischen Demonstrationen vollzogen hatten, nicht mehr ohne weiteres zuließ. Und so bot Konrad Adenauer bei seinem Zusammentreffen mit dem israelischen Staatspräsidenten David Ben Gurion am 14. März 1960 im New Yorker Hotel Waldorf Astoria den Israelis geheime Waffenhilfe an.[31] Dieses Angebot wurde insbesondere von den Amerikanern bestärkt. Bedeutete es doch für sie eine Entlastung gegenüber den Arabern im Interesse des gesamten Westens. Es ging um Lieferungen und Vermittlungen im Wert von annähernd 300 Millionen DM. Der damalige Bundesverteidigungsminister Franz Josef Strauß - zutiefst überzeugt von dem besonderen Verantwortungsanteil der Deutschen für die Sicherheit Israels - erarbeitete mit der israelischen Seite die komplizierten technischen Modalitäten für die Abwicklung dieses Abkommens, die von seinem Nachfolger Kai Uwe von Hassel fortgesetzt wurde. Die SPD-Opposition, darüber vertraulich unterrichtet, erhob keine Einwände.

Erste kryptische Andeutungen über eine deutsch-israelische Kooperation auf dem Rüstungssektor tauchten schon sehr frühzeitig in der arabischen Presse auf. Doch zum Eklat kam es erst, als am 26. Oktober 1964 in der SPD-nahen "Frankfurter Rundschau", fünf Tage später in der "New York Times" und am 1. November auch in der ägyptischen Presse ausführlich darüber berichtet wurde. Kairo verlangte offiziell Auskunft von der Bundesregierung über die "angebliche deutsche Militärhilfe für Israel". Bundestagspräsident Eugen Gerstenmaier, der am 23. November 1964 mit Staatspräsident Gamal Abdel Nasser in Kairo zusammentraf, schlug vor, die Militärhilfe der Bundesrepublik Deutschland an Israel einzustellen, falls die Vereinigte Arabische Republik eine Normalisierung der deutschen Beziehungen zu Israel dulden würde. Nasser hat bei dieser Unterredung auch zu erkennen gegeben, daß er über die deutschen Waffenlieferungen an Israel seit längerem informiert gewesen sei.

Was jedoch weder Konrad Adenauer noch die Amerikaner 1960 ernsthaft genug in ihr Kalkül einbezogen hatten, war die Tatsache, daß eine vom Sowjetblock instigierte arabische Drohung mit der Anerkennung der "DDR" die Position Bonns in einer fast unerträglichen Weise schwächte. Die Lage eskalierte rasch: Die Veröffentlichung weiterer Einzelheiten über deutsche Waffenlieferungen an Israel löste einen starken innenpolitischen Druck auf die Bundesregierung aus, zu erklären, daß in Spannungsgebiete überhaupt keine Waffen mehr geliefert werden sollten. Verhandlungen darüber mit der Kölner Israel-Mission hatten gerade begonnen, als Nasser am 27. Januar 1965 bekannt gab, er haben den "DDR"-Staatsratsvorsitzenden Walter Ulbricht zu einem Besuch der Vereinigten Arabischen Republik eingeladen. Und er begründete diese Einladung mit der deutschen Militärhilfe für Israel. Viele Jahre später ist bekannt geworden, wie fein "DDR" und UdSSR das Netz gespannen hatten, in dem sich ein Teil der arabischen Regierungen verfing. Ulbricht hatte sich nämlich zunächst unter dem trickreichen Vorwand, einen

Kuraufenthalt in Oberägypten verbringen zu wollen, selbst eingeladen. Doch diese Hintergründe waren damals weder bekannt noch wären sie relevant gewesen.

Ich bat Nasser in einer öffentlichen Erklärung, seine Einladung zurückzunehmen, stellte in Aussicht, die deutschen Waffenlieferungen für Israel durch andere Leistungen abzugelten und drohte für den Fall der Ablehnung meines Vorschlags mit schwerwiegenden Folgen. Fast gleichzeitig unternahm Syrien einen Erpressungsversuch, indem es die Bundesrepublik Deutschland vor die schlichte Alternative stellte: entweder weitgehende Finanzierung ihres Euphratdamm-Projekts durch Bonn oder Anerkennung der "DDR" durch Damaskus. Auf einem arabischen Gipfeltreffen am 22. Februar 1965 wurde die sofortige Einstellung der deutschen Waffenlieferungen an Israel verlangt. Alle Teilnehmer drohten andernfalls den Abbruch ihrer diplomatischen Beziehungen zu uns an, einige die Anerkennung der "DDR". Und vom 24. Februar bis zum 2. März machte Ulbricht seinen Besuch in der Vereinigten Arabischen Republik. Nur mit viel völkerrechtlichen Verrenkungen konnte dies anders interpretiert werden als eine Quasi-Anerkennung Ostberlins durch Nasser.

Jetzt galt es, zu handeln. Überlegungen, unsererseits die diplomatischen Beziehungen zu Kairo abzubrechen, habe ich rasch verworfen. Diese Haltung wurde mir erleichtert durch den Rat des Auswärtigen Amtes und unserer westlichen Verbündeten. Die offizielle Begründung dafür war, daß die Vereinigte Arabische Republik eine formelle Anerkennung der "DDR" umgangen habe. Wohl aber stellte Bonn die Wirtschaftshilfe an Kairo ein.

Gegenüber den Arabern bediente sich die Bundesregierung spanischer Vermittlung. Doch die Mission des Marqués de Nerva verlief trotz des hohen Vertrauens, das Spanien bei den arabischen Staaten genoß, und des großen diplomatischen Geschicks des angesehenen Unterhändlers erfolglos.

Doch auch die von mir bevorzugte Lösung, Einleitung der diplomatischen Beziehungen zu Israel bei gleichzeitiger Umwandlung der Militärhilfe, stieß auf große Widerstände. Aufgrund eines Knesset-Beschlusses gab Ministerpräsident Eshkol eine sehr scharf formulierte Erklärung ab, in der es hieß, es sei seltsam, daß Deutschland, das selbst in einem Gebiet höchst empfindlicher Spannung liege, dieses Konzept als Begründung dafür ins Feld führe, daß es keinen Beitrag mehr zur Sicherungshilfe Israels leisten wolle. Deutschland habe nicht das Recht, Israel als Spannungsgebiet zu betrachten. Israel sei vielmehr der Rest, der dem jüdischen Volk nach dem furchtbarsten Leiden geblieben sei, das jemals ein Mitglied der Völkerfamilie heimgesucht habe. Die Botschafter der drei Westmächte warnten mich vor einem Schritt, der den Bruch mit den Arabern, insbesondere mit der Vereinigten Arabischen Republik bewirken könnte. Bundesaußenminister Schröder wandte sich in der Kabinettssitzung am 4. März 1965 nachdrücklich dagegen, die deutsche Präsenz in den arabischen Staaten aufs Spiel zu setzen. Am 5. März bat ich den CDU-Bundestagsabgeordneten und erfahrenen Außenpolitiker Kurt Birrenbach, Verhandlungen über die Aufnahme diplomatischer Beziehungen mit der Regierung in Jerusalem zu führen.[32] Die folgenden 36 Stunden waren angefüllt mit Unterredungen und Konferenzen, an denen alle zuständigen Ressortminister, führende Mitarbeiter des Bundeskanzleramtes und des Auswärtigen Amtes und am Vormittag des 6. März auch Rainer Barzel, der Vorsitzende der CDU/CSU-Bundestagsfraktion, teilnahmen. Zur Diskussion standen drei Verhaltensmodelle: Erstens die volle Aufnahme diplomatischer Beziehungen, zweitens die Errichtung eines deutschen Generalkonsulats in Israel, das nach Scheitern weiterer Verhandlungen mit den

Arabern in eine Botschaft umgewandelt werden sollte, und drittens die schon vor Jahren erwogene Einrichtung einer deutschen, der Kölner Israel-Mission entsprechenden Dienststelle in Israel.

Es bestand Einigkeit darüber, daß die deutschen Waffenlieferungen an Israel eingestellt und kompensiert werden müßten. Während Birrenbach unter dem Eindruck von Gesprächen, die er wenige Tage zuvor mit amerikanischen Regierungsstellen geführt hatte, eher der mittleren Lösung zuneigte, trat Barzel, ebenfalls gerade von einem Amerika-Besuch zurückgekehrt, bei dem er allerdings zahlreiche Kontakte mit jüdischen Organisationen gehabt hatte, für die sofortige Aufnahme voller diplomatischer Beziehungen ein. Ich selbst fühlte mich in dieser Haltung außerdem noch durch sachkundige Urteile aus dem Kreis meiner engsten Mitarbeiter bestärkt. Einer davon, intimer Nahost-Kenner mit hervorragenden arabischen Verbindungen, vertrat die plausible Auffassung, daß die Araber ihre traditionelle Achtung für die Deutschen restlos verlieren würden, wenn wir in dieser Lage einer Erpressung nachgeben und mit einer halbherzigen Lösung den Vorwand für neue Erpressungen liefern würden. Doch das übergeordnete Motiv für meinen Entschluß war moralisch-historischer Natur. Damit befand ich mich auch in voller Übereinstimmung mit dem Vorsitzenden der CDU/CSU-Bundestagsfraktion.

Die arabischen Staaten reagierten heftig auf meine Entscheidung. Am 8. März sagte König Hassan von Marokko seinen vorgesehenen Bonn-Besuch ab. Am 15. März kündigten die Vertreter der arabischen Staaten nach zweitägiger Konferenz in Kairo den Abbruch ihrer diplomatischen Beziehungen zur Bundesrepublik Deutschland für den Fall unserer Anerkennung Israels an. Am 5. Mai stimmte die Bundesregierung der Aufnahme voller diplomatischer Beziehungen zu Israel zu. Am 13. Mai brachen die arabischen Staaten - ausgenommen Tunesien, Marokko und Libyen ihre diplomatischen Beziehungen zu uns ab.

Trotz des hohen Preises, den die Bundesrepublik Deutschland mit der jahrelangen und nur mühsam überwundenen Entfremdung zur arabischen Welt dafür bezahlen mußte, halte ich das damalige Vorgehen für einen der wichtigsten, bedeutungsvollsten und im Blick auf das Urteil der Geschichte über Deutschland auch erfolgreichsten politischen Schritte seit dem Ende des Zweiten Weltkriegs. An seiner schließlichen Verwirklichung haben zahlreiche verantwortungsbewußte und erfahrene Männer mitgewirkt. An ihrer Spitze stand auf deutsche Seite Kurt Birrenbach, der in enger Verbindung mit Staatssekretär Karl Carstens vom Auswärtigen Amt und Ministerialdirektor Karl Hohmann vom Bundeskanzleramt die außerordentlich schwierigen und delikaten Verhandlungen mit Israel führte. Ist es doch weitgehend seiner Einfühlsamkeit und seinem Kenntnisreichtum zu danken gewesen, daß auch die von Israel sehr ernst genommenen Fragen deutscher Rüstungsfachleute in Ägypten und des Standorts für die deutsche Botschaft in Israel letztlich gelöst werden konnten. Von entscheidender Bedeutung war dabei aber auch der Wille des israelischen Ministerpräsidenten Levi Eshkol, seiner Außenministerin Golda Meir, des stellvertretenden Verteidigungsministers Shimon Perez und nicht zuletzt des Botschafters Felix Shinnar, einen Neubeginn mit den Deutschen zu ermöglichen.

Die Soziale Marktwirtschaft

Meine Kanzlerschaft fiel in eine Zeit, in der die materielle Not der Nachkriegsjahre behoben, die politisch-psychologischen Folgen des Krieges überwunden und die letzten wissenschaftlich-technischen Erfindungen gebändigt zu sein schienen. In der Bundesrepublik Deutschland, in Westeuropa, in den USA und in Japan. Trotzdem war dies auch eine Zeit der geistigen Unruhe und des politischen Aufbruchs. Eine junge, vom Kriegserlebnis, ja von den Nachkriegserfahrungen nicht mehr geprägte Generation suchte nach eigenen Wegen in die Zukunft. Das Errungene nahm sie - zurecht - als Selbstverständlichkeit hin. Das Drängen der Völker auf der Südhälfte unseres Globus' nach Freiheit, Unabhängigkeit und eigener Identität geriet in den brisanten Konflikt zwischen dem freien und dem sozialistischen Teil der Welt. Das bewirkte teilweise die von Oswald Spengler vorausgesagte Kongruenz von Rassenkampf und Klassenkampf. Die fortschreitende Säkularisierung führte in nichtsozialistischen Ländern der marxistisch-leninistischen Doktrin samt ihren moderateren oder radikaleren Abarten moralische und intellektuelle Energien zu. Daß dabei dumpfe Emotionen häufig über rationale Einsichten obsiegten, mag nicht zuletzt an der Rolle gelegen haben, die eine gigantische Maschinerie der Meinungsmanipulation zu spielen begann.

Die Bundesrepublik Deutschland hatte mit der Sozialen Marktwirt den dritten Weg eingeschlagen zwischen den überlebten Formen des Kapitalismus und den vor einem runden Jahrhundert unter unvergleichlichen wirtschaftlichen Voraussetzungen erstellten, von menschenverächterischen Berufsrevolutionären in zahlreichen Ländern pervertierten sozialistischen Rezepten. Beide, Kapitalismus und Sozialismus, tragen in sich die Tendenz zur Unterjochung des Individuums. Ein bitteres Scherzwort, das seit Jahrzehnten in kommunistischen Ländern kursiert, trifft den Kern: "Was ist der Unterschied zwischen Kapitalismus und Sozialismus? Im Kapitalismus beutet der Mensch den Menschen aus. Im Sozialismus ist es umgekehrt."

Es gehörte deshalb zu den unabdingbaren Voraussetzungen der Sozialen Marktwirtschaft, Monopolmacht durch freien Wettbewerb zu brechen und dem Marxismus durch die Sozialbindung des Eigentums zu begegnen. Weder als Bundeswirtschaftsminister noch als Bundeskanzler ließ ich mich von diesem Weg abbringen. War er doch aufgrund solider theoretischer Denkarbeit von einer großen Zahl der bedeutendsten Wissenschaftler unserer Zeit eingeschlagen worden. Und obwohl auch dieses Kapitel, meine Freunde, nicht eine Kurzfassung der volkswirtschaftlichen und soziologischen Theorien darstellen soll, auf denen die Soziale Marktwirtschaft fußt, muß ich hier doch die wichtige Anmerkung machen, daß ich zu keinem Zeitpunkt den Anspruch erhoben habe, allein, aufgrund einer genialischen Intuition etwa, dieses System "erfunden" zu haben. Ebenso habe ich mich stets dem Begriff "Wirtschaftswunder" widersetzt. Die Summe von Fleiß und Intelligenz einer erfahrenen Industrienation, die nach zwölf Jahren Zwang die Freiheit gewählt, der politischen Kraft mit dem modernsten und freiheitlichsten Programm vertraut hat und die trotz eines verlorenen Krieges unter einem Teil der Sieger hilfsbereite Freunde fand, kann, ja darf nicht in den nebulösen Bereich des Wunders verwiesen werden.

Es lag im vitalen Interesse der Materialisten beider Couleurs, die Effizienz der Befriedigung materieller Bedürfnisse durch die Soziale Marktwirtschaft in den Vordergrund zu stellen. In der Kritik zunächst, als erste Hürden noch nicht überwunden waren, als die Freigabe der Zwangsbewirtschaftung zu anfänglichen Preissteigerungen führte. In falschem Lob später, um von ihren geistigen und gesellschaftspolitischen Dimensionen abzulenken. Und schließlich wieder in der Kritik, als sie durch erste gefährliche sozialistische Experimente der SPD/FDP-Bundesregierung an zahlreichen Stellen durchlöchert worden war.

Wirtschaftspolitik und Gesellschaftspolitik habe ich stets als Einheit betrachtet, die funktionierende Wirtschaft als einzige realistische Basis für jegliche Form sozialer Leistung und einen so gesicherten sozialen Frieden als Ausgangspunkt für gesellschaftlichen Fortschritt. Beides zusammen bildete auch die Grundlage für unsere Stellung in der Welt, Ich weiß, meine verehrten Freunde, daß in diesem Zusammenhang oft die Metapher vom wirtschaftspolitischen Riesen und vom außenpolitischen Zwerg[33] gebraucht wird. Sie bleibt aber auch dann falsch, wenn ich mir mit ihrer Hilfe schmeicheln und sagen wollte, daß ja die Wirtschaftspolitik in den entscheidenden Aufbaujahrzehnten unseres Staates mein Ressort gewesen sei. Freiheit ist auch in der Wirtschaft unteilbar. Deshalb war die Soziale Marktwirtschaft vom ersten Augenblick an auf einen freien Wirtschaftsverkehr mit der ganzen Welt und somit auch wesentlich außenpolitisch angelegt. Ich könnte jetzt allein aus meiner Kanzlerschaft eine ganze Reihe von Beispielen anführen, in denen uns wirtschaftliche Kraft und soziale Stabilität davor bewahrt haben, als außenpolitischer Zwerg behandelt zu werden. Ich will mich aber auf eins beschränken: Trotz mächtigen kommunistischen Einflusses haben die arabischen Staaten nach der Aufnahme diplomatischer Beziehungen zwischen der Bundesrepublik Deutschland und Israel die "DDR" nicht anerkannt.

Ich darf Ihnen hier aber auch nicht verschweigen, daß weitenKreisen der Unionsparteien in der Mitte der Sechzigerjahre das Organ dafür fehlte, meine unermüdlichevorgetragenen Forderungen, jetzt, nach Erfüllung der wichtigsten materiellen Voraussetzungen, das Hauptaugenmerk auf die Gesellschaftspolitik zu richten. Und schließlich lagen ja jene Probleme, die in den ersten 14 Jahren der Geschichte unseres Staates ganz oder teilweise ungelöst geblieben waren, im wesentlichen im Bereich der Gesellschaftspolitik. Die Union hatte die Aufgabe, klare Prioritäten zu setzen und ihre freiheitlichen Ordnungsvorstellungen zu verwirklichen. Das erforderte allerdings eine besonders strenge Beachtung der Gesetzmäßigkeiten der Sozialen Marktwirtschaft, die doch auf Gebieten wie dem Außenhandel, dem

Kapitalverkehr, dem freien Devisenhandel noch ganz jung, auf dem Wohnungs- und Agrarmarkt noch ein gutes Stück von ihrer Vollendung entfernt war. Das erforderte die brüske Abkehr von der liebgewordenen Gefälligkeitspolitik. Das erforderte äußerste Wachsamkeit gegenüber allen ideologischen oder wirtschaftlichen Interessentengruppierungen, die ihre schwer kontrollierbare Macht dafür einzusetzen versuchten, Vorteile auf Kosten der Allgemeinheit zu erringen. Und das erforderte vor allem die geistige Kraft, sich mit diesen neuen Problemen erfolgreich auseinanderzusetzen.

Noch - und vielleicht machte dies sogar ihre Anziehungskraft auf manche CDU/CSU-Politiker aus - befand sich die SPD in der Phase totaler Anpassung an die Unionsparteien. Für ihre Kritik benutzte sie unser Vokabular. Unterstellungen sozialistischer Tendenzen, wie sie wenige Jahre später in aller Offenheit nicht nur von Jusos und linksradikalen Außenseitern, sondern von führenden Persönlichkeiten ihrer Partei propagiert wurden, wies sie mit beleidigter Pose weit von sich. Sie bediente sich vielmehr der Möglichkeiten und Mechanismen der Sozialen Marktwirtschaft gegen die Soziale Marktwirtschaft. Dennoch gab es für mich als Bundeskanzler keinen Zweifel mehr daran, daß die Zeiten lange vorbei waren, in denen ich am Schluß einer scharfen volkswirtschaftlichen Debatte dem damaligen wirtschaftspolitischen Sprecher der SPD-Bundestagsfraktion (Dr. Heinrich Deist) gegenüber meinen ehrlichen Respekt in das leicht variierte Zitat aus "Faust" kleiden konnte: "Mit Euch, Herr Doktor, zu diskutieren, ist ehrenvoll und bringt Gewinn!"[34]

Die Formierte Gesellschaft[35]

Es war kein Zufall, daß in den beiden am weitesten entwickelten westlichen Industrienationen, in den Vereinigten Staaten von Amerika und in der Bundesrepublik Deutschland, Anfang der Sechzigerjahre fast gleichzeitig kraftvolle freiheitlich-demokratische Gesellschaftsmodelle entstanden. John F. Kennedy hatte den Aufbruch zu den "New Frontiers" verkündet, Lydon B. Johnson rief die "Great Society" aus und ich stellte das Konzept der "Formierten Gesellschaft" vor. Keines dieser gesellschaftlichen Leitbilder war aus heiterem Himmel entstanden. Sie faßten lange vorhandene Ansätze und notwendig gewünschte Ziele zusammen. Sie waren indirekt eine Antwort auf die subtiler gewordenen Herausforderungen des Sozialismus. Den Begriff "Formierte Gesellschaft" habe ich zum erstenmal auf dem CDU-Bundesparteitag am 31. März 1965 in Düsseldorf verwendet. Er wurde von mir gemeinsam mit einem Kreis junger Intellektueller - Volkswirte, Historiker, Juristen, Sozialpsychologen und Publizisten - entwickelt, den mein Mitarbeiter Karl Hohmann als eine Art inoffiziellen Beraterstabes ins Leben gerufen hatte. Besonders hervorragenden Anteil an der programmatischen Ausarbeitung des Konzepts hatten Rüdiger Altmann und Johannes Gross.

Ich habe in Düsseldorf erklärt, daß die Union bei ihrer Gründung neben der Überwindung des konfessionellen Gegensatzes ihre Hauptaufgabe darin sah, den unseligen Klassengegensatz zu überwinden. Und 1965 stimmte meine Feststellung ebenso wie sie heute stimmt: Die deutsche Gesellschaft ist keine Klassengesellschaft mehr. Damals konnte ich allerdings anfügen, daß selbst die Sozialdemokraten sich dieser Entwicklung hätten beugen, dem Klassenkampf abschwören und sich als Volkspartei anpreisen müssen. Dies trifft auf die heutige Situation nicht mehr zu. Die "Formierte Gesellschaft", die in der Bundesrepublik Deutschland und im befreundeten Ausland in sachkundigen, gesellschaftspolitisch ernsthaft interessierten Kreisen ein ungewöhnlich starkes Echo fand und von der kommunistischen Propaganda auf das heftigste bekämpft wurde, ist von den Unionsparteien nicht angenommen worden. Das gab den Sozialisten die Möglichkeit, ihre verstaubten Klassenkampftheorien wieder aus der Mottenkiste zu holen. Und es folgten die Jahre, in denen studierende Kinder wohlhabender Eltern als Proletarier verkleidet auf Straßen und in Universitäten "Klassenkampf" spielten. Die Alt-Herren-Riege[36] längst vergessener sozialistischer Theoretiker, ins linke Abseits gerutschte Überbleibsel der "Frankfurter Schule", formulierte in flugs erfundenem "Neusprech" den sprachlichen und programmatischen Kauderwelsch für die Neorevoluzzer.

Und, meine verehrten Freunde, das haben Sie alle selbst miterlebt: Von wenigen Ausnahmen abgesehen, reagierten die Unionsparteien zunächst eine lange, fast zu lange Zeit wie gelähmt auf dieses Phänomen. Sie ließen sich von der linken Meinungsmache ein sogenanntes Theorie-Defizit einreden, ohne anfänglich auch nur den Versuch zu unternehmen, die angeblichen Theorien der Gegenseite an der praktischen Wirklichkeit zu messen.

Dessen ungeachtet traf es natürlich zu, daß die CDU/CSU, beginnend mit der Großen Koalition bis weit in die ersten Oppositionsjahre hinein, ihre Politik immer stärker an rein pragmatischen Erfordernissen orientierte. Die Stunde, in der sie sich zu einem großen freiheitlich-demokratischen Denkmodell hätte bekennen können, bekennen müssen, war ungenutzt verstrichen.

Ich bitte Sie eindringlich, aus dieser Feststellung auch keinen Anflug von Larmoyanz herauszulesen. Ich treffe sie ausschließlich zu dem Zweck, um Ihnen heute, da sich die Union wieder zu formieren begonnen hat, mit allem Nachdruck vor Augen zu führen, welcher Wert ihren geistigen Grundsätzen und ihren langfristigen Perspektiven zuzumessen ist.

So sicher die "Soziale Marktwirtschaft" ohne die dahinterstehende, theoretisch gesicherte Idee eine ebenso leere Worthülse geblieben wäre wie etwa die von der SPD/FDP-Koalition propagierte "Lebensqualität", so sicher bedarf die Fortentwicklung unserer gesellschaftspolitischen Wirtklichkeit des soliden geistigen Unterbaus. Das war der Ausgangspunkt für mich. Und wenn ich im Folgenden die wichtigsten Gedankengänge aus dem Konzept der "Formierten Gesellschaft" wiederhole, so um Ihnen vorzutragen, daß 1965 bereits wohldurchdachte, wirklichkeitsnahe und zukunftsweisende Antworten auf die Fragen formuliert waren, die in späteren Jahren lautstark und mit gefährlich falschem Zungenschlag gestellt wurden.

Die Demokratie - so hieß es in dem Programm - ist auf die Mitarbeit aller ihrer Gruppen angewiesen; sie kennt deren Macht, aber sie weiß auch um ihre Grenzen. Alle diese Gruppen fügen sich heute der Demokratie ein; keine steht mehr im Gegensatz zum Rechtsstaat und zur Verfassung. Diese Gesellschaft ist keine Gesellschaft von kämpfenden Gruppen mehr, sie ist immer mehr im Begriff, Form zu gewinnen, das heißt, sich zu formieren. Trotzdem können die Gruppen die Parteien nicht ersetzen. Mehr denn je bedarf unsere Gesellschaft übergreifender politischer Willensträger und Willensentscheidungen.

Die großen Fragen, die wir im Innern und nach außen zu lösen haben, können nicht nach den Sonderinteressen der einzelnen Gruppen beantwortet werden. Es sind Fragen, die die ganze Nation angehen. Nation verstehen wir in diesem Bezuge nicht mehr im Sinne eines überholten Nationalismus, sondern in der Perspektive der sozialen, wirtschaftlichen und geistigen Entwicklung als eine "Formierte Gesellschaft".

Nur diese "Formierte Gesellschaft", die nicht mehr von sozialen Kämpfen geschüttelt und von kulturellen Konflikten zerrissen ist, deren Leistunsfähigkeit aber auch nicht mehr, wie im Zeitalter des Imperialismus, von der Beherrschung kolonialer Rohstoffquellen und Absatzmärkte abhängig ist - nur eine solche in den Funktionen gebundene, aber keineswegs in der Form erstarrte Gesellschaft ist in der Lage, dem modernen Staat in seiner wirtschaftlichen, technischen und wissenschaftlichen Entwicklung ein festes Fundament zu geben, das zugleich das Fundament des Friedens unter den Völkern ist.

Die "Formierte Gesellschaft" - und das ist das Gegenteil einer uniformierten Gesellschaft sozialistischer Prägung oder kollektivistischen Geistes - bedarf zu ihrem Funktionieren nicht der imperialistischen Ausbeutung fremder Völker. Noch entschiedener aber lehnt sie das kommunistische System der Ausbeutung des eigenen Volkes ab.

Diese Gesellschaft, deren Ansätze im System der "Sozialen Marktwirtschaft" bereits erkennbar sind, formiert sich nicht durch autoritären Zwang, sondern aus eigener Kraft, aus eigenem Willen, aus der Erkenntnis und dem wachsenden Bewußtsein der gegenseitigen Abhängigkeit. Ergebnis dieser Formierung muß sein ein vitales Verhältnis zwischen sozialer Stabilität und wirtschaftlicher Dynamik, die Konzentration auf eine fortdauernde Erhöhung der Leistung, die Sicherung einer expansiven Weiterentwicklung der Wirtschaft sowie auf die Förderung und Nutzbarmachung des technischen und wissenschaftlichen Fortschritts. Es ist eine Gesellschaft des dynamischen Gleichgewichts.

Die parlamentarische Demokratie darf nicht länger den organisierten Interessen unterworfen sein; im Gegenteil verlangt dieser bewußte Schritt die größere Autonomie unseres Parlamentarismus. Ich nenne als Beispiel die Ausschußarbeiten des Bundestages. Auf ihnen beruht ein wesentlicher Teil der Wirksamkeit des Parlaments überhaupt. Zweifellos ist die Tatsache, daß in diesen Ausschüssen vor allem Fachleute sitzen, hoch einzuschätzen. Aber damit ist offensichtlich auch die Gefahr verbunden, daß sich in diesen Ausschüssen Gruppeninteressen bedenklich verdichten, weil man dort eben allzu sehr "unter sich" bleibt. Darunter leiden dann allzu leicht die gesamtpolitischen Aspekte, denen das Parlament als Ganzes verpflichtet sein muß. Vielleicht brauchen wir ein neues Spezialistentum, nämlich Spezialisten für allgemeine Interessen.

Die "Formierte Gesellschaft" ist auch kein Modell, das etwa nur im Gehäuse des Nationalstaates funktioniert. In ihr kann sich vielmehr das Bild eines geeinigten Europas prägen. Sie ist darüber hinaus geeignet, eine Leitidee für die Neugestaltung unseres Erdteils wie auch für die wirtschaftliche und soziale Entwicklung anderer Völker zu sein. Wenn uns dieser Schritt gelingt, dann wird sich die Anziehungskraft einer so gegliederten Gesellschaft anderen Formen gegenüber als weit überlegen erweisen.

Die Bundesrepublik soll ein Land werden, in dem Staat und Gesellschaft sich zu einem weitausgreifenden Fortschrittswillen vereinen und versöhnen. Der Staat soll nicht autoritär planen, und die Gesellschaft darf nicht eine chancenreiche Zukunft für eine bessere Gegenwart des bloßen Konsums preisgeben. Öffentliche Voraussicht und private Initiative müssen sich verbünden, um Deutschland gegen Krisen gefeit sein zu lassen und für die Mehrung seiner politischen Kraft, seiner geistigen und technischen Leistung, seines ökonomischen Fortschritts einstehen zu können.

"Reform" kann in unserem Lande nicht etwa dahin verstanden werden, daß es einen unerträglich gewordenen Zustand zu beseitigen gelte. Reform besagt heute, daß wir eine sich rasch verändernde Gesellschaft anpassungsbereit und widerstandsfähig halten müssen. Nehmen wir das Beispiel der Sozialpolitik:
Wir haben erkannt, daß moderne Sozialpolitik - soll sie wirklich Stabilität und Sicherheit gewährleisten - eine dynamisch fortschreitende Wirtschaft zur Voraussetzung hat und daß darum jeder Schritt auf diesem Wege der Synchronisierung mit

der Wirtschaftspolitik bedarf. Sozialpolitik in der "Formierten Gesellschaft" beruht auch auf der Sicherung der Freiheit durch materielle Mittel. Wir wissen, daß es noch manche Not zu beseitigen gilt. Vor allem aber wissen wir, daß soziale Not in unserer Gesellschaft viele Gesichter hat. Die Not des einsamen Alters, die Sorge um die Gesundheit, die Ängste vieler Menschen, die sich den konzentrierten Leistungsforderungen unserer Gesellschaft beruflich, psychisch oder physisch nicht gewachsen fühlen. Im ganzen aber haben wir den Durchbruch erreicht. Von allen Industriestaaten verzeichnet die Bundesrepublik seit 1949 die weitaus wenigsten Streiks. Unsere Sozialleistungen erreichen den höchsten Anteil am Sozialprodukt von allen Ländern der Erde. Gerade angesichts dieses großen Erfolges sollten wir nicht zögern, die Sonde ehrlicher Kritik anzulegen, d.h. zu prüfen, was noch Besseres getan werden kann.

Eine wesentliche Gefahr - gestehen wir es - liegt auch heute noch nicht zuletzt darin, daß wir villeicht zu oft versucht sind oder auch gezwungen werden, Sozialpolitik als die Befriedigung organisierter Interessen gelten zu lassen. Aber noch so gut gemeinte soziale Wohltaten, die an dem Kern der Aufgabe vorbeigehen, sind unverhältnismäßig teuer und schwächen die Leistungsfähigkeit unserer Gesellschaft in besorgniserregendem Maße. Sie stärken darüber hinaus nicht das Gefühl sozialer Sicherheit, sondern schwächen es.

Unsere vordringliche Aufgabe wird es also sein, die Sozialpolitik von überflüssigem Gestrüpp zu befreien, das Gefüge unserer Sozialleistungen rationeller, überschaubarer und zugleich für den Bürger effizienter zu gestalten. Die Sozialpolitik alten Stils, d.h. die einer Notstandsgesellschaft, entspricht nicht mehr dem Wesen unserer Gesellschaft, die auf Wohlstand aufzubauen in der Lage ist.

Im Gegensatz zu den Sozialdemokraten lehnen wir einen kollektivistischen Versorgungsstaat mit aller Entschiedenheit ab. In einer freien Gesellschaft, wie sie uns als Leitbild vorschwebt, soll der einzelne Mensch seiner Verantwortlichkeit nicht beraubt, sondern ihrer deutlicher bewußt werden. Wohl aber fordert es die Solidarität einer modernen "Formierten Gesellschaft", daß die Gemeinschaft angesichts der Abhängigkeit aller von allen die soziale Bürgschaft für den einzelnen übernimmt. Sie darf sich nicht darauf beschränken, soziale Not zu lindern; sie muß die Not selbst verhindern. Soziale Politik in einer "Formierten Gesellschaft" ist deshalb integrierter Bestandteil einer großangelegten Infrastrukturpolitik. - Soweit die Wiedergabe meiner damaligen konzeptionellen Überlegungen.

Ganz ungewöhnlich aufschlußreich war die Reaktion von links. Die Sozialdemokraten waren einerseits außerstande, stichhaltig gegen das Konzept zu argumentieren, weshalb sie es mit zynischen Wortspielen wie "Deformierte Gesellschaft" zu bekämpfen versuc hten. Andererseits leistete ihnen die politische Lethargie, oder exakter ausgedrückt: die theorieferne, auf Personalfragen konzentrierte Haltung der CDU/CSU ungewollt Vorschub bei ihrem eher verlegenen Tauchmanöver. Doch der Ostblock ließ seine Presse zum Sturm blasen gegen diese gesellschaftspolitischen Leitlinien. Dabei tauchten nicht nur - nach längerer Pause wieder - jene Formeln und Vokabeln auf, die später von der sogenannten "Neuen Linken" innerhalb und außerhalb der SPD benutzt wurden. Es mußte auch regelmäßig das dialektische Zauberkunststück vollbracht werden, die "Formierte Gesellschaft" als unausgegorenen, unhaltbaren und unbedeutenden Blödsinn herunterzumachen, im gleichen Atemzug aber in schärfster Form vor ihrer Gefährlichkeit zu warnen.

So berichtete beispielsweise Leo Leontjew, Mitglied der Akademie der Wissenschaften der UdSSR, am 15. März 1966 auf mehreren Seiten der "Literaturnaja Gazeta",[37] daß die "Formierte

Gesellschaft" von den "Abgesandten des Monopols leidenschaftlich begrüßt" worden sei. Das Konzept sei dazu berufen, "als Waffe der expansionistischen und revanchistischen Politik Bonns zu dienen". Wie bekannt wolle sich "Deutschland einen Gürtel von Vasallenstaaten" schaffen. Der "Formierten Gesellschaft" falle die Aufgabe zu, "die Wirtschaftsmacht und das Rüstungspotenzial des Bonner Staates enorm zu steigern". Überhaupt gehe es nur: "um die Monopole, um die weitere Festigung ihrer Position in Wirtschaft und Politik, um die Errichtung einer durch nichts eingeschränkten Herrschaft einer Handvoll Monopolisten, die schon jetzt im Bonner Staat eine ungeheuere Macht besitzen. Die 'Wirtschaft' erweist sich als ein Pseudonym der führenden Monopole, und das 'Gemeinwohl' entziffert sich als ein eng eigennütziges Profitstreben der gigantischen Konzern- und Bankherren." Es sei unschwer zu erkennen, daß sich hinter diesen "kautschukartigen, heuchlerischen Erwägungen das Bestreben verbirgt, die werktätigen Massen um alle oder den größten Teil ihrer sozialen Errungenschaften zu bringen, die sie den Monopolen und deren Staaten um den Preis eines langen, hartnäckigen Kampfes abgerungen haben."

Und schließlich stellt das Mitglied der Akademie der Wissenschaften der UdSSR fest: "Die Bekanntmachung mit den Ideen der 'Formierten Gesellschaft' hinterläßt nicht den mindesten Zweifel darüber, daß wir ein tiefgreifendes sozialpolitisches, wirtschaftliches und ideologisches Programm vor uns haben."

Der Wahlkampf

Die "Formierte Gesellschaft" - deren Grundzüge ich in den ersten Monaten des Wahljahres 1965 öffentlich vorgestellt habe - setzt eine informierte Gesellschaft voraus. Die Mündigkeit des Bürgers erwächst wesentlich daraus, daß er Bescheid weiß. Über die großen politischen Zusammenhänge. Über seine eigenen Möglichkeiten. Und darüber, wo das Gemeinwohl der Verwirklichung von Gruppeninteressen Grenzen setzt.

Wahlkampf, meine Freunde, ist konzentrierte Politik. Zu keinem anderen Zeitpunkt tritt dem Wähler seine Souveränität so deutlich ins Bewußtsein wie vor einer Wahl. Und zu keinem anderen Zeitpunkt sind die politischen Parteien, die großen Willensgemeinschaften in einer repräsentativen Demokratie, so stark gezwungen, sich mit ihren Leistungen und mit ihren Zielen der öffentlichen Diskussion zu stellen. Zu keinem anderen Zeitpunkt können aber auch die verantwortlichen Politiker und die Bewerber um öffentliche Mandate die großen Tendenzen und die kleinen Detailprobleme der Bevölkerung so unvermittelt erfahren wie im Wahlkampf. Er ermöglicht das direkte, der Manipulation durch Funktionäre weitgehend entzogene demokratische Zwiegespräch mit den Wählern.

Diese Vorstellung war und ist integraler Bestandteil meiner politischen Auffassung. Und solange sich die Unionsparteien nicht von scheinbar verlockenden Angeboten zu billigem politischen Reklamerummel oder von den Widersprüchen einer kurzatmigen Umfragehektik beirren ließen, haben sie deshalb auch immer erfolgreiche Wahlkämpfe geführt. Denn: Errungenschaften und Perspektiven ihrer Politik rechtfertigten stets das weitaus größere Vertrauen als der getarnt oder offen zur Wahl gestellte Sozialismus der SPD.

Mein persönlicher Wahlkampfeinsatz begann am Nachmittag des 8. August und endete am Abend des 17. September 1965. Er wurde durch einige wenige Verpflichtungen unterbrochen, die ich offiziell als Bundeskanzler wahrzunehmen hatte, wie etwa die Feier zum 75. Jahrestag des Erwerbs der Insel Helgoland durch das Deutsche Reich oder die Eröffnung der Frankfurter Automobilausstellung. In den 41 Wahlkampftagen habe ich - kurze Appelle, die ich bei der Durchfahrt durch kleinere Gemeinden an die versammelten Bürger gerichtet habe, mitgerechnet - an die 700 Reden gehalten. Dabei habe ich nach grober Schätzung annähernd eineinhalb Millionen Menschen direkt angesprochen.

Bei diesem minutiös durchorganisierten Wahlkampfeinsatz wurden alle modernen technischen Hilfsmittel genutzt, um innerhalb weniger Stunden Auftritt in entgegengesetzten Teilen der Bundesrepublik Deutschland zu ermöglichen, den Veranstaltungen ein Maximum an nationaler und internationaler publizistischer Resonanz zu geben und den örtlichen Bundestagskandidaten der Unionsparteien nachdrückliche Wahlunterstützung zu gewähren. Er vollzog sich gewissermaßen zu Lande, zu Wasser und in der Luft: Wahlkampf-Sonderzug, Auto, Flugzeug, Hubschrauber, Fluß- und Seeschiffe, ja Pferdekutschen dienten als Transportmittel. Auf jeder der insgesamt 13 Wahlkampf-Reisen begleiteten mich ständig Gruppen von 15 bis 20 in- und ausländischen Journalisten. Dazu kamen an den einzelnen Einsatzorten die lokalen Berichterstatter von Presse, Funk und Fernsehen sowie Teams größerer Publikationsorgane, die sich außerhalb der mitreisenden Journalisten-Kontingente bewegten. Ich habe in dieser Zeit ganze zweimal daheim, im eigenen Bett geschlafen. In den übrigen 39 Nächten rollte ich im Wahlkampfzug quer durch Deutschland.

Zwar wurde der erwartete Erfolg - das darf hier nicht verschwiegen werden - durch unbedachte oder auch gezielt schädliche Äußerungen prominenter Parteifreunde immer wieder gefährdet. Aber die Organisation der CDU, die für meine Kampagne abgestellten hauptamtlichen CDU-Mitarbeiter und größtenteils auch die lokalen Parteigliederungen haben ihre Aufgabe mit eindrucksvoller Sachkenntnis und dankenswerter Hingabe erfüllt.

Falls nicht besondere Daten oder örtliche Gegebenheiten Änderungen erzwangen, liefen die Wahlkampftage nach einem sinnvollen Schema ab: Beim Frühstück im Sonderzug unterrichteten mich die mitreisenden Regierungsbeamten aus

Kanzleramt und Presseamt über neueste innen- und außenpolitische Entwicklungen. Es war dann auch immer ausreichend Zeit eingeplant, telefonisch oder fernschriftlich mit Bonn in Verbindung zu treten, Weisungen zu erteilen oder unaufschiebbare Unterredungen zu vereinbaren. Das Regierungsgeschäft hatte ja nicht etwa 41 Tage lang Pause. Der mittlere oder späte Vormittag war ersten Wahlkampfveranstaltungen, Besichtigungen, oder Begehungen vorbehalten. Die Mahlzeiten wurden teils zum Gedankenaustausch mit Vertretern der eigenen Partei, örtlichen politischen Würdenträgern und sonstiger lokaler Prominenz genutzt, teils aber dienten sie mir als kurze Erholungspause. Nachmittag für Nachmittag fuhr ich im Auto durch jeweils 15 bis 30 Städte und Gemeinden. In den meisten davon war mein Kommen angekündigt. Vor Rathäusern, auf Marktplätzen, in Sportanlagen oder Versammlungshallen erwarteten mich die Bürger, zu denen ich je nach Zeitplan dann kürzer oder länger sprechen konnte. In den Abendstunden fanden immer eine, an manchen Tagen sogar zwei Großveranstaltungen statt. Daran schloß sich entweder noch ein Gespräch mit dem örtlichen CDU-Bundestagskandidaten und anderen Vertretern der Partei an oder im Salonwagen des Wahlkampfzugs eine Diskussion mit den mitreisenden Journalisten. Alle zwei bis drei Tage traf der Wahlkampfzug morgens in Bonn ein. Ich fuhr dann für einige Stunden ins Bundeskanzleramt, um jene Regierungsangelegenheiten zu erledigen, die meiner Anwesenheit unbedingt bedurften. Aber bereits am Nachmittag ging es, begleitet von einem neuen Journalisten-Kontingent, wieder mit dem Wahlkampf weiter.

Die SPD hatte am 16. Februar 1964 auf einem außerordentlichen Parteitag Willy Brandt, den Regierenden Bürgermeister von Berlin, als Nachfolger Erich Ollenhauers zu ihrem Vorsitzenden und zum Kanzlerkandidaten gewählt. Der fast totalen Anpassung der SPD-Wahlkampfaussagen an die Politik der Unionsparteien entsprach auch Brandts Wahlkampforganisation, die mit Sonderzug, Mietwagen-Kolonne, Journalisten-Begleitung und einem in dunklen Anzügen auftretenden Kanzlerkandidaten den "Amtsbonus" des amtierenden Bundeskanzlers zu relativieren trachtete. Zum erstenmal wurden damals die in jahrelanger kluger Kleinarbeit von der SPD aufgebauten, gepflegten und geförderten Personalstrukturen in den Informations- und Meinungsmedien wirksam. Wurden von ihnen doch die Kopie als Original dargestellt, dem Brandt'schen Wahlkampf Kennedy-Stil bescheinigt, seine eher platten, von mehr oder weniger originellen Ghostwritern verfaßten Schlagwörter wie Offenbarungen gefeiert.

Kaum jemand sah damals voraus, daß dies der Ausgangspunkt für einen ebenso gigantischen wie geschmacklosen Personenkult war, der Brandt einige Jahre später in die entrückten Sphären einer Art von Arbeiterheiligen hinaufhob. Die gleichen angeblich skeptischen, angeblich innerlich unabhängigen und angeblich modernen Geister, die sich an meinem zugegebenermaßen altfränkisch eingefärbten Soziologen-Deutsch stieß, scheuten sich dann nicht, blasphemische Vergleiche zwischen Brandt und Christus zu ziehen. Und ihre sozialistische Linientreue hielt auch einige von ihnen nicht davon ab, 1972 einen devoten Fotoprospekt mit Bildern von Brandts Händen herauszubringen, der einer NS-Veröffentlichung unter dem Titel "Die Hände des Führers" fast aufs Haar glich.

Doch 1965 war Brandt eher politisches Leichtgewicht.[38] Und auch ich fand erst sehr viel später die Antwort auf die Frage, warum die SPD nicht den in Bonn erfahrenen und in weiten Kreisen der Öffentlichkeit populären Fritz Erler zum Kanzlerkandidaten gekürt hatte. Erler, der mit großer Überzeugungsstärke ein Konzept seiner Partei vertrat, das kein Abweichen von den demokratischen Grundlinien zuließ, glaubte, was er sagte. Er war nicht Wehners Mann. Was die SPD seit 1969 außen- und innenpolitisch eingeleitet hat, wäre unter einem Kanzler Erler nicht möglich gewesen.

Die Unionsparteien konnten in diesem Wahlkampf darauf verweisen, daß die 16 Jahre ihrer Regierung eine Zeit des ununterbrochenen Aufstiegs gewesen sind. Daß sich der Lebensstandard seit 1950 verdoppelt hatte. Daß die Bundesrepublik Deutschland zur drittgrößten Industrienation der Welt, zum zweitgrößten Welthandelsland und zu dem Staat mit dem höchsten Anteil der Sozialausgaben am Bruttosozialprodukt aufgestiegen war. In diesem Wahljahr betrug unser Bruttosozialprodukt 452,7 Milliarden DM. Das Volkseinkommen pro Kopf der Bevölkerung lag bei 5 884 DM und damit um 1 079 DM höher als 1962. Rund 90 000 Personen waren arbeitslos. Diese seit Jahren gleichbleibende Rate setzte sich zu einem beträchtlichen Teil aus "zögernden Stellungswechslern" zusammen. Sie machte 0,4 Prozent der Beschäftigten aus. Zur gleichen Zeit waren aber rund 1,2 Millionen ausländische Arbeitnehmer in der Bundesrepublik Deutschland tätig.

Wo blieb da Raum für die Argumente der Opposition, für ihre Kritik, für ihre Alternativen? Nun - ihr Kanzlerkandidat mäkelte in abgelesenen Reden am Gesundheitswesen, an den Verkehrsverhältnissen, an den Bildungseinrichtungen herum und versprach, daß eine von ihm geführte Bundesregierung auf diesen Sektoren mehr tun würde. Er forderte - ganz im Gegensatz zu der von ihm später gedeckten linken Anti-Leistungspropaganda - eine weitere Steigerung unserer Produktivität, die sich damals ohnehin noch in deutlicher Aufwärtsbewegung befand. Wenn überhaupt, nur sehr verschlüsselt ließ er die Absicht erkennen, daß er staatliche Mehrleistungen auch mit höheren Steuern finanzieren wollte. Wie sehr dadurch die Antriebskräfte des wirtschaftlichen Fortschritts abgebremst und der natürliche Entwicklungszuwachs verringert, ja in sein Gegenteil verkehrt wurde, das hat die große Mehrheit der SPD auch während ihrer späteren Regierungsjahre nie einzusehen vermocht.

Eine damals vergleichsweise geringfügige Inflationsrate, die ein Bruchteil dessen war, was später ein Kanzler Brandt und ein Finanzminister Schmidt zu verantworten hatten, verführte den SPD-Kanzlerkandidaten aber dazu, den dubiosen Ghostwriter-Gag öffentlich anzubringen: "Ein weicher Kanzler kann die Mark nicht wieder hart machen". Sie werden verstehen, meine verehrten Freunde, daß mich diese unverfrorene Äußerung in Rage gebracht hat. Sie fiel in einer Stadt, wo Brandt und ich gleichzeitig auf verschiedenen Plätzen sprachen. Sie wurde mir von einem Mitarbeiter während meiner Rede überbracht. Ich habe sie sofort beantwortet mit der Feststellung, daß ich mich bereits um die deutsche Währung gekümmert habe, als andere noch gar nicht wieder deutschen Boden betreten hatten. Ich hatte es aufgrund meiner eigenen politischen Vergangenheit nicht nötig, dieser Formulierung eine einschränkende Bemerkung anzufügen, daß ich damit keinem Emigranten, der aus politischer Überzeugung dem Dritten Reich den Rücken gekehrt hatte, zu nahe treten wollte. Auch in diesem Punkt ist meine Haltung stets eindeutig gewesen. Ich durfte aber einem von volkswirtschaftlichen Einsichten unbeleckten Wahlredner nicht gestatten, mit solch einfältiger Demagogie die Bürger zu täuschen.

Die SPD und ihre Anhänger reagierten aber mit Empörung, Wehleidigkeit und Verleumdung. Sie versuchten, mich nach immer wieder angewandtem Denunziations-Rezept in die Nähe der Nationalsozialisten zu rücken. Sie taten ein weiteres Mal, was Herbert Wehner sein ganzes politisches Leben lang getan hat: den politischen Gegner lautstark der Bösartigkeit zeihen, wenn er es wagen sollte, einen sozialdemokratischen Angriff nicht geduldig hinzunehmen, sondern ihn gar zurückzuweisen.

Natürlich mußte Brandt meine Gegenwehr besondern ungelegen gekommen sein. Versuchte er sich doch außenpolitisch mit dem Hinweis zu qualifizieren, daß er "draußen" gute

Freunde habe. Denn auch in der außenpolitischen Argumentation hatte sich die SPD 1965 in ein Dilemma hineinmanövriert. Das Machbare in unseren Beziehungen gegenüber den kommunistischen Staaten Osteuropas, also das, was ohne Aufgabe deutsche Positionen erreicht werden konnte, war von meiner Bundesregierung weitgehend gemacht worden. Welchen Preis die SPD für weitere Schritte zu zahlen bereit war, durfte sie den Wählern aber damals noch nicht sagen. Also mußte sie sich hinter derart nichtssagenden Floskeln und hinter illusionären Versprechungen verstecken, deren Wirklichkeitsgehalt das deutsche Volk heute mit aller Ernüchterung selbst abschätzen kann.

Den einzigen "Wahlschlager", mit dem die SPD 1965 wirklich zu operieren vermochte und der nach meiner heutigen Überzeugung die CDU/CSU tatsächlich Prozente gekostet hat, stellten aber die öffentlichen Distanzierungs-Bekundungen führender Unionspolitiker gegenüber meiner Politik und meiner Person dar. Und wieder, meine Freunde, führe ich das nicht nur aus Gründen der historischen Vollständigkeit an. Es enthält auch eine wichtige Lehre: Tritt die Union, wie es ja ihr Name schon fordert, geeint auf, ist sie nicht zu schlagen!

Mitten in den Wahlkampf platzte eine dramatische Erklärung Adenauers, mit der er sich gegen den auf der Genfer Abrüstungskonferenz vorgelegten amerikanischen Entwurf für einen "Vertrag gegen die Weiterverbreitung von Atomwaffen" aussprach: "Der amerikanische Abrüstungsplan ist so ungeheuerlich, so schrecklich, daß Europa damit den Russen überliefert wird." Er hatte mich weder über diese Äußerung vorher unterrichtet, noch gar sie mit mir abgestimmt. In dem amerikanischen Entwurf war aber durchaus offen gelassen, eine "Multilateral Force"[39], also eine gemeinsame Atomstreitmacht zu bilden. Der gesamte Vorschlag stand im übrigen auch schon zur Diskussion, als Adenauer noch

Regierungschef war. Und schließlich räumte der US-Vorschlag auch die Möglichkeit ein, daß ein politisch vereinigtes Europa Nuklearstaat werden könne, wenn ihm beispielsweise Frankreich oder England beiträten. Es besteht gar kein Zweifel, daß die Frage eines Atomsperrvertrags für die Zukunft unserer eigenen Souveränität, für die Entwicklung Europas und für das militärische Gleichgewicht in der Welt von vitaler Bedeutung war. Ebenso klar lag aber auf der Hand, daß eine derartige öffentliche Überreaktion die Gefahr einer schweren Belastung unserer Beziehungen zu den USA in sich barg. Natürlich habe ich sofort erklärt, daß die Bundesrepublik Deutschland mit der gleichen Art von Waffen verteidigt werden müsse, von denen sie bedroht wird. Doch die SPD konnte von Stund' an mit der "Zerstrittenheit der Union" hausieren gehen. Und Wahlkämpfe bieten halt wenig Möglichkeit, Meinungsnuancen zu erläutern oder mühsame außenpolitische Abstimmungsprozesse darzustellen.

Etwa zur gleichen Zeit - ich erinnere die Einzelnheiten noch genau - überbrachte mir der damalige "Civis"-Redakteur Ulrich Frank-Planitz Informationen über Gespräche von führenden CDU/CSU-Politikern, unter ihnen auch einige Mitglieder meiner bisherigen Regierung, zum Thema "Große Koalition mit der SPD". Seitdem Adenauer, der wenig vorher noch die SPD mit dem "Untergang Deutschlands" gleichsetzte, im November 1962 aber mit Hilfe von Paul Lücke (CDU) und des Freiherrn Karl Theodor von und zu Guttenberg (CSU) Verhandlungen mit den Sozialdemokraten über eine gemeinsame Regierungsbildung geführt hatte, war das Thema nicht mehr zur Ruhe gekommen. Herbert Wehner hatte "die zeitlich begrenzte Koalition mit den Christdemokraten als eine Garantie für die Fortdauer der demokratischen Ordnung" bezeichnet und erklärt, "wir werden nicht müde werden, die Wähler daran zu erinnern, daß Adenauer selbst uns als eine Partei anerkannt hat, die regieren kann". Und so hatte sich auch die SPD für die Wiederwahl Heinrich Lübkes als Bundespräsident stark gemacht, vorgeblich "wegen seiner Loyalität und seines Eintretens für Berlin", in Wahrheit jedoch, weil Lübke als unverhohlener Protagonist einer großen Koalition galt.

Ich würde mich der nachträglichen Dramatisierung schuldig machen, wenn ich heute erklärte, daß mich diese Informationen überrascht oder beeindruckt hätten. Daß es diese Strömungen gab, war mir klar. Daß sie zu einem beträchtlichen Teil von der kleinmütigen Befürchtung genährt waren, die Bundestagswahlen könnten möglicherweise nur knapp ausgehen, glaubte ich. Und daß die SPD darin den einzigen Weg sah, sich in die Regierungsverantwortung zu schleichen, wußte ich. Was mir auch immer an Empfindlichkeit und Dünnhäutigkeit unterstellt worden sein mag, ich versichere Ihnen, meine verehrten Freunde, diese Rankűne erschien mir als eine Rechnung, die ohne den Wirt gemacht worden war. Und für den Wirt hielt ich nicht etwa mich, sondern die deutschen Wähler. Und da fühlte ich mich meiner Sache sicher.

Mir brauchte kein Ghostwriter-Stab die Reden zu schreiben. Mich verwirrte auch nicht der unmittelbare Kontakt zu den Menschen im Lande. Und wenn einer in der Diskussion seinem Ärger über etwas Luft machte, was er an meiner Politik für falsch hielt, wußte ich auch Rede und Antwort zu stehen. Mir wurde für meine Wahlaussagen umfangreiches Daten- und Zahlenmaterial zugearbeitet. Das habe ich im Sommerurlaub sorgfältig durchgelesen und mir dann einige klare, jedermann verständliche Formulierungen zurechtgelegt. Im übrigen war weder die deutsche noch die internationale Politik für mich Neuland. Und ich stand auf dem soliden theoretischen Unterbau der Konzepte von der Sozialen Marktwirtschaft und der Formierten Gesellschaft. Das eine in der Vergangenheit unwiderlegbar bewährt, das andere als plausible gesellschaftspolitische Fortentwicklung eine einleuchtende Zukunftsperspektive.

Das Wahlergebnis gab mir recht. Es war das beste, das die Unionsparteien - mit Ausnahme von 1957 - bis heute jemals erzielt haben.

Die Regierungsbildung

47,6 Prozent für die CDU/CSU, 39,3 Prozent für die SPD, 9,5 Prozent für die FDP - das verwies alle noch so sorgfältig eingefädelten Pläne zur Gründung einer großen Koalition ins Reich der Träume. Doch der Stoff, aus dem diese Träume waren, war wesentlich haltbarer als ich in jenen Septembertagen glaubte: Die Unionsparteien, die mit Mut, Risikobereitschaft und Geschlossenheit einst auf sehr viel schmalerer Mehrheitsgrundlage sehr viel schwierigere Probleme bewältigt hatten, scheuten jetzt vor der Verantwortung zurück. Und ihr freidemokratischer Koalitionspartner hatte in der Tat bereits unauffällig Absprungbasen errichtet. Hinzu kam ein guter Schuß Ehrgeiz seitens jener Unionspolitiker, die sich von einer großen Koalition größere persönliche Möglichkeiten erhofften. Allen gemeinsam war die Unterschätzung des sozialdemokratischen Partners, der bei seinen Kontaktgesprächen als uneigennütziger, ausschließlich am Staatswohl interessierter Biedermann auftrat.

Doch so weit war es noch nicht. Am 20. September schlug mich die CDU erneut als Bundeskanzler vor. Unverdrossen und ohne das geringste Gefühl für die Peinlichkeit, die das für ihn selbst und für den Bundespräsidenten bedeutete, verlas aber Konrad Adenauer auf der ersten CDU-Präsidiumssitzung jenes voreilig von Heinrich Lübke verfaßte Schreiben, in dem er aufgrund eines von ihm erwarteten für die Unionsparteien ungünstigen Wahlausgangs die Aufnahme von Verhandlungen über die Gründung einer großen Koalition empfahl. Das blieb Episode. Und als

Lübke um die Jahreswende in einem Gespräch mit der schweizerischen "Weltwoche" erneut Sympathien für eine große Koalition zum Ausdruck gebracht hatte,[40] sah ich mich auf seinem Neujahrsempfang am 4. Januar 1966 zu der Erklärung gezwungen: "Ich kann es nicht zulassen, daß in der Öffentlichkeit der Eindruck entsteht, als sei diese Koalition bereits zusammengebrochen und es sei wünschenswert, sie abzulösen."[41]

Die Regierungsbildung dauerte fünfeinhalb Wochen. Und nehmen Sie, meine Freunde, es bitte nicht als Entschuldigungsversuch auf, sondern einfach als zusätzliche Information, wenn ich Ihnen mitteile, daß dies genau die fünfeinhalb Wochen waren, in denen eine leichte Grippe und die noch nicht überwundenen physischen Anstrengungen des Wahlkampfes meine Einsatzfähigkeit stark reduzierten. Das hatte zur Folge, daß alle an der Regierungsbildung beteiligten Gremien und Personen ihren Standpunkt in der Öffentlichkeit nachdrücklicher begründeten als der Regierungschef selbst.

Kanzleramtsminister Ludger Westrick, mein langjähriger treuer und ergebener Mitarbeiter, faßte in den letzten Jahren seine Rolle in zunehmendem Maße als Abschirm- und Ausgleichsfunktion auf. Aus bester Absicht handelnd, milderte er dabei gelegentlich meine Maßnahmen bis zu einem Grade ab, der zumindest ihre öffentliche Wirkung in ihr Gegenteil verkehrte. Im konkreten Fall der Regierungsbildung untersagte er Staatssekretär Karl-Günther von Hase, dem Leiter des Presse- und Informationsamtes der Bundesregierung, und Ministerialdirektor Karl Hohmann, dem Leiter des Kanzlerbüros, die Unterrichtung der Öffentlichkeit über den Verlauf der Verhandlungen. Die Fraktionssprecher und die interessierten Politiker dagegen nahmen bei ihren Erklärungen naturgemäß wenig Rücksicht auf den Bundeskanzler.

Dabei stand dieser Vorgang ohnehin unter schlechten Vorzeichen: 1961 hatte sich die FDP auf eine Koalition "mit der CDU, aber ohne Adenauer" festgelegt. Zwar versicherte Adenauer zu Beginn der Legislaturperiode, er denke nicht daran, volle vier Jahre an der Spitze der zukünftigen Koalitionsregierung zu bleiben. Doch ihr Eintritt in ein Kabinett Adenauer wurde der FDP bundesweit als "Umfall" angekreidet. Und sie entwickelte eine geradezu traumatische Angst davor, diesen Vorwurf ein zweites Mal zu provozieren. In der sogenannten "Spiegel-Affäre" hatte sie aber eine erneute Festlegung von ähnlicher personalpolitischer Brisanz getroffen. Sie wollte nicht wieder in eine CDU/CSU-geführte Bundesregierung eintreten, der auch Franz Josef Strauß angehört. Zwar hatte Strauß am 21. September 1965 verbindlich erklärt, daß er der neuen Bundesregierung nicht angehören wolle, und mir damit in selbstloser Weise die Regierungsbildung erleichtert.[42] Doch die CSU-Landesgruppe beschloß am gleichen Tag, daß sie nur mit einem Koalitionspartner verhandeln werde, der weder das Vorschlagsrecht des anderen Koalitionspartners noch das Berufungsrecht des Bundeskanzlers für die Zusammensetzung der Bundesregierung bestreitet. Und selbstredend war das Verhalten der FDP gegenüber dem Vorsitzenden einer Partei unerträglich, die bei diesen Bundestagswahlen von mehr Bürgern gewählt worden ist als die FDP.

Andererseits brauchte die CDU/CSU natürlich die FDP, um überhaupt regieren zu können. Und ich gebe Ihnen auch freimütig zu, daß dies für mich als Bundeskanzler nicht nur Nachteile, sondern auch Vorzüge hatte, wenn es galt, Ansprüche gewisser Gruppierungen in der eigenen Fraktion abzuwehren. Die Mehrzahl der erneut im Kabinett vertretenen FDP-Mitglieder hatte - von dem Prestige-Hickhack während der Regierungsbildung abgesehen - es mit ihrer Partei schwerer als mit der CDU/CSU. Das galt insbesondere für Bundesfinanzminister Rolf Dahlgrün. In steigendem Umfang für Vizekanzler Erich Mende. Und vor dem Hintergrund der Verjährungs-Debatte auch für Ewald Bucher, der in meinem zweiten Kabinett das Bundespostministerium übernahm, nachdem er aus meinem ersten Kabinett als Bundesjustizminister vorzeitig ausgeschieden war.

Am 5. November 1964 hatte sich das Bundeskabinett mit dem Ablauf der Verjährungsfristen für nationalsozialistische Gewaltverbrechen befaßt,die - soweit die Frist nicht durch richterliche Handlungen unterbrochen war - in der früheren britischen und französischen Zone am 8. Mai und in der früheren amerikanischen Zone am 1. Juli 1965 enden sollte. Unter dem Eindruck der juristischen Argumentation von Bundesjustizminister Bucher und des von ihm vorgelegten umfangreichen Zahlenmaterials gelangte das Kabinett zu der Überzeugung, daß eine Verlängerung der Verjährungsfrist für Verbrechen mit rückwirkender Kraft durch Artikel 103 des Grundgesetzes ausgeschlossen werde. Zusammen mit Ernst Lemmer, Theodor Blank und Paul Lücke wurde ich damals überstimmt. Da es sich aber - wie die anhaltende öffentliche Diskussion bekräftigte - um ein Problem handelte, das tief in die ethischen Auffassungen jedes einzelnen hineinreichte, hielt ich es nicht für angebracht, von meiner Richtlinienkompetenz Gebrauch zu machen. Und zu Beginn der Auseinandersetzungen, die mit großer Aufmerksamkeit und engagierten Kommentaren auch vom Ausland verfolgt wurden, sprachen sich nicht nur die Mehrheit der FDP, sondern auch Franz Josef Strauß und der selbst von den Nationalsozialisten aus rassischen Gründen verfolgte SPD-Kronjurist Adolf Arndt zunächst gegen eine Verlängerung der Verjährungsfrist aus. Diesen Gegnern einer Verlängerung wurden von mancher Seite opportunistische, wenn nicht nationalistische Überlegungen unterstellt. Obwohl ich zu den Befürwortern gehörte, bin ich heute noch der Meinung, daß auch die Gegner sehr schwerwiegende rechtsstaatliche Argumente auf ihrer Seite hatten. Und sie gaben dem kaum artikulierten Gefühl einer breiten Öffentlichkeit Ausdruck, es müsse nicht nur irgendwann ein Schlußstrich unter die Vergangenheit gezogen werden, sondern die Ahndung deutscher Verbrechen werde mit jedem Tag unlogischer, an dem Verbrechen der Siegerstaaten ungeahndet blieben oder an anderer Stelle in der Welt neu begangen würden. Doch am 25. März 1965 verabschiedete der Bundestag mit großer Mehrheit ein Gesetz, das den Beginn der 20jährigen Verjährungsfrist für NS-Verbrechen, auf die lebenslänglich Zuchthaus zu stehen hatte, auf den 31. Dezember 1949 verlegte. Bucher trat tags darauf zurück.[43]

Am Ende der langwierigen Verhandlungen um die Regierungsbildung, die meine Autorität als Bundeskanzler arg strapaziert haben und in deren Ergebnis vielleicht sogar einer der Wurzeln für die Gründung einer großen Koalition lag, standen ganze vier neue Kabinettsmitglieder: Richard Jaeger als Bundesjustizminister, Hans Katzer als Bundesarbeitsminister, Johann Baptist Gradl als Vertriebenenminister und Gerhard Stoltenberg als Wissenschaftsminister. Paul Lücke war Bundesinnenminister geworden, Hermann Höcherl hatte dafür das Bundesernährungsministerium und Richard Stücklen das Bundeswohnungsbauministerium übernommen. Die restliche Zusammensetzung des Kabinett blieb unverändert: Gesamtdeutsch - Mende, Außen - Schröder, Finanz - Dahlgrün, Wirtschaft - Schmücker, Verteidigung - von Hassel, Verkehr - Seebohm, Bundesrat - Niederalt, Familie - Heck, Wirtschaftliche Zusammenarbeit - Scheel, Schatz - Dollinger, Gesundheit - Schwarzhaupt, Verteidigungsrat - Krone, Kanzleramt - Westrick, Sprecher - von Hase.

Ich bin damals - möglicherweise zurecht - von meinen Freunden gescholten worden, daß ich alle mir bekannten, exponierten parteiinternen Erhard-Gegner wieder in mein Kabinett geholt habe.[44] Doch ich vertrat - möglicherweise zuunrecht - die Auffassung, daß die erneute Übernahme von

Regierungsverantwortung ihre anderweitigen Aktivitäten bremsen, meine Loyalität ihre Loyalität herausfordern und die Kabinettsräson ein hohes Maß an Geschlossenheit garantieren würde. Außerdem war ich natürlich von der sachlichen Qualifikation jedes einzelnen überzeugt.

Der Rücktritt

Liebe Freunde, über meinen Rücktritt als Bundeskanzler, um den ich am 30. November 1966 beim Bundespräsidenten nachgesucht hatte, sind zahlreiche "Meuchel"-Theorien in Umlauf gesetzt worden.[45] Am Anfang dieser Aufzeichnungen habe ich Ihnen versichert, daß inzwischen verblaßt sei, was mich im Herbst 1966 subjektiv bewegt hat. Das heißt nicht, daß ich die Einzelheiten der damaligen Vorgänge aus meinem Gedächtnis verdrängt hätte. Und ich will sie Ihnen auch so korrekt und so objektiv wie möglich schildern. Weil sie vieles erhellen, was zur Beurteilung unserer heutigen Situation wichtig ist. Verblaßt sind eher die starken Gefühle, die ich gegenüber dem einen oder anderen der Akteure damals gehegt habe. Nicht nur, weil ich nicht nachtragen kann.

Handlungen und Motive zahlreicher Parteifreunde erschienen mir, aber auch der Öffentlichkeit Ende 1966 in einem anderen Licht als heute, wo ich mich inzwischen mit fast allen mehrfach ausführlich über jene Zeit ausgesprochen habe. Manche - wie Rainer Barzel - haben mir glaubwürdig versichert, daß sie sich aufgrund der anschließend gemachten persönlichen und politischen Erfahrungen in der gleichen Situation heute anders verhalten würden.[46] Andere - wie Karl Theodor Freiherr von und zu Guttenberg[47] - haben sich in aller Form bei mir entschuldigt für ihren Anteil an der Kabale, mit der sie das Gegenteil von der beabsichtigten Wirkung erzielt haben. Dritte - wie Paul Lücke - hatten mich noch als Bundeskanzler in aller Fairneß über ihre Pläne unterrichtet und über ihre Verhandlungen auf dem laufenden gehalten. Und eine letzte Gruppe schließlich - zu der an hervorragender Stelle Franz Josef Strauß gehörte - wurde wegen ihrer späteren Mitgliedschaft im Kabinett Kiesinger von der Öffentlichkeit, weniger von mir, zu den Hauptarchitekten der großen Koalition gezählt, ohne in Wahrheit zu ihren aktiven politischen Wegbereitern gehört zu haben.[48]

War ich zu Beginn meiner Kanzlerschaft vielleicht sogar ein wenig überrascht von der Autoritätsfülle, vom Einfluß, vom Informationssog, die dieses höchste Regierungsamt kennzeichneten, so war ich zu ihrem Schluß mindestens ebenso erstaunt darüber, wie rasch sich dies alles trotz glanzvoll gewonnener Bundestagswahlen abbaute.[49] Nun mögen Sie mir vorhalten, meine Freunde, beide Regungen seien typisch für einen Mann ohne Verhältnis zur Macht. Und möglicherweise haben Sie damit sogar recht. Was nämlich im November 1966 gescheitert ist, war nicht der Bundeskanzler Erhard, der eine nach heutigen Maßstäben geradezu unbedeutende Haushaltslücke[50] nicht auszugleichen vermochte, der seine parteiinternen Gegner nicht scharf genug zu maßregeln verstand, der trotz besserer Einsicht das politische Durchsetzungsvermögen nicht aufbrachte, die Befriedigung von Gruppeninteressen gegenüber den betreffenden Organisationen, der eigenen Fraktion und der veröffentlichten Meinung schroff abzulehnen - im November 1966 ist eine moderne Regierungsauffassung gescheitert, in der demokratische Prinzipien zu Ende gedacht waren. Bitte, bewerten Sie diesen Satz, der vielleicht manchen von Ihnen geradezu exotisch anmutet, nicht vorschnell als einen Versuch, mein eigenes Bild zu retuschieren. Begleiten Sie mich noch bei folgenden Erwägungen: Wirtschafts- und finanzpolitische Zusammenhänge - und aus ihnen entwickelten sich ja die zumindest vorgeblichen Gründe für meinen Rücktritt - waren mir seit eh und je vertraut. Ich wußte sie einzuschätzen und sie zu beeinflussen. Daß dieses Vermögen ausgerechnet 1966 bei mir erloschen sein sollte, ist nicht sehr wahrscheinlich. Meine politische und persönliche Einstellung zu der Art und Weise, wie in unserem Staat Gruppeninteressen auf Kosten der Allgemeinheit durchgesetzt wurden, war und ist bekannt. Nichts spricht dafür, daß ich diese Einstellung vorübergehend geändert hätte. Und daß es mir nie an persönlicher Courage gefehlt hat, heftigstem Widerstand zu begegnen, habe ich in meinem politischen Leben oft genug unter Beweis gestellt. Sollte ich nach ein paar Jahren als Bundeskanzler plötzlich ein Feigling geworden sein? Also, meine Freunde, kann es nicht am Inhalt meiner Politik gelegen haben. Es war die Form. Und das meinte ich damit, wenn ich jenen Recht zusprach, die mein Verhältnis zur Macht für das eigentlich auslösende Moment des Rücktritts hielten. Ich habe es abgelehnt, politische Machtmittel einzusetzen, um meine Kanzlerschaft zu befestigen. Das bedeutete, daß überall da, wo anerkannte Autorität und unbezweifelbare Einsicht das Richtige nicht zu bewirken vermochten, das Falsche geschah.

Und lassen Sie mich gleich einem Mißverständnis vorbeugen: Ich bin nicht in dem Gefühl zurückgetreten, als einsamer Rufer in der Wüste unverstanden und ungehört geblieben zu sein. In 17jähriger Regierungstätigkeit, davon drei Jahre als Bundeskanzler, habe ich die sichere Überzeugung gewonnen, viel Verständnis und viel Gehör gefunden zu haben, insbesondere auch innerhalb der Unionsparteien, mit denen gemeinsam ich bis zum heutigen Tage für ein freies und modernes Deutschland gearbeitet habe. Gegenüber der CDU/CSU-Bundestagsfraktion habe ich am 30. November 1966 erklärt, daß ich ohne Groll scheide und weiterhin aktiv in der Union mitarbeiten werde. Ich habe beide Versprechen wahr gemacht. Wenngleich ich natürlich einräumen muß, daß es auch eine Weile gedauert hat, bis persönliche Enttäuschungen überwunden waren.

Was ich während des Bundestagswahlkampfes für eine Episode gehalten hatte, entwickelte sich heimlich und offen zugleich fast ungehemmt weiter. Die von Konrad Adenauer ausgegebene Losung "große Koalition" fraß sich wie ein Krebsgeschwür in das Bewußtsein der Union. Und es waren erstaunlicherweise als "rechts" geltende FDP-Politiker, die anfingen, der SPD heftige Avancen zu machen: Erich Mende, Willy Weyer, Siegfried Zoglmann. Aber was hatte das schon zu besagen angesichts der immer offener zur Schau getragenen Sympathien für eine gemeinsame Regierung mit der SPD durch wesentlich prominentere, bis dahin für ihre harte antisozialistische Haltung bekannte Politiker der CDU/CSU.

Zunächst kam die Ist-und-bleibt-Phase, in der die Parole "Ludwig Erhard ist und bleibt Bundeskanzler" von der CDU/CSU-Bundestagsfraktion in immer neuen Variationen ausgegeben wurde. Je öfter, desto weniger überzeugend. Während auf dem FDP-Dreikönigstreffen in Stuttgart am 6. Januar 1966 die Rede davon war, der "Mythos Erhards" müsse zerstört werden,[51] setzte sich der CSU-Bundestagsabgeordnete von und zu Guttenberg öffentlich für die Bildung einer großen Koalition ein, da einige Probleme nicht ohne die SPD zu lösen seien. Rainer Barzel, dem es als Vorsitzenden der CDU/CSU-Bundestagsfraktion monatelang oblag, die krisenhafte Entwicklung mit staatstragenden Formulierungen und Loyalitätsbekundungen anzusprechen, der sich dieser Aufgabe auch mit großer rhetorischer Kraft unterzog, versetzte aber der öffentlichen Einschätzung seiner eigenen Rolle in dieser Entwicklung selbst einen Tiefschlag. Am Vorabend des 17. Juni 1966 umriß er in einer Rede vor dem "Council on German Affairs"[52] in New York Perspektiven der Deutschlandpolitik, die im diametralen Widerspruch zu meiner Auffassung, zur Auffassung der gesamten Bundesregierung und zur Auffassung der von Barzel geführten CDU/CSU-Bundestagsfraktion standen. Er sprach von der Möglichkeit des Verbleibs sowjetischer Truppen in einem wiedervereinigten Deutschland und einer 20jährigen Handelsgarantie für die UdSSR.

Es folgten die nordrhein-westfälischen Landtagswahlen.[53] An Rhein und Ruhr gab es seit langem wieder Arbeitslose. Noch nicht einmal ein Viertel soviel allerdings wie zu Zeiten der SPD/FDP-Bundesregierung. Und nur knapp zehn Prozent davon waren Kumpel. Aber die SPD schlachtete die Strukturkrise im Kohlebergbau hemmungslos aus. Die Konzernherren verlangten von mir Hunderte von Millionen Regierungssubvention. Ein Vorgang, bei dem sie im Zusammenwirken mit meinem Vorgänger schon Routine entwickelt hatten. Und die Kumpel wurden gemeinsam von Gewerkschaften und SPD auf die Straße geschickt. Die Zahl der als "Bergarbeiter" auftretenden Demonstranten überstieg bei weitem die Zahl der arbeitslosen oder umzusetzenden Ruhr-Kumpel. Radikale Einpeitscher fanatisierten die Menge. Bei meinen Auftritten im nordrhein-westfälischen Wahlkampf wurde ich auf das übelste angegriffen. Ich leistete Widerstand. Aber die SPD sorgte rasch dafür, daß meine Formulierungen, mit denen ich den radikalisierten Mob zurecht gewiesen hatte, als "Beleidigung der Ruhr-Kumpel" verbreitet wurden. Seit Ende der Vierzigerjahre bin ich ungezählte Male in Nordrhein-Westfalen öffentlich aufgetreten. Ich habe zu Millionen arbeitenden Menschen an Rhein und Ruhr gesprochen. Und ich habe die Meinung Tausender von ihnen entgegengenommen. Zwischen uns bestand Übereinstimmung. Das war auch noch im Sommer 1966 der Fall, als sich die Rezession anbahnte. Doch die SPD, im eigentümlichen Gleichklang mit den Funktionärsinteressen der Gewerkschaften und der Unternehmerverbände, zündete politische Molotow-Cocktails. Und es war ausgerechnet der CSU-Generalsekretär Anton Jaumann, der bereits am 11. Juli 1966 in München aus dem Wahlergebnis in Nordrhein-Westfalen "Folgerungen im Rahmen des Erhard-Kabinetts" forderte.[54] So wirbelten in jenen Tagen die politischen Interessen durcheinander.

Das Thema Kabinettsumbildung war ins Gespräch gebracht. Widersprüchliche Erklärungen jagten einander. Und es waren zum Teil die gleichen CDU/CSU-Politiker, die sich vehement für Hunderte von Millionen Ausgaben zugunsten einer bestimmten Gruppierung eingesetzt hatten, die jetzt lautstark die Haushaltslücke beklagten. Erste kleinere Attacken im CSU-Organ "Bayernkurier"[55] wurden gegen mich gestartet. Doch Franz Josef Strauß blieb eigentlich bis zum Schluß ein zwar harter, aber weit mehr an Sach- als an Personenfragen orientierter Gesprächspartner.

In katholischen Zeitschriften erschienen anonyme Beiträge. Die Namen möglicher Nachfolger wurden genannt. Als erster tauchte der von Bundestagspräsident Eugen Gerstenmaier auf. Die Junge Union übte Kritik an mir. Ihr Vorsitzender Egon Klepsch stellte sich hinter mich.

Am 15. September 1966 beriet der Bundestag in erster Lesung das Stabilitätsgesetz.[56] Am gleichen Tag bat mich Bundeskanzleramtsminister Westrick um seine Entlassung. Seine Begründung: Er wolle den Weg für eine mögliche Kabinettsumbildung freimachen, die von mir allerdings zwei Tage vorher kategorisch abgelehnt worden war. Die Stablitäts-Debatte, mit großer Sorgfalt vorbereitet, wurde durch die Rücktrittsmeldung in den Hintergrund gedrängt. Die CDU/CSU-Bundestagsfraktion war verärgert. Ich nahm das Rücktrittsgesuch an.

Meine letzten Gespräche, die ich als Bundeskanzler mit US-Präsident Johnson vom 24. bis zum 28. September 1966 führte, verliefen erfolglos. Es war mir nicht gelungen, einen Zahlungsaufschub für die amerikanischen Devisenausgleichsforderungen für die Stationierung der US-Truppen in Deutschland zu erreichen.[57]

Am 3. Oktober gab die CDU/CSU-Fraktion die letzte Ist-und-bleibt-Erklärung ab.[58] Ihr schloß sich der CDU-Parteivorstand am 7. Oktober noch einmal an. Und am 9. Oktober erklärte Franz Josef Strauß auf der CSU-Landesversammlung: "Wir wollen Ihnen helfen."[59] Zwei Tage vorher war es aber Strauß nur noch mit Mühe gelungen, einen Beschluß seines Landesvorstands zu verhindern, die CSU-Minister aus meinem Kabinett zurückzuziehen.

Es folgten eine Reihe von Koalitionsgesprächen über die Haushaltspolitik. Die Renitenz der FDP nahm - bei Fraktion und Partei stärker, bei den Kabinettsmitgliedern noch etwas schwächer - zu. Und gleichzeitig wuchs der Unwille seitens der CDU/CSU darüber. Besonders scharf ging in diesen Tagen Franz Josef Strauß mit dem Koalitionspartner ins Gericht.[60]

Die Diskussion um die Einsparungen, Einnahmeverbesserungen, Steuererhöhungen, das Beteiligungsverhältnis von Bund und Ländern an der Einkommen- und Körperschaftssteuer, die haushaltspolitischen Konsequenzen aus den Devisenausgleichszahlungen für die Stationierung der amerikanischen Truppen in der Bundesrepublik Deutschland, die mittelfristige Finanzplanung, die veränderten Steuerschätzungen des Bundesfinanzministers - all dies nahm im Laufe des Oktobers den unwirklichen Chrakter von Schattenboxkämpfen an. Dabei war ich mir mit der CDU/CSU-Bundestagsfraktion völlig einig, daß zu hohe Forderungen an den Staat gestellt worden waren, die nicht voll befriedigt werden konnten. Es mußte gespart und langfristig gezielte Finanzpolitik betrieben werden. Trotzdem: Nach dem Rücktritt der FDP-Minister war der Drang zu einer großen Koalition mit der SPD nicht mehr zurückzudämmen. Da gab es vorher noch zwei kurze Zwischenspiele. Die SPD forderte Neuwahlen. Was von Barzel mit der Erklärung zurückgewiesen wurde, der Wähler habe der Union für vier Jahre die politische Führung übertragen, die

Union werde deshalb weiterarbeiten und dem entsprechen. Am 4. November 1966 beschloß der Ältestenrat des Bundestages mit den Stimmen von SPD und FDP, daß ein inzwischen von der SPD-Bundestagsfraktion vorgelegter Antrag auf die Tagesordnung der nächsten Bundestagssitzung gesetzt werden sollte, dem zufolge ich im Plenum die Vertrauensfrage zu stellen hätte. Der CDU/CSU-Vertreter im Ältestenrat Will Rasner hatte den Antrag als verfassungswidrig bezeichnet, weil das Plenum den Kanzler nicht auffordern könne, die Vertrauensfrage zu stellen. Das könne der Kanzler nur von sich aus. Und ich lehnte dieses Verfahren scharf ab, da ich mich keinem "Schauprozeß" zu unterwerfen gedachte.

Mit Interviews und Zeitungsartikeln, in besonders harter Form von der "Bild"-Zeitung vorgetragen,[61] begann ein regelrechter Zermürbungsfeldzug gegen mich. Es geschah fast nichts mehr in Deutschland, wofür ich nicht schuldig gesprochen worden wäre. Von der angeblich unzureichenden Besoldung der Beamten bis zu den Starfighter-Abstürzen. Und, verzeihen Sie mir den ironischen Vergleich, lange vor Schluß der Jagd hatte der Streit um das Fell des Bären begonnen. Meinen Rücktritt forderten die Sozialausschüsse und der bayerische Ministerpräsident Alfons Goppel, die CDU von Westfalen und Lippe, von Nordbaden und von Südbaden, der schleswig-holsteinische Ministerpräsident Helmut Lemke, weniger prominente Gremien und Personen und alle möglichen Parteiblätter.

Eugen Gerstenmaier benannte Kurt-Georg Kiesinger als Kanzlernachfolger, Kiesinger empfahl Gerstenmaier. Gerhard Schröder arbeitete an einer Kabinettsliste und lud zu diesem Behuf sogar das Ehepaar Strauß zum Essen ein. Und plötzlich war auch der Name von Rainer Barzel im Gespräch.

Zugleich aber beauftragte mich die Fraktion mit erneuten Koalitionsverhandlungen, um wieder eine tragfähige Mehrheit für mein Kabinett herzustellen. Dabei sollte sowohl mit der FDP als auch mit der SPD verhandelt werden. Ich ließ keinen Zweifel darüber, daß ich einer großen Koalition nicht als Regierungschef vorzustehen gedächte. Doch in diese Verlegenheit wurde ich nicht gebracht. Waren doch die Kontaktgespräche mit Herbert Wehner bereits weit gediehen. Am 8. November beschloß der Vorstand der CDU, Rainer Barzel, Eugen Gerstenmaier, Kurt-Georg Kiesinger, und Gerhard Schröder der CDU/CSU-Bundestagsfraktion zur Auswahl für meine Nachfolge vorzuschlagen.[62] Tags darauf entschied sich der CSU-Landesvorstand dafür, die Kandidatur Kiesingers zu unterstützen.[63] Noch am gleichen Abend zog Gerstenmaier deshalb seine Kandidatur zurück. Kiesinger wurde gewählt. Ich stellte mein Amt zur Verfügung. Die Koalitionsverhandlungen mit der SPD begannen, allerdings nicht, ohne daß die Sozialdemokraten zwischendurch mit heftigen Ausfällen gegen die CDU/CSU ihre parteiinterne Ausgangslage zu verbessern versuchte. Am 1. Dezember 1966 wurde das Kabinett der CDU/CSU-SPD-Koalition eingeschworen. Herbert Wehner hatte für den sozialistischen Marsch durch die Institutionen sein bisher wichtigstes Etappenziel erreicht.

Die Schlußfolgerung

Was hat sich mir aus meiner Kanzlerzeit am tiefsten eingeprägt und was will ich Ihnen, meine verehrten Freunde, als Schlußfolgerung übermitteln? Zuvorderst zweifelsfrei die Erkenntnis, daß Politik den Charakter nicht zu verderben braucht.[64] Im Gegenteil! Eine Politik, die nicht insgeheim auf neue Feudalstrukturen zielt, die den christlichen Bezugspunkt weder als opportunistisches Lippenbekenntnis noch als klerikale Komponente versteht, die alle Möglichkeiten moderner Wirtschaftsentwicklung zur Befreiung der Menschen nutzt, sich neuen brutalen oder subtilen Formen der Versklavung widersetzt und die den Menschen als unverwechselbares Einzelwesen mit seinen individuellen Bedürfnissen und Sehnsüchten, mit seiner Entscheidungsfreiheit und seiner Verantwortlichkeit nicht entmündigen will, die auch gebündelten Eigennutz nicht für Gemeinnutz hält, die jedem gleiche Startchancen einräumt, ohne ihm auch gleiche Entwicklungswege und Zielpunkte zu verordnen, die dem Hilfsbedürftigen hilft, die für die Freiheit auch eintritt, wenn sie außerhalb der eigenen Grenzen bedroht oder unterdrückt wird, und die Glück, Zufriedenheit, Rechtschaffenheit, Fleiß, Sicherheit, Familie und Vaterland nicht für verächtliche Begriffe hält - eine solche Politik durchzusetzen, bedarf starker Charaktere.

- Die Aufnahme der diplomatischen Beziehungen zwischen der Bundesrepublik Deutschland und Israel gehört mit an die Spitze der Ergebnisse meiner Kanzlerschaft, derer ich mit besonderer Befriedigung gedenke.

- Die deutsche Ostopolitik zwischen 1963 und 1966 gewinnt vor der Möglichkeit einer erneuten Regierungsübernahme der CDU/CSU nachträglich an Bedeutung. Sie hat gezeigt, daß Gesprächsbereitschaft zu konkreten Fortschritten führen kann, ohne eine einzige deutsche Position dafür aufzugeben oder auch nur in Frage zu stellen. Sie bleibt das schwerstgewichtige Argument gegen die Behauptung der SPD/FDP-Koalition, ohne hohen politischen oder finanziellen Preis wäre gegenüber dem kommunistischen Osten nichts zu erreichen gewesen. Diese Koalition hat die Preise bezahlt und - betrachtet man es nüchtern - im Ganzen nichts erreicht.

- Unser beharrliches Festhalten an den engen Verbindungen zu den USA, unsere loyale Freundschaft haben zweifellos eine große Rücksichtnahme auf deutsche und europäische Interessen bei den schon damals beginnenden amerikanischen Bemühungen um eine weltweite "Entspannung" bewirkt. Bonns unter SPD/FDP-Führung demonstrierte "Eigenständigkeit" war später unbestreitbar einer der Gründe dafür, daß die vom Osten propagierten Vokabeln "Koexistenz" und "Detente" in Amerika auch manchem für uns gefährlichen Wunschdenken Vorschub geleistet haben.

- Daß in meiner Kanzlerzeit an der deutsch-französischen Freundschaft festgehalten, auf de Gaulles kleinsteuropäische Lösung aber nicht eingegangen wurde, halte ich für einen politischen Erfolg, der die Entwicklung zur größeren europäischen Einheit vorübergehend vielleicht verlangsamt, mit Sicherheit aber offen gehalten hat. Der spätere Beitritt Großbritanniens, Norwegens und Dänemarks wäre sonst nicht möglich gewesen.

- Daß die Soziale Marktwirtschaft durch meine Wahl zum Bundeskanzler in ihrer zentralen Bedeutung für den wirtschaftlichen Wiederaufstieg im freien Teil Deutschlands, aber auch für unsere Rückkehr in die Gemeinschaft der freien Völker noch einmal stark in das politische Bewußtsein der Bundesbürger gedrungen ist, hat sicher einen Anteil daran, daß die Zwangswirtschaftstheorien sozialistischer Doktrinäre auch während der jüngsten Krise noch so wenig Widerhall fanden.

- Das Konzept der "Formierten Gesellschaft", in einer institutionell abgewandelten Form durch Bundeswirtschaftsminister Karl Schiller als "Konzertierte Aktion" partiell angewandt, hat zum allermindesten als Denkanstoß gewirkt. Im Bundestagswahlkampf 1965, dessen Erlebnis sich mir besonders tief eingeprägt hat, war zu spüren, daß die "Formierte Gesellschaft" mehr war als eine moderne Fortentwicklung unseres gesellschaftlichen Pluralismus. Sie entsprach - und nach meiner Überzeugung entspricht sie noch - einer starken Tendenz in unserem Volk.

In prägender Erinnerung blieben mir die Begegnungen mit den führenden Persönlichkeiten der internationalen Politik. Sie wissen, meine Freunde, daß ich damit nicht etwa das glanzvolle protokollarische Beiwerk meine, das solche Treffen umrankt, das mich aber nie sonderlich zu faszinieren vermochte. Doch mir war auch als Bundeskanzler immer bewußt geblieben, wie wenig selbstverständlich es war, daß sich die gesamte freie Welt und ein ansehnlicher Teil der Staaten Asiens, Lateinamerikas so nachdrücklich für die Interessen des geteilten Deutschlands einsetzte.

Der offizielle Besuch des schwedischen Ministerpräsidenten Tage Erlander vom 9. bis 10. März 1964, der Besuch des luxemburgischen Premiers Pierre Werner am 10. April 1964, der Staatsbesuch des niederländischen Ministerpräsident Victor Marijnen vom 30. September bis zum 2. Oktober 1964, der Staatsbesuch des jordanischen Königs Hussein vom 25. November bis 3. Dezember 1964, der Besuch des neugewählten britischen Premierministers Harold Wilson vom 7. bis 9. März 1965, der Staatsbesuch der britischen Königin ElisabethII. und des Herzogs von Edinburgh vom 18. bis 28. Mai 1965, der

Staatsbesuch des italienischen Staatspräsidenten Guiseppe Saragat vom 6. bis 10. Juli 1965, der Staatsbesuch des chilenischen Staatspräsidenten Eduardo Frei vom 19. bis 22. Juli 1965, der Staatsbesuch des marokkanischen Königs Hassan II. vom 29. November bis 3. Dezember 1965, der Besuch des rumänischen Außenhandelsministers Gheorge Cioara vom 17. bis 25. Mai 1966, der offizielle Besuch des italienischen Ministerpräsidenten Aldo Moro vom 27. bis 28. Juni 1966, der Staatsbesuch des tunesischen Ministerpräsidenten Habib Bourgiba vom 18. bis 23. Juli 1966 oder meine Besuche als Bundeskanzler in Großbritannien, Italien, beim Papst, in den Niederlanden, in Belgien, in Luxemburg, in Kanada, in Dänemark, in Norwegen, in Schweden widerlegen doch überzeugend die sorgsam aufgebaute SPD-Legende, erst die internationalen sozialistischen Querverbindungen hätten den Deutschen wieder Ansehen in der Welt verschafft.

Mein Verhältnis zu Amerika, die Tatsache, daß die wechselseitigen deutsch-französischen Besuche längst im besten Sinne des Wortes Routine geworden waren, den bedeutenden "good will", den Bundespräsident Heinrich Lübke - nach Ableistung seiner Schuldigkeit beim Zustandekommen der Großen Koalition von den Linken auf das übelste geschmäht - in aller Welt für Deutschland geschaffen hat, und wirklich nicht zuletzt das von Konrad Adenauer in seinen langen Kanzlerjahren zäh errungene außenpolitische Ansehen der Bundesrepublik Deutschland hatten doch Grundlagen gelegt, auf denen sich die SPD/FDP-Bundesregierungen leicht tummeln konnten.

Mit dankbarer Genugtuung erinnere ich den fruchtbaren Kontakt mit Wissenschaftlern, bildenden Künstlern, Musikern, Dichtern, Schriftstellern, Journalisten, Schauspielern oder Kabarettisten, denen ich als Bundeskanzler das Palais Schaumburg, aber noch lieber den ihnen meist sympathischeren Kanzlerbungalow geöffnet hatte. Die wirklich nicht im Rufe der CDU/CSU-Nähe stehende Münchner "Lach- und Schießgesellschaft"[65] beispielsweise besuchte mich und beide, Kanzler und Kabarettisten, lernten ein wenig voneinander. Ich habe es später immer sehr bedauert, daß dieses Ensemble von der Höhe seines pointiert-bissigen politischen Humors in die Tiefe einfältiger SPD-Agitation abgestürzt ist. So sehr ich die Verbindung, das Gespräch, den Gedankenaustausch mit den einfachen Menschen suchte und fand, so sehr brauchte ich den Umgang mit der geistigen Welt, die intellektuelle Anregung, die Möglichkeit, eigene Gedanken und Vorstellungen zur Diskussion zu stellen. Hätte ich ein schlechtes Gewissen und wäre es ein verbaler Ausrutscher gewesen, so könnte ich unerwähnt lassen, daß ich Günter Grass, Rolf Hochhuth und Genossen, wohlgemerkt nicht als Dichter, sondern ihrer unqualifizierten, von Sachkenntnis ungetrübten Angriffe auf die politische Situation in der Bundesrepublik Deutschland wegen, "Pinscher" genannt habe.[66] Pinscher sind Rattenfänger. Und als Rattenfänger werden seit der Sage von Hameln Menschen bezeichnet, die mit falschen Schalmeientönen Unschuldige ins Verderben zu locken suchen. Der Vorwurf der Geistfeindlichkeit, der daraufhin gegen mich erhoben wurde, hat mich wirklich nicht angefochten. Und als Günter Grass am Abend des 19. September 1965 nach der Wahlniederlage der SPD Einlaß ins Bundeskanzleramt begehrte, habe ich auch nicht gezögert, ihn hereinzubitten. Ich glaubte, er würde sich verhalten, wie ich mich in diesem Falle verhalten hätte, als guter Verlierer, der dem Sieger gegenübertreten will. Doch das war ein Irrtum. Der Schriftsteller kam, um mir vor den Fernsehkameras den unerhörten Vorwurf entgegenzuschleudern, ich, ausgerechnet ich hätte sein Haus anzünden lassen.[67] Damit hatte er aber so eindeutig überzogen, daß sein späteres Engagement für Brandt in weiten Kreisen der deutschen Öffentlichkeit unglaubwürdig wurde.

Es gab die "Brigade Erhard", ein nicht organisierter Zusammenschluß eminenter Wirtschaftsjournalisten, die schon meine Arbeit als Bundeswirtschaftsminister mit konstruktiver Kritik begleitet hatten, mit denen ich den Gedankenaustausch nie abreißen ließ und die mir auch während meiner Kanzlerzeit anregende und keineswegs immer bequeme Gesprächspartner blieben. Und mancher Außenstehende hätte sich gewundert, mit welcher unberblümten Direktheit beispielsweise auch in dem sogenannten "Beraterstab", den Karl Hohmann kühler "Sonderkreis" nannte, diskutiert wurde.

Die Zusammenarbeit mit diesen schöpferischen Menschen übte vermutlich auf mich auch deshalb einen besonderen Reiz aus, weil es selbstlose Partner waren, die keine Ämter anstrebten, die nicht in parteitaktischen Kategorien dachten, die zum Phänomen Macht ein ähnlich distanziertes Verhältnis hatten wie ich selbst. Doch, meine verehrten Freunde, keine erfolgreiche Politik, zumindest keine Politik, die nicht nur zum Karriere-Vehikel degradiert ist, kann ohne geistige Kraft betrieben werden. Und ich habe versucht, einen Beitrag zu leisten zur Überwindung der tiefen Kluft, die sich etwa seit der Jahrhundertwende in Deutschland zwischen Politik und Geist geöffnet hat. Und noch eins: Der Satz, der Geist stehe links, ist zu primitiv, um wahr zu sein. Was sich heute auf der Linken als Geist aufputzt, betreibt häufig nur Etikettenschwindel. Wenn aber mit links soziales Verantwortungsbewußtsein, Mitgefühl mit dem hilfsbedürftigen Nächsten gemeint ist, dann stimmt die Bezeichnung nicht mehr, weil dies alles in der Mitte sehr viel glaubwürdiger aufgehoben ist.

Aber, meine Freunde, zu dem Verhältnis Geist und Politik gehört auch eine Portion Toleranz. Und zwar auf beiden Seiten. Es wäre einfach falsch, zu glauben, daß die Politik eine ganz und gar geistlose oder geisttötende Angelegenheit sei. Denke ich an die kühle Brillanz von Gerhard Schröder oder an die wuchtige Bildung von Franz Josef Strauß, die mir beide die Kanzlerschaft nicht immer leicht gemacht haben, von denen mir aber jeder auf seine Art nahe stand, der Protestant Schröder dem Protestanten Erhard und der Bayer Strauß dem Bayern Erhard, so wäre es einfach unzulässiger Hochmut, der Politik den Geist abzusprechen. Ich nenne diese Beiden, um Ihnen auch meinen parteiinternen Standort etwas zu verdeutlich.Er lag ziemlich genau in der Mitte, außenpolitisch streckenweise näher bei Schröder, innen-, wirtschafts- und gesellschaftspolitisch näher bei Strauß. Doch klammern Sie sich in Ihren Urteilen nicht zu stark an diese politische Topographie. Denn es gab mehr Fragen, wo die Beiden, als Exponenten zweier starker Strömungen innerhalb der Union, miteinander übereinstimmten, als zuzugeben ihre damalige persönliche Konkurrenzsitutation zuließ. Ich nenne diese beiden Namen aber auch als pars pro toto. Mir ist in meinen Kanzlerjahren viel Geist, viel schöpferischer Intellekti in der Politik begegnet. In allen Parteien. Vor allem auch im öffentlichen Dienst, der die politischen Entscheidungen einerseits vorzubereiten und andererseits in die tägliche Praxis umzusetzen hatte.

Aus Erfahrungen soll man lernen. Kluge Menschen bedienen sich dabei auch der Erfahrungen anderer. Ich habe Ihnen, liebe Freunde, meine Erfahrungen aus dreijähriger Kanzlerzeit vorgetragen. Mir ist bewußt, daß dies nur ein fragmentarischer Bericht sein kann. Und es

Vieles, das in seiner höheren Wahrheit ausgedrückt zu werden, sich nur dem Dichter erschließt. Ich habe mich - dazu hätten mir auch die Voraussetzungen gefehlt - nicht an einem neuen Stück deutscher Prosa versucht. Ich wollte lediglich einen bescheidenen, mir aber notwendig erscheinenden Beitrag zur politischen Geschichtsschreibung leisten. Und das Motiv war, Ihnen, meine Freunde, Erfahrungen weiterzugeben.

Die wichtigste Erfahrung meines ganzen politischen Lebens ist, mit den Menschen im Einklang zu bleiben, für die man politisch handelt. Es gab Journalisten, die mein Verhältnis zum deutschen Volk eine "unio mystica"[68] genannt haben. Doch es war nichts Mystisches an diesem Gleichklang zwischen der überwiegenden Mehrheit der Bürger und mir. Ich habe lediglich dafür gesorgt, daß keine noch so kluge und in sich schlüssige Theorie den Empfindungen der Menschen zuwiderläuft. Aber ich habe dafür gesorgt, daß diese Empfindungen politische Wirklichkeit wurden im gesicherten Rahmen kluger und schlüssiger Theorien.

Richten Sie, meine Freunde, Ihre Arbeit niemals in erster Linie nach parteipolitischen Bedürfnissen aus. Stellen Sie sich stets zuerst die Frage, was nutzt dem Volks am besten. Dann werden Sie auch der Partei nutzen. Verwechseln Sie nie die Interessen der Funktionäre mit den Interessen der von ihnen vertretenen Menschen. Das gilt für Unternehmerverbände wie für Gewerkschaften und alle anderen Organisationen dieser Art. Seien Sie der Tatsache eingedenk, daß freies Unternehmertum nicht unbedingt von hochbezahlten Vorstandsmitgliedern repräsentiert wird. Vergessen Sie nie, daß der Mittelstand, setze er sich aus gehobenen Angestellten, Freiberuflern, selbständigen Gewerbetreibenden, Beamten, Bauern oder Facharbeitern zusammen, eines der stärksten geistigen Bollwerke gegen jegliche Form der Kollektivierung darstellt.

Und das Tor zu ersten Formen der Kollektivierung ist bereits erbrochen. Als Rammbock diente den Belagerern die Sprache. Sie haben beispielsweise versucht, die Öffentlichkeit daran zu gewöhnen, daß Soziale Marktwirtschaft Kapitalismus sei. Dies ist eine historische Lüge. Es wird an Ihnen liegen, meine Freunde, der Wahrheit wieder zum Sieg zu verhelfen.

Die Sozialisten innerhalb und außerhalb der SPD/FDP-Koalition haben tiefe Gräben in unserem Lande aufgerissen. Sie haben ganze Bevölkerungsschichten und ganze Berufsgruppen zum ideologischen Abschuß freigegeben. Sie haben alle Institutionen unseres gesellschaftlichen Lebens, von der Familie bis zur Kirche, in Zweifel gezogen. Glauben Sie mir, die Deutschen wollen nicht im Zwist leben. Geben Sie ihnen das Gefühl zurück, daß Sie ihre Zukunft im Ausgleich und in der Einigkeit liegt. Bitte, unterstellen Sie mir nicht, daß ich auf diesem Wege meinem Konzept von der "Formierten Gesellschaft" eine späte Renaissance bescheren möchte. Aber lassen Sie sich dadurch anregen. Verwerten Sie davon, was Sie für richtig halten. Es ist das Konzept, das den sozialistischen Versuchen, unser freiheitliches System zu sprengen, am sichersten zu widerstehen vermag.

Ich habe es in der Politik stets mit einer deutlichen Sprache gehalten. Ungenaue Umrisse, Anpassungsversuche an die Vorstellungen des politischen Gegners, sich vom Zeitgeist treiben lassen sind immer Zeichen der eigenen Schwäche. Sagen Sie den Menschen die Wahrheit, denn die Wahrheit steht auf der Seite des Rechts.

Aber geben Sie ihnen auch Hoffnung, strahlen Sie Optimismus aus, haben Sie Humor. Beziehen Sie einen klaren Standpunkt und vertreten Sie ihn. Lassen Sie sich weder verdrießen noch einschüchtern. Setzen Sie Ihre ganze Kraft für das Wohl der Allgemeinheit ein. Dann wird Ihnen von ihr neue Kraft zuströmen.

Und wenn Sie mir, meine Freunde, einen Wunsch erfüllen wollen, dann den: Loben Sie nicht meine Verdienste aus der Vergangenheit, sondern nutzen Sie meine Erfahrungen für die Zukunft.

Ulrich Schlie

»Wir haben unseren Blick vorwärts zu richten« – Ludwig Erhard und das Ende der Nachkriegszeit

Ludwig Erhards Bild in der Geschichte ist nah und fern zugleich: nah, weil es mit den Jahrzehnten nahezu unverändert in seinen rundlichen Konturen als Vater des Wirtschaftswunders so präsent ist wie ehedem, und fern, weil es jenseits des Bilds vom leutseligen Franken mit der nie verglimmenden Zigarre eher einem Mythos als einer realen Figur der Zeitgeschichte gleicht. Das Bild wird zudem in der jeweiligen Gegenwart dazu genutzt, um die Anforderungen an gestaltende Soziale Marktwirtschaft für die gerade in politischer Verantwortung Stehenden tagesaktuell zu konturieren.

Ludwig Erhard zählt schon seit Langem untrennbar zum ikonischen Grundbestand der Bundesrepublik, so sehr, dass die Konturen der Person der Zeitgeschichte dahinter verschwimmen. Er war die Wahllokomotive der Union, die Adenauer und die CDU 1949 an die Macht brachte. Eine Zeit lang war der »Dicke«, wie er im Volksmund in Abgrenzung vom »Alten«, mit dem man das Adjektiv »hager« verband, apostrophiert wurde, populärer als der Gründungskanzler. Seine Stellung im Kabinett Adenauers war so herausgehoben, dass ihm dieser schließlich den von Erhard heiß begehrten Titel »Vizekanzler« gewähren musste. Zu einer Teilung der Macht indes war Adenauer nicht bereit. Erhards Vorstellung, er könne als Wirtschaftsminister die Wirtschaftspolitik der jungen Bundesrepublik in eigener Verantwortung bestimmen, erfüllte sich nicht. Konrad Adenauer legte die Richtlinien der Politik fest, ohne dass er sich je groß auf seine im Grundgesetz festgeschriebene Richtlinienkompetenz berufen musste. Fast zehn Jahre hatte Erhards »Kampf ums Kanzleramt«[1] gedauert. Adenauer hatte fast alles getan, zuletzt in einem klaren Votum vor der Unionsfraktion am 22. April 1963, um den ungeliebten, vor allem von ihm selbst für ungeeignet gehaltenen Aspiranten auf die Kanzlerschaft vom Einzug ins Palais Schaumburg abzuhalten. Am Ende hatte sich Erhard durchgesetzt.

Es war indes nicht nur Adenauer, sondern wohl auch die Mehrheit der Deutschen, die zwar einerseits Erhard als dessen natürlichen Nachfolger betrachteten, doch dabei ihre gehörigen Zweifel hegten, ob Erhard tatsächlich der richtige Mann fürs Kanzleramt sei. Erhard hat diese Zweifel nie zerstreuen können. Der weithin verbreitete Tenor lautete später, er sei ein ausgezeichneter Wirtschaftsminister, »aber nicht zum Kanzler geeignet« gewesen, »als Kanzler zu schwach und zu nachgiebig«, »ein zu guter Mensch, um sich als Politiker durchsetzen zu können«.[2] Ähnlich schon hatte sich der Journalist Johannes Gross im Herbst 1962 prognostisch geäußert, als er schrieb, dass es in Bonn keinen Politiker gäbe, »der glaubt, dass Ludwig Erhard einen Bundeskanzler abgäbe«.[3] Scharfsinnig sezierte der einflussreiche Publizist, der bald darauf zum engeren Beraterkreis des zweiten Kanzlers stoßen sollte, diejenigen Freunde Erhards, »die in erster Linie die Freunde von Franz Josef Strauß sind« und deshalb Freunde Erhards nur subsidiär und vorläufig seien, und diejenigen Freunde Erhards, »die es nur aus Abneigung gegen Adenauer sind; vor allem die FDP, bei der es nicht fantasielos ist anzunehmen, sie könne sich schon jetzt darauf vorbereiten, sich eines Tages mit Strauß zu arrangieren«.[4] Ludwig Erhard, dem Gross damit keine echten Freunde attestierte, bescheinigte er zugleich, dass ihm die Gegner abhandengekommen seien und »die breite und schier unerschütterliche Popularität« des Dicken unter einer fragilen Bedingung stünde: »der der fortgesetzten Normalität der westdeutschen Zustände«.[5]

In diesem scharfsichtigen Urteil ist bereits die Sichtweise Ludwig Erhards als Sehnsuchtsfigur der Nachkriegsdeutschen enthalten, die zu gleichen Teilen Dankbarkeit für den Mut und die Weitsicht der getroffenen wirtschaftspolitischen Entscheidungen und Projektionsfläche für das Ideal eines Lebens in Fülle fernab der politischen Fährnisse gewesen ist. Im Bild Erhards spiegelte sich auch das schwierige Verhältnis der Deutschen zur Macht, von der die Deutschen nach den Erfahrungen des Dritten Reichs gerne Abschied genommen hätten. Dies war ein zwar verständlicher, aber unerfüllbarer Wunsch, waren sie doch gerade wieder dabei, durch ihren wirtschaftlichen Aufstieg in neuer Gestalt als Exportweltmeister Macht anzusammeln. Auch dieses Paradoxon verkörperte Ludwig Erhard. Einerseits sagte man ihm nach, als Politiker kein Verhältnis zur Macht zu haben. Andererseits trug er durch seine Wirtschaftspolitik am meisten zum Machtgewinn der noch jungen Bundesrepublik bei.

Erhard ist zunächst und vor allem mit Konrad Adenauers Leistung verbunden, der am Boden liegenden Bundesrepublik in den ersten Nachkriegsjahren den Wiederaufstieg ermöglicht zu haben. Dies ist die tiefere Bedeutung der Erkenntnis, dass die Ära Adenauer auch eine Ära Erhard gewesen sei. Dabei gilt: Adenauer und Erhard wirkten durch ihre Gegensätze. Doch es greift zu kurz, wenn man die Rivalität der beiden großen Gestalter allein mit ihren Gegensätzen zu erklären oder gar dadurch das persönliche Verhältnis zu charakterisieren versuchte. Rainer Barzel, der als CDU/CSU-Fraktionsvorsitzender sowohl das Vertrauen des Altkanzlers Adenauer genoss als auch über lange Zeit eine enge Arbeitsbeziehung zum amtierenden Bundeskanzler Erhard unterhielt, vertrat die Auffassung, dass in Adenauer und Erhard zwei Welten aufeinandertrafen, die beide in Deutschland zu Hause waren. Beide Staatsmänner, so Barzel, passten »in keine Schablone, in kein korsetthaftes Muster«.[6] Barzel war der Auffassung, dass Erhard Adenauer in nichts nachgestanden habe. Das Geheimnis seines Erfolgs sei »die völlige Übereinstimmung zwischen dem Manne, seiner Idee, seiner Botschaft und seiner Wirklichkeit«[7] gewesen. Dabei waren es die Unterschiede, die beim direkten Vergleich zwischen Adenauer und Erhard ins Auge sprangen. »Mit fröhlichem Optimismus im Gesicht zog er einher; Korpulenz ließ ihn vertrauensvoll und gemütlich erscheinen; Stimme, Augen, Hände und Wortwahl erzeugten, wo Adenauer gotisch streng wirkte, den Eindruck des sinnenfrohen Barocks, verbargen Entschlossenheit und Durchhaltekraft wie Zielstrebigkeit. Vertrauen strahlte er aus, Zuversicht, Gewissheit, bevor man ihm noch zugehört hatte. Und wenn er dann sprach, ob im kleinen Kreis oder in der großen Versammlung – kämpferisch, ganz und gar unzimperlich, geradeheraus –, entstand Hoffnung.«[8]

Im Kontrast zu diesem Urteil des am politischen Geschehen mitbeteiligten Zeitgenossen stehen die zurückhaltenden Einschätzungen Erhards als Kanzler durch die Geschichtswissenschaft. Denn in der zeitgeschichtlichen Forschung ist das Urteil über Erhards Kanzlerschaft bis heute noch immer überwiegend kritisch, bisweilen sogar pejorativ. So bezeichnete Golo Mann Erhard im Kanzleramt in einem Interview Mitte der 1980er-Jahre schlichtweg als »Niete«.[9] Ähnlich kritisch fällt etwa das Resümee eines Literaturberichts des Zeithistorikers Udo Wengst aus dem Jahr 2010 aus.[10] Bestenfalls gilt Erhard als »Übergangskanzler in einer Übergangszeit«,[11] dessen Kanzlerschaft immerhin nicht zu dem von Adenauer prophezeiten Debakel geführt habe.[12] Wie aber passt diese zurückhaltende Beurteilung Erhards als Übergangskanzler mit seiner ikonischen Wahrnehmung als Zaubermann des Wirtschaftswunders zusammen?

Erhards Weg zur Macht ist steinig gewesen. Adenauer hatte Ludwig Erhard als seinen Nachfolger bis zuletzt zu verhindern versucht und dabei keine Herabwürdigung des Mannes gescheut, mit dem er als Bundeskanzler eng und vertrauensvoll vierzehn Jahre zusammengearbeitet hatte. Auf die fortgesetzten Attacken Adenauers hatte der Franke stoisch reagiert und dabei beharrlich an seinem Anspruch auf das Kanzleramt festgehalten. Es war in der Tat, wie Daniel Koerfer schrieb, ein »Kampf ums Kanzleramt«, der für ihn zum »Pyrrhussieg«[13] werden sollte. Der Übergang der Stafette von Adenauer zu Erhard ist dann allerdings doch, einem Schweizer Beobachter zufolge, »in Würde und gemäß den demokratischen Spielregeln« am 16. Oktober 1963 vollzogen worden.[14] Mit 279 Stimmen gegen 180 Stimmen bei 24 Enthaltungen wurde Ludwig Erhard zum zweiten deutschen Bundeskanzler gewählt. Da die Sozialdemokraten geschlossen gegen ihn und die Freien Demokraten für ihn gestimmt hatten, mussten die Enthaltungen aus seiner eigenen Unionsfraktion gekommen sein. Das Wissen, nicht alle Mitglieder seiner Fraktion hinter sich geschart zu haben, war eine Bürde, die von Anfang an auf seiner Kanzlerschaft lastete und die einen Vorgeschmack auf die Illoyalitäten bildete, die Ludwig Erhard am Ende als Kanzler zu Fall bringen sollten.

Am Mittag des 16. Oktober 1963 hatte Ludwig Erhard die Ernennungsurkunde von Bundespräsident Heinrich Lübke erhalten. Am Nachmittag des gleichen Tages war er von Bundestagspräsident Eugen Gerstenmaier vereidigt worden. An den Machtwechsel von einem Unionskanzler zum anderen waren vor allem Erwartungen an einen neuen Stil geknüpft gewesen. Diese Hoffnungen wurden mit der in den Medien und der politischen Öffentlichkeit weithin positiv aufgenommenen Regierungserklärung Erhards vom 18. Oktober 1963 nicht enttäuscht. »Meine Politik ist eine Politik der Mitte und der Verständigung. Unser Weg in die Zukunft wird uns weiter aufwärts führen, aber bleibt voller Gefahren. Bezeugen wir Mut, Gewissen und Solidarität«,[15] so hatte Ludwig Erhard den Stilwechsel selbst fanfarenhaft intoniert. Es war ein überwiegend positives Bild der neuen Lage des geteilten Landes, das Erhard in seiner ersten Regierungserklärung als Bundeskanzler zeichnete, und es sollte ermutigend tönen. Die materiellen Kriegsfolgen seien weitgehend überwunden, die demokratische Ordnung fest gefügt, und die Bundesrepublik habe im westlichen Bündnissystem Sicherheit gefunden. Die Amtsübernahme der neuen Bundesregierung falle in eine weltpolitische Phase, in der sich Veränderungen im West-Ost-Verhältnis abzeichneten. Die ungelöste deutsche Frage allerdings blieb als Stachel im Fleisch: »Das freie Berlin leidet weiter unter der unnatürlichen Abschnürung gegenüber dem anderen Teil der Stadt und deutschen Gebieten, die in einer langen Geschichte mit ihm auf das engste zusammengewachsen sind.«[16]

Im außenpolitischen Teil der Erklärung klangen neue Töne an. Dort findet sich etwa schon das Bekenntnis, dass Kontakte und Gespräche zwischen den Vereinigten Staaten und der Sowjetunion nützlich seien. Das Bekenntnis zur deutschen Einheit ist ebenso enthalten wie dasjenige zur Nordatlantikpakt-Organisation als dem Grundpfeiler der deutschen Politik. Und in der Frage der damals kontrovers diskutierten multilateralen nuklearen Streitmacht bekannte sich der frisch gekürte Kanzler zu der Ansicht, »dass eine solche vollintegrierte Streitmacht, über die keine einzelne Nation ein autonomes Verfügungsrecht besitzt, neue Wege der politischen und militärischen Zusammenarbeit im Rahmen der Nato weisen wird«.[17]

Regierungserklärungen zum Beginn einer Amtsperiode setzen den Ton für kommende Jahre. Sie sind auch ein erster Indikator dafür, wie Regierungen ihren Eintrag in das Geschichtsbuch sehen möchten. Ludwig Erhards Bekenntnis zur

Sicherung der inneren und äußeren Freiheit, zur Festigung des demokratischen Lebens und für das Wohlergehen des deutschen Volkes lagen ganz auf der Linie des von ihm verkörperten wirtschaftlichen Aufschwungs seit Begründung der Bundesrepublik. Marktwirtschaft und Demokratie setzten für Erhard den Rahmen eines modernen Staates. Er war mit seiner Auffassung, dass der Kern der gesellschaftlichen Ordnung in seiner Zeit nicht mehr der Staat, sondern die Industriegesellschaft sei, moderner als Adenauer und die damals führenden Köpfe der Union. Doch Erhards Anspruch ging weiter. Er wollte es nicht bei dieser Betrachtungsweise bewenden lassen. »Die schöpferischen Energien des deutschen Volkes sind nach dem Kriege in erster Linie dem wirtschaftlichen Aufbau zugutegekommen. Der wirtschaftliche Wettbewerb hat die Kräfte gewogen und gestärkt. So ist die Bundesrepublik heute zu einer der größten Wirtschaftsmächte der Welt geworden.«[18] Doch die Sicherung des Wohlstands, der Leistungswille dürfe nicht das letzte Ziel bleiben. Gewiss wollte Ludwig Erhard jene Leistungsbereitschaft auch für die Zukunft erhalten, sie noch weiter anspornen. Doch sein eigentliches Ziel – daran konnte für die Zuhörer im Plenarsaal und die über Funk und Fernsehen verbundenen Hörerinnen und Hörer draußen im Lande kein Zweifel bestehen – galt der staatlichen Gemeinschaft, die für ihn immer mehr war als die Addition seiner Staatsbürger und eine zielgerichtete Organisation zur Durchsetzung von deren Interessen. »Der Staat ist kein von der Gemeinschaft eines Volkes losgelöstes, abstraktes Gebilde«, lautete ein wiederkehrender Satz, der sich schon in der ersten Regierungserklärung findet.[19] Erhard wollte Regierung und Parlament gemahnen, über »Interessentenwünsche hinweg sich entschiedener den prinzipiellen Fragen der Politik zuzuwenden«, und er sah die Gefahr, »dass der produktive Elan unserer Gesellschaft zunehmend dem Genuss des Erreichten weichen will«.[20]

Auch wenn der Begriff der »Formierten Gesellschaft«, der sich dann bereits in der Regierungserklärung zwei Jahre später nach den gewonnenen Wahlen 1965 finden sollte und für den der Kanzler in der zeitgenössischen Publizistik und der politischen Auseinandersetzung gleichermaßen vielfach gescholten wurde, noch nicht in der ersten Regierungserklärung enthalten ist, lassen sich schon aus dieser programmatischen Erklärung die Konturen von Erhards Staatsverständnis und Gesellschaftsbild ablesen, die bereits für den Wirtschaftsminister bestimmend gewesen waren. Sätze wie »Wir haben die Pflicht, in Generationen zu denken«,[21] »vor allem junge Menschen wollen nach übergeordneten Werten und Maßstäben handeln. Sie erwarten, dass sich auch der Staat an diese Maxime hält. Unsere Jugend will vor Aufgaben gestellt werden«[22] verraten einen Gestaltungsanspruch, der auf mehr zielte als nur einen Stilwechsel. In der ihm eigenen Neigung zu wohlklingenden, altfränkischen Formulierungen hatte Erhard den Anspruch verpackt, seine Kanzlerschaft nicht nur in das Kontinuum zu Westbindung und Wiederbewaffnung und der damit verbundenen Rückkehr in die Staatengemeinschaft zu stellen, wie es sein legendärer Vorgänger, der »Staatsmann der Sorge« (Golo Mann) Konrad Adenauer, so virtuos in den ersten 14 Jahren umzusetzen verstanden hatte, sondern auch einen eigenen staatspolitischen und gesamtgesellschaftlichen Gestaltungsanspruch zu vertreten.

Dieser Gestaltungsanspruch war zunächst innenpolitischer Natur. In entwaffnender Offenheit hatte Ludwig Erhard in einem *Spiegel*-Gespräch 1965 nach dem beeindruckenden Wahlsieg, der ihm beinahe die absolute Mehrheit beschert hätte, zugegeben, dass er den außenpolitischen Teil seiner Anforderungen unterschätzt habe.[23] Dies bezog sich vor allem auf die weltpolitischen Turbulenzen im Beziehungsgeflecht Deutschlands in den 1960er-Jahren, die mit den Stichworten Lastenteilung in der Nordatlantischen Allianz, Aufbau einer atomaren Überwasserflotte und Ausgestaltung des deutsch-französischen Verhältnisses stichwortartig umrissen sind. Doch der Grundtenor der 1960er-Jahre und die damit verbundene politische Agenda sind bereits in der ersten Regierungserklärung ausformuliert: »Wir haben unseren Blick vorwärts zu richten. Nicht nur die Bundesrepublik, sondern die ganze Welt ist im Begriff, aus der Nachkriegszeit herauszutreten.«[24]

Es ging damals beim Wechsel von Adenauer zu Erhard ein Aufatmen durch die Reihen des politischen Establishments, und vielfach wurde bei der Gelegenheit des Amtsantritts an den schon damals weithin bekannten Lebenslauf des am 4. Februar 1897 in Fürth in »kleinen Verhältnissen« geborenen zweiten Bundeskanzlers erinnert. Denn Ludwig Erhards Lebenslauf passte als Erfolgsgeschichte zum Aufbruch der damals noch jungen Bundesrepublik. Sein Weg in die Politik hatte ihn durch persönliche Härten, Kriegsversehrungen und von den Zeitläufen auferlegte Umorientierungen geführt. Er war durch das Dritte Reich gekommen, ohne sich persönlich kompromittieren zu müssen, und er hatte dafür manche Entbehrung und berufliche Zurücksetzung auf sich genommen.[25]

Ludwig Erhard war das jüngste von fünf Kindern eines Weißwarenhändlers, der von einem Bauernhof in der Rhön und dessen Frau aus einer Seilerfamilie aus Fürth stammte. Er hatte nach der Obersekunda die Oberrealschule verlassen, eine kaufmännische Lehre aufgenommen und sich auf die Übernahme des väterlichen Geschäfts vorbereitet. 1916 rückte er als Richtkanonier in den Ersten Weltkrieg ein. Ende September 1918 wurde er in den Kämpfen bei Ypern in Flandern durch Granatenbeschuss linksseitig an Arm, Schulter, Seite und Bein so schwer verwundet, dass eine Rückkehr in den erlernten Beruf nicht mehr infrage kam. 1929 wurde ihm vom Versorgungsamt Nürnberg eine 30-prozentige Erwerbsunfähigkeit attestiert. An der gerade eröffneten Handelshochschule in

Nürnberg, an der man sich auch ohne Abitur einschreiben konnte, nahm Erhard Ende 1919 das Studium der Wirtschaftswissenschaften mit dem Ziel Diplom-Kaufmann auf. Der Gründungsrektor Wilhelm Rieger wurde als akademischer Lehrer sein erster wissenschaftlicher Förderer. Nach dem Examen 1922 immatrikulierte er sich an der Universität Frankfurt a. M. Mit dem Wirtschaftsprofessor, Arzt und Soziologen Franz Oppenheimer fand Erhard seinen eigentlichen akademischen Mentor. Bei ihm legte er 1925 das Rigorosum während einer gemeinsamen Wanderung durchs Engadin ab. Zeitlebens blieb er dem später von den Nationalsozialisten zur Emigration gezwungenen Oppenheimer in großer Verehrung verbunden.

Treue, Anhänglichkeit und Prinzipienfestigkeit, dies waren Eigenschaften, die zum Wesenskern Ludwig Erhards gehörten und ihn auszeichneten. Nach dem Zusammenbruch des elterlichen Geschäfts hatte er auf Vermittlung Riegers 1928 eine Halbtagsstelle als Forschungsassistent am Institut für Wirtschaftsbeobachtung der deutschen Fertigwaren in Nürnberg bei dem 1919 als Abgeordneter der DDP in die Weimarer Nationalversammlung entsandten Wilhelm Vershofen angetreten. Diese Aufgabe half ihm, durch die Zeit des Dritten Reichs halbwegs wirtschaftlich abgesichert und ohne sich exponieren zu müssen, durchzukommen. Den neuen Machthabern stand er innerlich fern, eine Mitgliedschaft in der NSDAP hatte er stets abgelehnt. Vor allem hielt er sich politisch bedeckt und beschränkte sich auf die notwendigsten Kontakte. Seine Marktanalysen brachten ihn dann in Verbindung sowohl mit der Reichsgruppe Industrie und dem Reichswirtschaftsministerium als auch mit dem ehemaligen Leipziger Oberbürgermeister und Reichskommissar für die Preisbildung, Carl Goerdeler. Dieser hatte noch Anfang August 1944 eine Erhard'sche Denkschrift als eine sehr gute Arbeit beschrieben, der er, der wenig später von den Nationalsozialisten wegen seiner Beteiligung am Staatsstreichversuch vom 20. Juli 1944 hingerichtet wurde, im Wesentlichen beistimme.

Erhards eigentliche Zeit kam nach der bedingungslosen Kapitulation schon sehr rasch. Er hatte sich dabei geschickt als Wirtschaftsfachmann in Stellung gebracht. Auf Entscheidung der amerikanischen Militärregierung hin wurde er im Oktober 1945 als Staatsminister für Wirtschaft in das Kabinett des ersten bayerischen Ministerpräsidenten nach dem Krieg, des Sozialdemokraten Wilhelm Hoegner, berufen. Nach Querelen und Intrigen allerdings musste er sich schon bald wieder von dieser Aufgabe zurückziehen. Erhard konnte für sich den zweifelhaften Ruhm beanspruchen, Gegenstand des ersten Untersuchungsausschusses in der Geschichte eines deutschen Nachkriegsparlaments geworden zu sein. Seinem nunmehr schier unaufhaltsam erscheinenden Aufstieg tat dies keinen Abbruch. Im Sommer 1947 wurde er vom Wirtschaftsrat in Frankfurt a. M. zum Leiter der Sonderstelle Geld und Kredit ernannt. Als Direktor der Frankfurter Wirtschaftsverwaltung wurde er nach der Währungsreform vom 20. Juni 1948 zum Vater des von Alfred Müller-Armack geprägten Begriffs der »Sozialen Marktwirtschaft«. Erhard war schon in »Trizonesien«, also noch vor Begründung der Bundesrepublik, eine so bekannte Figur, dass Adenauer den damals noch parteilosen Professor am 21. Februar 1949 zur Konferenz der führenden CDU-Politiker nach Königswinter einlud.

Erhard war von da an Adenauers Mann. Bei den Wahlen zum ersten Deutschen Bundestag trat Ludwig Erhard bereits im Stimmkreis Ulm für die CDU an – eine formale Parteimitgliedschaft hat er nie besessen.[26] Auf wen Adenauers Wahl bei der Suche nach dem geeigneten Wirtschaftsminister für sein erstes Kabinett fallen würde, stand da schon außer Frage. Das bei der Übernahme des Amts des Bundeskanzlers in der *Frankfurter Allgemeinen Zeitung* am 16. Oktober 1963 verfasste Porträt »Ludwig Erhard: Leben und Laufbahn« enthielt in der

Charakterisierung als bisweilen scheuer, »vollständig in sich gekehrt[er] [...] Einzelgänger [...] Erhard« bereits die Schilderung jener Wesenszüge, die sich für sein Scheitern als Bundeskanzler später als bestimmend erweisen sollten: »Teamarbeit war niemals seine Stärke. Groß war Erhard immer dann, wenn er allein handeln konnte.«[27]

Ludwig Erhards Start im Kanzleramt war dagegen holprig. In der politischen Praxis hatte er von Anfang an mit den Problemen einer Mehrparteienregierung zu kämpfen. Noch in der Regierungserklärung vom 18. Oktober 1963 war es verheißungsvoll formuliert worden, dass diese Regierung eine Koalitionsregierung sei und vertrauensvoll zusammenarbeite. Im Tagesgeschäft sah es jedoch von Anfang an anders aus. Zwar hatte er die meisten der Ressortminister aus dem letzten Kabinett Adenauers übernommen, auch blieb der Koalitionsvertrag aus dem Jahr 1961 weiter in Kraft. Dies änderte jedoch nichts daran, dass vor allem bei den personellen Besetzungsfragen – ein durchgängiges Charakteristikum der Erhard-Zeit – Meinungsverschiedenheiten auftraten. Es zeigte sich gleich zu Beginn, dass es dem neuen Bundeskanzler an Entschlusskraft fehlte, die von ihm angestrebten Personalzuständigkeiten umzusetzen. Der Versuch etwa, seinen langjährigen Vertrauten und Staatssekretär im Wirtschaftsministerium, Ludger Westrick, zu seinem Nachfolger als Bundeswirtschaftsminister zu berufen, scheiterte ebenso wie der infolge des damit verbundenen, nicht vollzogenen Revirements nicht realisierte Plan, seinen Büroleiter Karl Hohmann zum Chef des Bundeskanzleramts zu befördern. Auch den weit gediehenen Plan, Staatssekretär Westrick als Chef des Bundeskanzleramts durch gesetzliche Regelung zum Staatsminister zu erheben, musste Bundeskanzler Ludwig Erhard wegen des Einspruchs der FDP-Fraktion vorerst aufgeben. Der stellvertretende FDP-Fraktionsvorsitzende Knut von Kühlmann-Stumm bat mit Schreiben vom 25. Oktober 1963 den amtierenden Bundeskanzler, »diese Frage erst dann auf die Tagesordnung der Kabinettssitzung zu setzen, wenn vorher eine Besprechung, wie sie heute vorgesehen war, erfolgt ist«, und er regte an, dass der Bundeskanzler diesen Fragenkomplex einmal mit Herrn Minister Dr. Mende behandeln möge.[28] Der Ton der Zusammenarbeit in der Koalition war gesetzt, und er war nicht freundlich.

Die CDU/CSU-Fraktion des Deutschen Bundestags hatte dem neuen Bundeskanzler schon zu Beginn die Grenzen seiner Macht und ihr Selbstverständnis als Machtzentrum aufgezeigt. Auch die von Erhard geplante Ersetzung Theodor Blanks durch den dann zum Wohnungsbauminister ernannten Paul Lücke im Arbeitsministerium konnte er aufgrund von Widerständen in den eigenen Reihen nicht realisieren. Rainer Barzel, der noch 1962 als Minister für gesamtdeutsche Fragen in die letzte Regierung Adenauer berufen worden war, musste nun seinen Platz am Kabinettstisch wieder räumen. Heinrich Krone, der Gefolgsmann Adenauers, der vor allem einst als Fraktionsvorsitzender die Strippen gezogen hatte, hatte zwar als Minister für Sonderaufgaben im ersten Kabinett Erhards Platz gefunden, war jedoch in seinem Wirkungskreis aufgrund der eifersüchtig über ihre Ressortkompetenz wachenden Bundesminister Gerhard Schröder (Auswärtiges Amt) und Kai-Uwe von Hassel (Verteidigung) begrenzt. Mit Gerhard Schröder hatte Ludwig Erhard nicht nur einen Rivalen mit brennendem Ehrgeiz und übersteigertem Selbstbewusstsein in seine Regierung aufgenommen, es waren mit dem im letzten Kabinett Adenauers am meisten profilierten Minister zugleich eine Reihe von sachlichen Kontroversen vorgezeichnet. Die *Frankfurter Allgemeine Zeitung* hatte in ihrem am Tag der Regierungserklärung erschienenen Leitartikel bereits zutreffend analysiert, dass die Außenpolitik für Bonn bereits komplizierter und vielschichtiger geworden und der Spielraum gewachsen sei. Die große Aufgabe der deutschen Politik sei es,

»zu vereinen, was nicht nur im deutschen, sondern auch im französischen und amerikanischen Interesse vereint werden, nein glücklicherweise vereint bleiben muss«,[29] um vor diesem Hintergrund zu prognostizieren, dass noch mehr als im letzten Abschnitt der Ära Adenauer das Auswärtige Amt eigenes Profil gewinnen werde. Johannes Gross war kurz zuvor, August 1963, schon mit Schröders Strategie und Taktik scharf ins Gericht gegangen, als er die Frage, was Gerhard Schröders Politik sei, mit dem doppelsinnigen Satz beantwortete: »Niemand weiß es, und niemand kann es wissen.«[30] Schröders Reden würden sich als eigentümlich leer erweisen, »sobald sie auf ihren politischen Kern geprüft werden, und diejenigen, die seine Außenpolitik priesen, täten dies nur, weil sich der Minister so elegant und englisch gibt«.

Als ein noch größeres Problem als der Dünkel und die Ambitionen seines Außenministers sollten sich für Erhard die internen Probleme seines Koalitionspartners FDP erweisen. Dabei hatte die FDP zunächst den Kanzlerwechsel begrüßt. Die Forderung nach dem Abgang Adenauers war bereits 1961 im Wahlkampf das Hauptanliegen der Liberalen gewesen und hatte dem Parteivorsitzenden Erich Mende, als es dann doch zu einer Fortsetzung der Kanzlerschaft Adenauers kam, den zweifelhaften Ruf des Umfallers eingetragen, ein Ruf, der an Mende haftete und ihn nachhaltig politisch beschädigen sollte. Erhards Verhältnis zur FDP hingegen war gut. Er hatte zunächst sogar mit einem Eintritt in diese Partei nach dem Zweiten Weltkrieg geliebäugelt, und 1948 war die Ernennung Erhards zum Direktor für Wirtschaft der Bizone auf die maßgebliche Einflussnahme der FDP zurückzuführen gewesen. Als belastend erwies sich, dass Mende, der den Antritt Erhards für eine Rückkehr an den Kabinettstisch – er war folgerichtig 1961 ausgeschieden – nutzen konnte, in seinem innerparteilichen Führungsanspruch immer umstritten blieb. Letztlich fehlte es Mende, der unter seinem negativen öffentlichen Bild litt und darum wusste, nicht die ganze FDP-Führungsmannschaft hinter sich zu haben, auch an Souveränität. Dies mag seine bisweilen durchbrechende Neigung zu überzogenen politischen Forderungen erklären. Da die anderen FDP-Minister des letzten Kabinetts Adenauer, Rolf Dahlgrün (Finanzen), Ewald Bucher (Justiz), Franz Lenz (Wissenschaft) und Walter Scheel (Wirtschaftliche Zusammenarbeit) im Amt bleiben wollten und nur Vertriebenenminister Wolfgang Mischnick durch die Übernahme der Fraktionsführung den Platz am Kabinettstisch zu räumen bereit war, kam für Mende lediglich das durch Rainer Barzels Abgang frei gewordene Bundesministerium für gesamtdeutsche Fragen (das Vertriebenenministerium ging an den CDU-Vertriebenenfunktionär Jäger) in Betracht. Mende versuchte, dieses Portfolio konsequent zur politischen Profilierung zu nutzen, wurde in der Deutschlandpolitik zum Fürsprecher der Politik der kleinen Schritte und geriet dadurch zwangsläufig sachlich über Kreuz mit den Verfechtern einer harten Linie, wie sie noch immer von den Anhängern der reinen Lehre der Hallstein-Doktrin vertreten wurde. Die FDP der frühen 1960er-Jahre war noch immer aufgrund von parteiinternen Richtungskämpfen gespalten zwischen einem starken nationalliberalen Flügel, darunter auch nicht wenige ehemalige Nationalsozialisten, und einer auf politische Reformen drängenden Gruppe, den Düsseldorfer Jungtürken, deren größtes Talent, Wolfgang Döring, durch seinen frühen Unfalltod im Januar 1963 jäh aus dem Leben gerissen worden war.

Doch nicht nur die Freien Demokraten, auch die Union war in der Erhard-Zeit von inneren Grabenkämpfen, von öffentlich ausgetragenen Richtungsfragen und von Profilierungsneurosen Einzelner heimgesucht, die sich auch dadurch erklären lassen, dass vieles, was nun so offen ausbrach, in der Adenauer-Zeit mit eiserner Disziplin unterdrückt worden war. Er war für Ludwig Erhard eine immense Belastung, dass gerade in seiner eigenen Partei viele die Kanzlerschaft des Franken von Anfang an als eine Übergangsperiode betrachteten. Die vielfältigen politischen Ambitionen der maßgeblich in das Regierungshandeln einbezogenen Protagonisten – allen voran Außenminister Gerhard Schröder, Fraktionsvorsitzender Rainer Barzel und der aus der geografischen Distanz sein politisches Comeback auf Bundesebene vorbereitende CSU-Chef Franz Josef Strauß – mussten von Anfang an als eine schwer auf Erhards Kanzlerschaft lastende Hypothek angesehen werden.

In der Literatur ist die Regierungszeit Ludwig Erhards zutreffend als »eine permanente Folge von Koalitionskrisen« dargestellt worden,[31] die vor allem auf dem Gebiet der Außen- und Deutschlandpolitik, aber auch auf die fortgesetzten Querschüsse aus dem Bundespräsidialamt zurückzuführen sind. Die tieferen Gründe dafür, dass die von Ludwig Erhard geführte Koalition von Anfang an unter innerer Zerrissenheit litt, sind zum einen der vielfach beklagten Führungsschwäche des Bundeskanzlers geschuldet, der weder zu regelmäßigem Aktenstudium noch zu einer strategischen Nutzung von personalpolitischen Entscheidungen fähig war. Zum anderen hat Ludwig Erhard die ihm im Grundgesetz gegebenen Möglichkeiten – insbesondere die Richtlinienkompetenz nach Artikel 64 Grundgesetz – nicht genutzt. Heinrich Krone, der langjährige Fraktionsvorsitzende und politische Strippenzieher Adenauers, als Minister für die Angelegenheiten des Bundesverteidigungsrats Teil von Erhards Mannschaft, brachte dies schon unmittelbar vor dem Regierungsantritt in der Formulierung »Erhard ist ein politischer Bekenner, ein Politiker ist er nicht« zum Ausdruck.[32]

Anfang der 1960er-Jahre zeichneten sich Veränderungen im Erscheinungsbild der politischen Parteien ab, die durch einen Modernisierungsschub und gesellschaftlichen Umbruch mit veranlasst waren und auf einen grundlegenden Wandel der politischen Kultur und auf eine Professionalisierung der Parteiendemokratie hindeuteten. Die Wähler forderten nunmehr ein deutlich sichtbareres politisches Profil und verlangten zudem regelmäßige Rechenschaft ihrer Parteiführungen. Zu den Veränderungen im politischen System gehörte auch die CDU/CSU-Bundestagsfraktion. Dies war vor allem dem energischen Zugriff und dem politischen Geschick Rainer Barzels, des vom Beginn der Ära Erhard bis zum Tod Heinrich von Brentanos im November 1964 während dessen schwerer Erkrankung zunächst kommissarisch amtierenden und sodann zum ersten Vorsitzenden der CDU/CSU-Bundestagsfraktion gewählten Hoffnungsträgers der Union, zu verdanken. Er verstand es, Zug um Zug die Fraktion im magischen Dreieck von Kanzleramt, Parteivorsitz und Fraktionsvorsitz aufzuwerten. Der Strukturwandel der Öffentlichkeit wurde vor allem bei den Wahlkämpfen immer deutlicher sichtbar. Wahlmanager versuchten mit akribischer Vorbereitung und bei Heranziehung demoskopischer und soziologischer Ergebnisse, die politische Auseinandersetzung in ein ziseliertes Regelwerk zu fassen. Aufs Genaueste wurden amerikanische Präsidentschaftskampagnen studiert. Der Anspruch an deutsche Wahlkämpfe war es vor allem, modern zu sein. Mit einem ausgeklügelten Personenkult hatte Ludwig Erhard sein Image als Volkskanzler aufzubauen versucht. Erhards Ansehen war vor allem »auf das Gefühl direkter Zusammengehörigkeit, das er unter seinen Wählern schafft«, gestützt, schrieb damals einer seiner kritischen journalistischen Beobachter.[33]

Erhards Popularität war fraglos sein größtes Kapital. Immer wieder hatte er seine Geringschätzung der Parteienwirtschaft und des damit verbundenen Klüngels zum Ausdruck gebracht. Er wollte viel lieber als Volkskanzler in den direkten Austausch mit den Menschen treten. Karl-Hermann Flach hat in einer klugen Analyse 1963, zu Beginn von Erhards Kanzlerschaft, bereits das Dilemma formuliert, dass Erhards Aufgabe, »die

Kräfte des geistigen Deutschland wieder für die Politik zu mobilisieren und der Regierungsführung nutzbar zu machen«, davon abhängig sei, dass es ihm gelänge, einen Stab hervorragender Ratgeber um sich zu scharen, und dass damit zu rechnen sei, dass »ihm so mancher Knüppel aus den eigenen Reihen zwischen die Beine geworfen werde«.[34] Flach erkannte zutreffend, dass Erhards Partei, die CDU, auf ihn angewiesen sei, weil sie 1965 mit seinen Erfolgen oder Misserfolgen stehe oder falle. Es erwies sich jedoch als ein schwerer Fehler, dass Erhard mit der Kanzlerschaft nicht zugleich nach dem Parteivorsitz gegriffen und sich auf eine Kohabitation mit dem ihn kritisch beäugenden Altkanzler Konrad Adenauer eingelassen hatte. Erst 1966, als bereits die Felle seiner Kanzlerschaft davonzuschwimmen drohten, sollte Erhard, und dies auch nur auf Drängen seiner engsten Umgebung, nach dem CDU-Vorsitz greifen.

Erhard war ein Einzelgänger. Dabei hat er diese Neigung, sich in seine eigenen Gedanken zu versenken, durchaus selbstkritisch gesehen, wenn er etwa bei den Feierlichkeiten in seinem Ministerium aus Anlass seines 60. Geburtstags am 4. Februar 1957 vor den versammelten Mitgliedern ausführte: »Es kann nicht sein, dass ich jeden von Ihnen persönlich kenne, oder dass ich jeden von Ihnen persönlich anspreche, auch nicht, dass ich mit jedem von Ihnen dienstlich in unmittelbare Verbindung gelange, und wenn ich hier durch das Gelände gehe oder auch durch die Korridore, dann bin ich oft so eingesponnen in meine Gedanken, so monomanisch abgeschlossen, möchte ich wohl sagen, dass ich mir selbst gut vorstellen kann, sogar einen Gruß zu übersehen, zum Mindesten aber nicht die Formen der Höflichkeit in allen Teilen zu wahren. Seien Sie überzeugt, dass es geschieht nicht mit Willen, am wenigsten mit bösem Willen, sondern es ist meine Art; ich bin so, dass ich manchmal nicht sehe und manchmal auch nichts höre.«[35]

Die gravierendsten Probleme stellten sich für Ludwig Erhard als Bundeskanzler zunächst auf dem Gebiet, dem er in seiner Regierungserklärung nicht den größten Part eingeräumt hatte: der Außenpolitik. Deutschlands strategische Lage war Konsequenz der totalen Niederlage von 1945 und Ergebnis der Teilung der Welt entlang der Demarkationslinie des Eisernen Vorhangs. In den ersten zehn Jahren seines Bestehens war unter den bescheidenen und sehr beschränkt-souveränen Bedingungen der staatlichen Existenz im freien Teil des Landes ein vollständiger Neuanfang deutscher Politik vollzogen worden. Dies bedeutete insbesondere einen umfassenden Bruch mit der pervertierten Moral, dem Rassenwahn und dem Vernichtungswillen, wie er sich in der Politik des Nationalsozialismus und mit der Hybris eines imperialen Programms manifestiert hatte. Kernstück der Politik Adenauers nach 1945 war eine Wiederannäherung der 1949 entstandenen Bundesrepublik an die Staatengemeinschaft des Westens. Berechenbarkeit, Stetigkeit, Westorientierung und ein konsequent antikommunistischer Kurs standen für diese Politik. Maßgeblich für das außen- und sicherheitspolitische Handeln blieb das in der Präambel des Grundgesetzes formulierte Ziel, die Teilung Deutschlands zu überwinden. Dieses politische Ziel bestimmte die Haltung der Bundesrepublik zu den westlichen Verbündeten maßgeblich. Deutschland war Frontgebiet des Kalten Krieges. Die Hauptsiegermächte des Zweiten Weltkriegs, die Vereinigten Staaten und die Sowjetunion, verfolgten deshalb jede Wendung der deutschen Politik mit allergrößter Aufmerksamkeit. Umgekehrt galt für die Bestimmung der deutschen Außen- und Sicherheitspolitik, dass jeder Kurswechsel im Verhältnis der beiden maßgeblichen Supermächte zueinander und die damit verbundenen Veränderungen des internationalen Systems unmittelbare Auswirkungen auf die geteilte Nation hatten. Diese prekäre Lage hatte sich seit 1958 in den Krisen um Berlin sehr deutlich gezeigt. Als Adenauer beim Mauerbau im August

1961 für einen Moment in seiner Reaktion zu lange zögerte, unmittelbar nach Berlin zu reisen, sich vielmehr aus Sorge um eine weitere Eskalation dagegen entschieden hatte, sich an den Ort des Geschehens in die geteilte Stadt zu begeben, brachte dies der CDU bei den Bundestagswahlen im Herbst 1961 deutliche Stimmeinbußen.

Die zweite Kuba-Krise im Jahr 1962 markierte dann einen Wendepunkt in den Ost-West-Beziehungen. Nunmehr zeigten sich die Konsequenzen des nuklearen Patts der Supermächte. Es begann eine Phase der Verständigung der Großmächte, die von Präsident John F. Kennedy bewusst eingeleitet worden war. Die Zeichen der Zeit standen auf Entspannung. Die Abhängigkeit der Deutschlandpolitik von der Weltpolitik wurde nun einmal mehr sichtbar. Dies erforderte von der Bundesregierung eine hohe Flexibilität und die Bereitschaft zu einer grundsätzlichen Überprüfung und Anpassung ihrer Maximen an die sich verändernde Weltlage. Damit war insbesondere verbunden, in der Ostpolitik von einem strikt antisowjetischen Kurs Abschied zu nehmen. Schon in den letzten beiden Regierungsjahren Konrad Adenauers waren Anzeichen einer vorsichtigen Neuorientierung erkennbar. Außenminister Heinrich von Brentano, der als antisowjetischer Hardliner galt, wurde auch deshalb durch den als flexibler eingeschätzten Innenminister Gerhard Schröder ersetzt und musste auf die Position des Vorsitzenden seiner Fraktion im Deutschen Bundestag wechseln.

Ludwig Erhard hat all diese Umbrüche aus nächster Nähe verfolgt. Doch er hat nie eine ausgeprägte Neigung verspürt, sich jenseits seines Fachgebiets, der Wirtschaftspolitik, zu Fragen der internationalen Politik zu äußern. Es ist bezeichnend, dass er bei seinem Amtsantritt bei der Vorbereitung seiner Regierungserklärung auf die noch von seinem Berater Rüdiger Altmann vorgeschlagene Idee verfiel, er könne seine Kanzlerschaft unter einen Primat der Innenpolitik stellen.[36] Schnell allerdings zeigte sich, dass die in Bewegung geratene Weltpolitik von einem deutschen Regierungschef ihren Tribut forderte und ein »Primat der Innenpolitik« mit den politischen Realitäten nicht zu vereinbaren war.

Die drängendsten außenpolitischen Fragen betrafen zunächst die Lastenteilung zwischen Europäern und Amerikanern innerhalb der Nordatlantischen Allianz. Sie berührte das Verhältnis zu den Vereinigten Staaten, insbesondere die Kosten für die amerikanische Truppenstationierung auf deutschem Boden. Die Nordatlantische Allianz war für die Bundesrepublik seit ihrem Beitritt im Mai 1955 der Garant der Sicherheit Deutschlands. Die Präsenz der rund dreihunderttausend amerikanischen Soldaten in Westdeutschland war der einzig wirksame Schutz gegen die Bedrohung aus dem Osten. Auch eine europäische Verteidigungsorganisation unter französischer Führung hätte dafür keinen Ersatz bieten können, weil sie auch politisch zu schwach gewesen wäre, die sich aus der deutschen Frage ergebenden politischen Anliegen auf eine wirksame Weise umzusetzen.

Gleichwohl war die Ausgestaltung der sicherheitspolitischen Partnerschaft mit Frankreich eine Schlüsselfrage für die Gewährleistung der Interessen der Bundesrepublik in einem sich verändernden strategischen Umfeld. Noch am 22. Januar 1963 hatten Adenauer und de Gaulle mit Pomp und Pathos die Unterzeichnung des Vertrags über die deutsch-französische Freundschaft begangen. Der Élysée-Vertrag war ein Vertrag gegen die Geschichte, und er hat die Aussöhnung zwischen den einstigen Kriegsgegnern auf eine dauerhafte Grundlage stellen können. Im Mai 1963 allerdings konnte Adenauer dann schon nicht mehr verhindern, dass seine parteiinternen Kritiker, allen voran sein Außenminister Gerhard Schröder, den Élysée-Vertrag durch eine vom Deutschen Bundestag beschlossene Präambel entwerteten, die ausdrücklich die atlantische Verankerung der Bundesrepublik bekräftigte und in Paris als brüskierende Enttäuschung wahrgenommen wurde.

Die weitreichendsten Konsequenzen aus der sich verändernden Lage und der sich nunmehr abzeichnenden Entspannungspolitik betrafen insbesondere den Dialog der Bundesrepublik mit den Staaten des Warschauer Pakts. In all diesen Fragen waren klare Positionierungen gefordert, ein einfaches »Weiter-so-wie-bisher« war nicht ausreichend. Dies wurde Ludwig Erhard bei seinen Antrittsbesuchen in Paris und Washington deutlich, die auf ausdrücklichen Wunsch des Bundeskanzlers ursprünglich unmittelbar hintereinander erfolgen sollten. Erhard wollte damit das eigene Gewicht des jeweiligen Reiseteils deutlich machen, um nicht in die Falle der Diskussion um eine Abstufung zwischen Paris und Washington zu geraten. Das erste Zusammentreffen mit General de Gaulle als Kanzler im Élysée-Palast am 21. November war aus der Sicht Ludwig Erhards außerordentlich positiv verlaufen. Doch es zeigte sich bereits jetzt, dass Erhard der Freundschaft mit Amerika eine höhere Priorität beimaß als der Beziehung zu Frankreich. Seine Erklärung, Deutschland vertraue den Amerikanern uneingeschränkt, dass sie den entsprechenden nuklearen Schutz bei einer russischen Aggression leisten würden, weil Deutschland den Amerikanern vertrauen müsse, wurde in Frankreich mit Unverständnis aufgenommen. Die Entfremdung de Gaulles von Amerika hatte zu diesem Zeitpunkt insbesondere aufgrund von Kennedys schwachem Auftritt gegenüber Chruschtschow in Wien im Juni 1961, aber auch wegen des amerikanischen Zögerns, während des Mauerbaus im August 1961 Entschlossenheit zu zeigen, zugenommen und war nach dem amerikanischen Desaster in der Schweinebucht weiter gestärkt worden. Es waren jene Erfahrungen der Ernüchterung über die Vereinigten Staaten, die de Gaulle darin bestärkt hatten, gemeinsam mit der Bundesrepublik zu einer grundlegenden strategischen Neubewertung gelangen zu können.

1 Ludwig Erhard im Jahr 1946 mit dem Oberbefehlshaber der amerikanischen Streitkräfte und späteren US-Präsidenten Dwight D. Eisenhower. Erhards Zeit als Staatsminister für Handel und Gewerbe in Bayern war kurz und von Querelen überschattet.

2 Entspannung beim Kartenspiel: Ludwig Erhard mit seiner Ehefrau Luise 1965. Wer zu Hause das bessere Blatt in der Hand hielt, bleibt offen.

3 Familienbande. Ludwig Erhard und seine Frau mit den beiden Enkeltöchtern Sabine und Susanne (in den 1960er-Jahren).

4 Volksnah. Ludwig Erhard zu Besuch in Oberbayern, 1967.

5 Schon zu Lebzeiten eine Legende: Ludwig Erhard 1974 bei der Einweihung des Ludwig-Erhard-Hauses in Hamburg, noch heute die Landesgeschäftsstelle.

Der Dicke ist an allem schuld

6 »Der Dicke ist an allem schuld.« Das schwierige Verhältnis zwischen Konrad Adenauer und Ludwig Erhard wurde von den Karikaturisten immer wieder aufgegriffen.

7 Zugpferd Ludwig Erhard. Die Bundestagswahlen 1957 brachten der CDU und CSU die absolute Mehrheit und Konrad Adenauer einen grandiosen Wahlsieg. Der Anteil Erhards daran ist als nicht zu gering zu veranschlagen.

8 Nicht immer ein Näheverhältnis: Franz Josef Strauß und Ludwig Erhard auf dem Parteitag der CSU in München 1964.

9 Ludwig Erhard als Wahlkämpfer in Schleswig-Holstein am 11. August 1965. Er sah sich als Volkskanzler, der über den Parteien stand.

10 Mit der Bundesmarine nach Helgoland, August 1965.

11 Auch das kam vor: kritische Stimmen vom Volk. »Schicksalswahl« in Nordrhein-Westfalen 1965.

12 Vereidigung durch Bundestagspräsident Eugen Gerstenmaier am 16. Oktober 1965 im Deutschen Bundestag in Bonn.

13 Primus inter pares: am Kabinettstisch und zugleich im Scheinwerferlicht. Der Kanzler bei der ersten Sitzung seines neuen Kabinetts am 27. Oktober 1965 mit den Ministern Schröder, Lücke, Jäger, Krone, Westrick, Dollinger, Stücklen, von Hassel, Höcherl, Dahlgrün, Schmücker, Gradl, Stoltenberg, Seebohm, Niederalt, Elisabeth Schwarzhaupt, Katzer, Heck, Bucher und Mende.

14 Wer zuletzt lacht: Erhards Außenminister Gerhard Schröder (links) hatte nicht nur inhaltliche Divergenzen mit dem Bundeskanzler. Der Gefolgsmann Adenauers zählte auch zu seinen innerparteilichen Kritikern. Schröders Ehrgeiz zielte auf höhere Ämter. Schon in den 1950er-Jahren ist von ihm der Spruch überliefert: »Ein Politiker von meinem Format kann nur noch zwei Ambitionen haben, Außenminister oder Kanzler.« In der Mitte: Bundesinnenminister Paul Lücke, Anhänger des Mehrheitswahlrechts und einer der Wegbereiter der Großen Koalition. Aufnahme aus dem Jahr 1966.

15 Bundeskanzler Ludwig Erhard im Gespräch mit Altkanzler Konrad Adenauer am 29. Juni 1966.

16 Stabübergabe unter Parteifreunden 1966. Der Ministerpräsident des Landes Baden-Württemberg Kurt Georg Kiesinger tritt Erhards Nachfolge als Bundeskanzler an.

17 Vorsichtige Wiederannäherung an die Freien Demokraten zu Zeiten der Großen Koalition. Das Bild zeigt Ludwig Erhard mit dem FDP-Bundesvorsitzenden Erich Mende und dem Vorsitzenden der FDP-Bundestagsfraktion Knut Freiherr von Kühlmann-Stumm an Erhards 70. Geburtstag am 4. Februar 1967.

18 Ludwig Erhard hält als Alterspräsident des Deutschen Bundestags am 14. Dezember 1976 die Eröffnungsrede der 8. Wahlperiode.

19 Auch Botschafter bekamen einen Termin: Ludwig Erhard im Jahr 1961 mit dem ägyptischen Botschafter Ibrahim Sabri noch in seiner Zeit als Bundeswirtschaftsminister.

20 Die Chemie stimmte: Ende Dezember 1963 besuchte Erhard US-Präsident Lyndon B. Johnson auf dessen Ranch in Texas. Der Bundeskanzler präsentierte Deutschland als treuesten Verbündeten der Vereinigten Staaten.

21 Privataudienz bei Papst Paul VI. am 29. Januar 1964 im Vatikan während des Zweiten Vatikanischen Konzils.

22 Schon als Vizekanzler war Erhard am 25. Juni 1963 mit dem US-Präsidenten John F. Kennedy bei dessen legendärem Deutschlandbesuch in Wiesbaden zusammengetroffen.

23 Keine Herzensfreundschaft und kein Gleichklang: Erhard und der französische Staatspräsident Charles de Gaulle im November 1963.

24 Der indische Ministerpräsident Jawaharlal Nehru und der ägyptische Staatspräsident Gamal Abdel Nasser waren zusammen mit dem jugoslawischen Staatspräsidenten Josip Tito die Anführer der Bewegung der Blockfreien Staaten. Erhards erstes Zusammentreffen mit Nehru und Nasser fand bereits 1955 statt.

25 Helle Virkner, die Frau des dänischen Ministerpräsidenten, im Gespräch mit Ludwig Erhard. Sein Aufenthalt in Kopenhagen am 8. und 9. Juli 1964 war der erste Besuch eines deutschen Bundeskanzlers in Dänemark.

26 Alexei Adschubej, Chefredakteur der Iswestija und Schwiegersohn von Nikita Chrutschschow, wurde im Juli 1964 von Bundeskanzler Erhard empfangen. Thema war die Vorbereitung eines Besuchs des sowjetischen Ministerpräsidenten, der für Januar 1965 geplant war, zu dem es infolge des Sturzes von Chruschtschow im Oktober 1964 freilich nicht mehr kommen sollte.

27 Der Staatsbesuch der britischen Königin Elisabeth II. in der Bundesrepublik im Mai 1965 war einer der glanzvollen Höhepunkte der Kanzlerschaft von Ludwig Erhard.

28 Der wortkarge Westfale Karl Hohmann war das Nadelöhr, durch das jeder gehen musste, der zu Bundeskanzler Ludwig Erhard gelangen wollte. Er verstand seine Rolle als Büroleiter umfassend. Aufnahme aus den frühen 1960er-Jahren.

29 Alfred Müller-Armack und Ludwig Erhard. Müller-Armack ist enger Weggefährte und Vertrauter von Ludwig Erhard. Er gilt als Mitbegründer der Sozialen Marktwirtschaft. Aufnahme aus dem Jahr 1973.

30 Eines von vielen Ehrendoktoraten: Verleihung des akademischen Grades Doctor Divinitatis h.c. am Wartburg College, Waverly, Iowa (Vereinigte Staaten) im Rahmen einer Sonderconvocation an Ludwig Erhard im Jahr 1967.

31 Ludwig Erhard und Rainer Candidus Barzel, der seit Dezember 1964 Vorsitzender der CDU/CSU-Fraktion im Deutschen Bundestag war und sich der »Brigade Erhard« zugehörig fühlte. Dies hielt den gewieften Taktiker nicht davon ab, im März 1966 erfolglos gegen Erhard um den Parteivorsitz zu kandidieren.

32 Erhard im Kreis seiner Berater während des Bundesparteitags der CDU 1976. Parteitagsbesuche waren für den Parteivorsitzenden außer Diensten Pflichttermine. Die Runde der Vertrauten beschränkte sich häufig auf die Mitglieder des »Sonderkreises«. Das Bild zeigt ihn mit Ludger Westrick, Karl Hohmann, Alfred Müller-Armack und seiner langjährigen Sekretärin Dorothea Bilda.

Erhard erreichte die Nachricht von der Ermordung Kennedys am 22. November 1963 auf der Rückreise von Paris. Er musste nun sein ursprüngliches Vorhaben, im unmittelbaren Anschluss an den Antrittsbesuch in Paris in die Vereinigten Staaten aufzubrechen, fallen lassen. Ein erstes Gespräch mit Kennedys Nachfolger Lyndon B. Johnson war bei den Trauerfeierlichkeiten Kennedys Ende November in Washington zustande gekommen, zu denen eine bis dahin nicht gekannte große Anzahl an Staats- und Regierungschefs aus allen Teilen der Welt angereist war. Der eigentliche Antrittsbesuch Erhards bei Präsident Lyndon B. Johnson wurde dann in freundschaftlicher Atmosphäre auf dessen Ranch in Texas zum Jahreswechsel 1963/64 nachgeholt. Neben wirtschaftlichen Fragen wurden hier jedoch bereits die hohen amerikanischen Verteidigungslasten in Höhe von 50 Milliarden US-Dollar thematisiert, die ein Dauerbrenner in den deutsch-amerikanischen Beziehungen während der Regierungszeit Ludwig Erhards bleiben sollten. Erhard bekräftigte bei diesem Besuch zudem seine Auffassung, mit Deutschland an der multilateralen atomaren Überwasserflotte MLF teilnehmen zu wollen.

In der Zwischenzeit war in die Deutschlandpolitik durch die Aktivitäten des Regierenden Bürgermeisters von Berlin, Willy Brandt, Bewegung geraten, als dieser am 17. Dezember 1963 für den Berliner Senat mit den Behörden der DDR ein Passierscheinabkommen abschloss, das den zwei Millionen Westberlinern erstmalig wieder seit dem Mauerbau den Weg in den unfreien Teil der ehemaligen Reichshauptstadt eröffnete. Damit wurde in der Zeit zwischen dem 19. Dezember 1963 und dem 4. Januar 1964 – gewissermaßen als Weihnachtsgeschenk – der Besuch der nahen Angehörigen ermöglicht. Beim Zustandekommen dieses Abkommens hatte im Kalkül Pankows durchaus auch die Überlegung mitgespielt, dass diese Regelung einen weiteren Schritt zur De-facto-Anerkennung der DDR darstellen würde. Das Passierscheinabkommen wurde damit zum Vorboten der sich abzeichnenden Umbrüche in der Deutschlandpolitik, die sich mehr und mehr mit der sich ändernden internationalen Lage, insbesondere im Nahen Osten, wandeln sollte und die das Ende der Hallstein-Doktrin, wenn auch noch nicht nach außen hin sichtbar, einleitete.

Willy Brandt hatte als Regierender Bürgermeister über die Deutschlandpolitik schon seit Längerem mithilfe seiner beiden Vertrauten Heinrich Albertz und Egon Bahr ein deutschlandpolitisches Konzept vorbereitet, das unter der von Bahr geprägten Formel »Wandel durch Annäherung« die Aufnahme von direkten Verhandlungen mit der DDR-Regierung vorsah, ohne freilich die Machthaber in der DDR völkerrechtlich anzuerkennen. Gegenüber dem *Spiegel* hatte Brandt bereits im Januar 1962 ausgeführt, dass man bei Verhandlungen immer von einem gewissen Geben und Nehmen ausgehen müsse. Er sei bereit, mit Ostberlin zu verhandeln, und wollte dadurch die Mauer bis zu einem gewissen Grad transparent machen.[37]

Die zum Jahreswechsel 1963/1964 vorhandenen weltpolitischen Problemlagen – Lastenteilung in den europäisch-amerikanischen Beziehungen, MLF und Zukunft der NATO, deutsch-französische Sicherheitsbeziehungen und deutsche Frage auf weite Sicht im Zeichen der beginnenden Détente – bestimmten auch im Jahr 1964 die außenpolitische Agenda Erhards. Gerade im Verhältnis zu Frankreich spitzten sich dabei die Problemlagen zu. Die deutsch-französischen Beziehungen wurden für Ludwig Erhard mehr und mehr zu einem Führungsproblem innerhalb seiner eigenen politischen Gruppierung, der CDU/CSU-Bundestagsfraktion. Es zeigte sich vor allem, dass, anders als in Bonn, wo die Bundesregierung grundlegende außenpolitische Richtungsentscheidungen in dieser Frage immer wieder vertagt hatte, der französische Staatspräsident Charles de Gaulle aufgrund seiner Enttäuschung über die amerikanische Politik selbstständig handelte und mit einem eigenen politischen Konzept den Verbündeten *d'outre Rhin* unter Zugzwang setzte. Dies schloss den konsequenten Ausbau der französischen militärischen Fähigkeiten ein. Für März 1964 war die erste Einsatzbereitschaft von vier Mirage-IV-Flugzeugen als Trägerwaffe für die französische Atombombe mit einer Reichweite von 2200 Kilometern vorgesehen, und bis Ende 1964 sollten 20 Mirage-IV fertiggestellt sein. Diese sicherheitspolitischen Anstrengungen unterstrichen, wie sehr de Gaulle seine Bemühungen um strategische Autonomie ernst nahm, für die er – in der Logik des Élysée-Vertrags – sehr gerne die Bundesrepublik zu Gesprächen über eine *extended deterrence* gewonnen hätte. Ludwig Erhard hat sich indes zu keinem Zeitpunkt auf die französische strategische Diskussion eingelassen. Er fühlte sich vielmehr durch den atmosphärisch ausgesprochen positiven Verlauf seines Antrittsbesuchs bei Lyndon B. Johnson als Gast auf dessen Ranch in seinen atlantischen Grundüberzeugungen und einem gewissen *Soupçon* gegenüber den Franzosen bestätigt.

Der Besuch des französischen Staatspräsidenten Charles de Gaulle in Bonn am 3. und 4. Juli 1964 markiert auf der steil abfallenden Strecke des deutsch-französischen Missvergnügens eine weitere Etappe. Die innerparteilichen Auseinandersetzungen, die in jener Zeit in der CDU/CSU-Bundestagsfraktion tobten, wurden mit der Etikettierung vom Streit der »Atlantiker« gegen »Gaullisten« nur unzutreffend erfasst[38]. Denn es ging in Wirklichkeit um die Frage nach der strategischen Bedeutung des deutsch-französischen Verhältnisses in der außen- und sicherheitspolitischen Interessenwahrnehmung Deutschlands in einer sich verändernden weltpolitischen Lage. Es zählt zu den entscheidenden Fehlern Ludwig Erhards, dass er den politischen Preis des unklaren Erscheinungsbilds seiner Regierungskoalition aufgrund dieses nach außen hin getragenem Dissenses signifikant unterschätzt hat.

Bei den Unterredungen in Bonn am 3. und 4. Juli 1964 war deutlich geworden, dass trotz grundsätzlicher Übereinstimmung bei Fragen der Reform der Nordatlantischen Allianz und mit Blick auf die Situation in Mittel- und Osteuropa keine gemeinsame Sichtweise gefunden werden konnte. Dies blieb auch den Pressevertretern nicht verborgen, die in einer Reihe von Kommentaren den tiefen Riss in den Beziehungen unfreundlich, ohne ein Blatt vor den Mund zu nehmen, benannten, etwa wenn es in *Le Monde* hieß, dass ein Minimum an Harmonie fehle.[39] Es waren die immer gleichen Fragen, die von de Gaulle und seinen Beratern Bundeskanzler Erhard und seiner Delegation vorgehalten wurden: »Warum kann sich die Bundesregierung nicht entschließen, eine von den USA unabhängige Politik zu betreiben? Warum beteiligen die Deutschen sich an der MLF? Warum unterstützt Deutschland die Politik der USA in Südostasien und gegenüber China? Warum entschließt sich Deutschland nicht, mit Frankreich zusammenzugehen und eine europäische, von europäischen Interessen geleitete Außenpolitik zu betreiben? Warum kommen wir nicht endlich zu einer wirklichen Zusammenarbeit im Bereich der Verteidigung, vor allem der Rüstung? Ohne eine solche fehlt dem deutsch-französischen Zusammengehen das eigentlich entscheidende Moment.«[40] Das Verhältnis zwischen Deutschland und Frankreich war mittlerweile so schlecht, dass eine der wichtigsten Grundlagen der deutschen Außenpolitik, das deutsch-französische Einvernehmen, in ihrer Substanz gefährdet war.

Auf der Pressekonferenz in Paris am 23. Juli 1964 war de Gaulle noch einen Schritt weiter gegangen und hatte erklärt, dass es keine gemeinsame Politik Deutschlands und Frankreichs in einer Reihe von Gebieten gäbe. Dazu zählten die Verteidigung, die Reform der Nordatlantischen Allianz, die Frage der Grenzen und Nationalitäten in Mittel- und Osteuropa, die Haltung gegenüber Moskaus Satelliten, die China-Frage, Indonesien, Indochina, die Entwicklungspolitik gegenüber den Völkern Asiens, Afrikas und Lateinamerikas, die Schaffung eines gemeinsamen Agrarmarktes in der EWG. Es war nun immer deutlicher, dass das Ziel de Gaulles darin bestand, Deutschland zu veranlassen, seine transatlantischen Bindungen zu lockern und eine immer engere Verbindung mit Frankreich einzugehen. De Gaulle hatte die Umgestaltung der europäischen politischen Gemeinschaft und eine größere Unabhängigkeit Europas gegenüber Amerika im Sinn, und der Rolle Deutschlands war dabei diejenige eines Schlüsselpartners zugedacht. Dazu zählte im Verständnis de Gaulles auch, dass Deutschland Frankreich dabei unterstützen könnte, massiven Druck auf andere europäische Partner auszuüben. Deutschlands Haltung dagegen war grundlegend von dem alle anderen politischen Fragen überragenden Ziel der Wiedervereinigung und der Annahme geleitet, dass dieses am besten im Einvernehmen mit den drei westlichen Partnern zu erreichen sei. Dies mag auch für eine für die Bonner Außenpolitik charakteristische Entscheidungsunlust bestimmend gewesen sein und erklären, weshalb Bonn unter Erhard (und auch danach) so zögernd auf französische Offerten eingegangen ist.

De Gaulle wiederum konnte nicht nachvollziehen, wieso die Bundesregierung aus der veränderten weltpolitischen Lage nicht die gleiche Schlussfolgerung zöge wie Paris, das nun zunehmend auf Distanz zum Partner in Washington ging und sein Werben um eine enge Partnerschaft zwischen Deutschland und Frankreich vor dem Hintergrund der unerwiderten Avancen sogar noch verstärkte. De Gaulle suggerierte dabei, dass Deutschland zu wählen habe zwischen atomarer Gleichberechtigung und Anspruch auf Wiedervereinigung – entweder Frankreich oder atlantische Solidarität. Genau dieser cartesianische Zugang, eine politische Option als Wahlentscheidung darzustellen, führte in Bonn zu noch größeren Reserven. Hinzu kamen beidseitige immanente Grenzen, die die

Tiefe der Zweierunion limitierten. Eine französische Beteiligung an der atomaren Überwasserflotte MLF, auf die Erhard seine Hoffnungen auf eine Einbeziehung in den westlichen Atomclub gesetzt hatte, kam für den General schon aus Prestigegründen nicht infrage. Es ist bezeichnend für das gestörte Verhältnis zwischen dem General und dem Bundeskanzler, dass sich de Gaulle im Sommer 1964 bei seinem Besuch in der Residenz des französischen Botschafters auf Schloss Ernich bei Bonn, um Deutschland von seiner Beteiligung an der MLF zu überzeugen, unmittelbar an Staatssekretär Carstens gewandt und ihn mit dem Vorschlag eines deutsch-französischen Zusammengehens im nuklearen Bereich konfrontiert hatte: »Warum legen Sie so großen Wert auf dieses Projekt? Sie glauben doch wohl nicht, dass die Amerikaner Ihnen einen wirklichen Einfluss bei der MLF einräumen werden. Warum beteiligen Sie sich nicht bei uns, bei uns können Sie einen größeren Anteil bekommen?«[41] Erhard gegenüber erwähnte de Gaulle seine sensationelle Offerte mit keiner Silbe. Beim Abendessen am 3. Juli, bei dem sich auch eine gewisse atmosphärische Beklommenheit bei den Teilnehmern des Diners breitgemacht hatte, hatte de Gaulle schon halb resignierend in einer Art letztem Appell seine deutschen Gegenüber aufzurütteln versucht: »Wenn Deutschland und Frankreich nicht zusammenkommen, dann haben wir eine Pflicht versäumt.«[42] Die sich jetzt immer deutlicher abzeichnende amerikanisch-russische Détente, Erhards kalte Schulter, die er wiederholt Paris gezeigt hatte, und der seit jeher die französische Außen- und Sicherheitspolitik bestimmende *besoin de grandeur* sollten in den nun folgenden Jahren den äußeren Rahmen der Handlung setzen. Das Scheitern der MLF, Frankreichs im Jahr 1966 erfolgender Rückzug aus der militärischen Integration der Nordatlantischen Allianz und de Gaulles Nein zum Beitrittsgesuch des Vereinigten Königreichs in die Europäischen Gemeinschaften sind spätere Ausprägungen dieser Linie.

Mit Blick auf eine Neupositionierung der Deutschlandpolitik trat die Bundesregierung zunächst auf der Stelle. Das Bekenntnis zum Selbstbestimmungsrecht der Völker, das Festhalten an der Hallstein-Doktrin und die Absicht, nicht zuletzt aufgrund eines immer deutlicher artikulierten publizistischen Drängens, die Beziehungen zur Sowjetunion grundlegend verbessern zu wollen, bildeten in sich einen gewissen Widerspruch, zumal die Regierung Erhard an der völkerrechtlichen Position festhielt, dass die Regelungen eines Friedensvertrages über Deutschland als Ganzes auf der Grundlage der Grenzen des Deutschen Reichs vom 31. Dezember 1937 zu erfolgen hätten.

Große Hoffnungen auf ein neues Kapitel in den Beziehungen zur Sowjetunion waren zunächst auf den für Herbst 1964 geplanten Besuch Chruschtschows gesetzt. Die Vorbereitungen für den Besuch des Generalsekretärs der KPdSU in Bonn, insbesondere die mit medialer Aufmerksamkeit verfolgte und mit allerlei Spekulationen behaftete Vorausmission von Chruschtschows Schwiegersohn Adschubej, wurden mit großen Vorschusslorbeeren bedacht. Noch am 15. Oktober 1964 hatte Erhard in der Haushaltsdebatte des Deutschen Bundestags ausgeführt, dass sich Chruschtschow bei seinem Besuch davon überzeugen könne, »wie sehr der Wunsch des deutschen Volkes nach Wiedervereinigung die Grundlage unseres gesamten politischen Denkens und Handelns ist«.[43] Zwei Tage später kam die Nachricht von Chruschtschows Sturz, die mit einer unklaren Informationslage über die tatsächlichen Machtverhältnisse in der Sowjetunion das mit Chruschtschows Besuch verfolgte Kalkül der Bundesregierung nicht nur über den Haufen warf, sondern auch einmal mehr die Abhängigkeit der Bundesrepublik bei ihren Bemühungen um Lösung der deutschen Frage von der weltpolitischen Lage und dem Verhältnis der Supermächte zueinander vor Augen geführt hatte.

Zu diesem Zeitpunkt war die strategische Lage im Nahen Osten bereits in einem fundamentalen Umbruch begriffen, und dies hatte unmittelbare Rückwirkungen für die deutsche Außen- und Sicherheitspolitik. Schon im Mai 1964 hatte sich beim Besuch des stellvertretenden Verteidigungsministers Israels in Bonn, Schimon Peres, angekündigt, dass die Forderung nach Rüstungslieferungen unter Verweis auf die bestehende Unterstützung Israels durch Frankreich, Großbritannien und die Vereinigten Staaten die deutsche Politik in Zugzwang setzen würde. Im Herbst 1964 wurde dann von geheimen Waffenlieferungen Deutschlands nach Israel berichtet. Der ägyptische Präsident Gamal Abdel Nasser, der am 9. November 1964 von Deutschland Auskunft verlangte, war zu jenem Zeitpunkt aufgrund seiner Politik im Jemen und im Kongo immer mehr in sowjetisches Fahrwasser geraten und hatte im Januar 1965 den Staatsratsvorsitzenden der DDR, Walter Ulbricht, aus Anlass der Unterzeichnung eines Kreditabkommens über 78 Millionen Dollar zu einem Besuch nach Ägypten eingeladen.

Die Positionierung Deutschlands gegenüber Israel wurde vor diesem Hintergrund immer notwendiger. Denn die DDR gewann mit der Aufnahme diplomatischer Beziehungen im Nahen Osten weiter an Terrain, und so spricht es für Ludwig Erhards politischen Mut, dass er die Aufnahme diplomatischer Beziehungen zu Israel im März 1965 trotz des darauf erfolgenden Abbruchs der Beziehungen zu 13 arabischen Staaten auf den Weg brachte. Der Besuch Ulbrichts in Ägypten hatte zweifelsohne zu einer Beschleunigung der Abläufe geführt. In Israel hatte vor allem für Verstimmung gesorgt, dass Bonn am 10. Februar 1965 einen vorläufigen Stopp der Waffenlieferungen an Israel verfügt hatte. Die Entscheidung des Bundeskanzlers für die Aufnahme der diplomatischen Beziehungen zu Israel zählt in jene Kategorie der Grundsatzentscheidungen, die Erhard aus grundsätzlichen moralischen Erwägungen getroffen hatte. Es war dabei durchaus den verstärkten diplomatischen Bemühungen seines Außenministers Gerhard

Schröder zu verdanken, dass es darüber nicht zum vollständigen Bruch mit den arabischen Staaten kommen sollte.

Die Wolken der weltpolitischen Großwetterlage hatten sich innerhalb von wenigen Monaten weiter verfinstert. Massive amerikanische Luftangriffe auf Nordvietnam hatten in der Zwischenzeit eingesetzt. Die amerikanische Politik hatte sich in Südostasien immer weiter in einen Konflikt verwickeln lassen, der nicht zu gewinnen war. Der Fraktionsführer der Demokraten im amerikanischen Senat, Mansfield, sollte im August 1966 erstmals eine drastische amerikanische Truppenreduzierung in Europa fordern. Im Kongress waren die Stimmen immer lauter geworden, die sich dafür aussprachen, die amerikanische Truppenpräsenz in Europa signifikant zu reduzieren. Dies ist der Hintergrund für jene Friedensnote vom 25. März 1966 an alle Länder, mit denen die Bundesrepublik in diplomatischen Beziehungen verbunden war. Diese Friedensnote ist vor allem mit ihrem Angebot, Gewaltverzichtserklärungen auszutauschen, eine tiefgreifende Zäsur in der Deutschlandpolitik, die bereits das Kalkül der Ostpolitik der Regierung Brandt/Scheel vorwegnimmt: »Da die Regierungen der Sowjetunion und einiger osteuropäischer Staaten wiederholt ihre – wenn auch unbegründete – Sorge über einen deutschen Angriff ausgedrückt haben, schlägt die Bundesregierung vor, auch mit den Regierungen der Sowjetunion, Polens, der Tschechoslowakei und jedes anderen osteuropäischen Staates, der dies wünscht, förmliche Erklärungen auszutauschen, in denen jede Seite gegenüber dem anderen Volk auf die Anwendung von Gewalt zur Regelung internationaler Streitfragen verzichtet.«[44] Ihre Bedeutung für den inneren Wandel der Deutschlandpolitik, wie er dadurch in der Kanzlerschaft Ludwig Erhards eingeleitet wurde, für die weitere Entwicklung der »Ostpolitik« kann nicht hoch genug eingeschätzt werden.

Wenn die DDR, und dies wurde in der damaligen politischen Diskussion und ebenso wie in der rückblickenden zeitgeschichtlichen Literatur wiederholt moniert, in der Friedensnote nicht explizit genannt wurde, so ist dies vor dem Hintergrund der tatsächlichen deutschlandpolitischen Lage und der Aggressivität des Vorgehens Ostberlins aus der Perspektive der Regierung Ludwig Erhards nachvollziehbar. Wie sehr die Machthaber in Ostberlin Regelungen für menschliche Erleichterungen in der Deutschlandfrage für ihre politische Anerkennungsagenda zu instrumentalisieren trachteten, mag auch daraus hervorgehen, dass, in Anlehnung an die Passierscheinregelungen von Weihnachten 1963, für Ostern 1964 eine ähnliche Übereinkunft vorgeschlagen wurde, die jedoch noch weitergehende Zugeständnisse mit Blick auf eine völkerrechtliche Anerkennung der DDR impliziert hätte.

Die deutsche Teilung war eine mittelbare Folge des Scheiterns des 1871 geschaffenen deutschen Nationalstaats in Hybris und Nemesis der völkerrechtswidrigen nationalsozialistischen Großmachtpolitik und der Verbrechen gegen die Menschlichkeit durch Hitlerdeutschland. Wie sehr die noch junge Bundesrepublik im Schatten des Dritten Reichs stand, wurde in den 1960er-Jahren in vollem Umfang auch in der deutschen Innenpolitik deutlich. Die Auseinandersetzung mit dem Dritten Reich war in den ersten Jahren der Bundesrepublik wenig ausgeprägt gewesen. An den Schulen unterrichteten noch weitgehend diejenigen, die zuvor »Blut und Boden« gelehrt und Hitlers Größe gepriesen hatten. Wegsehen, Nicht-Wissen-Wollen und Verharmlosen waren in den Schulen und in den Elternhäusern allzu häufig anzutreffende Reaktionen auf die Frage, wie Hitlers Aufstieg möglich geworden war und was Politik und Kriegführung in der nationalsozialistischen Zeit bedeutet hatten. Dies änderte sich erst allmählich, als Weihnachten 1959 mit den Hakenkreuzschmierereien an der Kölner Synagoge eine umfassendere öffentliche Diskussion über das vergessene Dritte Reich in Gang kam.

Diese Auseinandersetzung über die NS-Zeit erreichte einen vorläufigen Höhepunkt, als im Frühjahr 1965 mit großer Leidenschaft im Deutschen Bundestag die Frage debattiert wurde, ob für die in der Zeit des Nationalsozialismus begangenen Straftaten die gleichen Verjährungsfristen gelten sollten wie diejenigen, die im deutschen Strafgesetzbuch für Mord, Beihilfe zum Mord und Mordversuch vorgesehen waren.[45] Ludwig Erhard hatte sich persönlich für eine Verlängerung der Verjährungsfrist für die Verbrechen des Nationalsozialismus ausgesprochen, aber bewusst darauf verzichtet, den Mitgliedern seines Kabinetts bei der Frage, wie sie über den Gesetzesentwurf abstimmen sollten, eine Vorgabe zu machen. Als die von allen Parteien mit großer Leidenschaft, Argumentationsstärke und Ernsthaftigkeit geführte Debatte zu dem Ergebnis führte, dass eine Herausnahme der im Nationalsozialismus begangenen Verbrechen von der Verjährungsfrist eine mehrheitliche Zustimmung fand, verblieb dem freidemokratischen Justizminister Ewald Bucher, der sich der Debatte mit dem von seinem Haus federführend erstellten Gesetzesentwurf gegen eine Verlängerung der Verjährungsfrist ausgesprochen hatte, nichts anderes als der Rücktritt. Die Verjährungsdebatte zählt bis heute zu den Sternstunden des deutschen Parlamentarismus. Sie zeigt – als Nebeneffekt – die Liberalität und moralische Stärke Ludwig Erhards als Politiker, der in einer so entscheidenden politisch-moralischen Frage darauf verzichten wollte, Kabinettsdisziplin zu üben, zugleich aber auch die Schwäche des *Laisser-aller*, die im Verzicht der moralischen Führung durch seine Autorität als Kanzler lag und im Resultat dazu beigetragen hat, dass seine Koalition schon bald darauf zusammenbrechen sollte.

Erhard verstand es geschickt, seine Abneigung gegen die sogenannte Parteienwirtschaft und die Winkelzüge der Hinterzimmerpolitik zu inszenieren, um sich als Mann des Volkes zu präsentieren. Er war auf seine altmodische Weise modern, weil er den Zug der Zeit zum Plebiszitären erkannte: »Der Wahlkampf 1965 (...) hat noch einmal die persönliche Begabung Erhards demonstriert, auf Volksmassen überzeugend zu wirken und den eigenen Glauben an eine gute Sache auf andere zu übertragen, und zwar gegen die ihn öffentlich desavouierende Kritik Adenauers und angesichts einer zaudernden CDU«.[46] In den Wahlkämpfen vollzog Erhard eine erstaunliche Wandlung. Er, der Einzelgänger, der bei Empfängen oftmals linkisch und wortkarg wirken konnte und dessen Temperamentsausbrüche im kleinen Kreis, wenn etwas nicht wie am Schnürchen klappte, gefürchtet waren, dem also mitnichten immer stoische Gemütsruhe attestiert werden konnte, beherrschte meisterhaft die Fähigkeit, direkt mit dem Wahlvolk zu kommunizieren. Wahlkämpfe waren für ihn in der Tat eine Art Jungbrunnen, der ihm den Austausch mit allen Schichten und in ganz Deutschland ermöglichte. Erhard hatte im Bundestagswahlkampf 1965 keine Strapazen gescheut und über 500 Auftritte als Redner absolviert. Er hatte dabei landauf, landab 25 000 Kilometer zurückgelegt, vor allem in seinem Sonderzug mit dem angehängten Schlafwagenabteil Hermann Görings als Nachtlager und mit seiner schwarzen Mercedes 600-Limousine, die als Sondermodell für den Deutschlandbesuch von Königin Elisabeth im Mai 1965 angefertigt worden war. Nicht einmal das Nummernschild hatte dabei ausgetauscht werden müssen, weil sich die Buchstabenkombination S–KE 600 auch als Initialen der Wortfolge »Kanzler Erhard« lesen ließ. Mit dem Friedberger Marsch, allseits verteilten Erhard-Medaillen und dem eingängigen Gassenhauer »Willy is so gut nich, viel besser ist der Ludwich, besser is die CDU!«,[47] der als Wahlkampfschlager geträllert wurde, war der CDU-Wahlkampf ganz auf den Kanzler persönlich zugeschnitten.

In der ausländischen Presse ließ er sich als fleischgewordenes Wirtschaftswunder und »Herr Optimist« apostrophieren.

Er verstand sich als Inkarnation der politischen Wohlanständigkeit. Dabei war er von seinem Habitus her eigentlich der klassische Prototyp des deutschen Hochschullehrers. Obwohl nur Honorarprofessor, ließ er sich auch im engeren Kreis und selbst von ausländischen Staatsgästen gerne als »Professor« titulieren. »Erhards Ansehen ...«, so schrieb 1965 der Publizist Günter Gaus, »stützt sich weithin wohl auf das Gefühl direkter Zusammengehörigkeit, das er unter seinen Wählern schafft. So angeschlagen des Kanzlers Position im Kreise der Politiker seit Langem sein mag: in der breiten Öffentlichkeit behauptete er sich zum Teil gerade wegen der Schwächen, die er verriet.« Fehler bei der Regierungspraxis wurden ihm offenkundig nicht als Mängel ausgelegt. Er galt als ganzer Kerl, als ein Mann, dem die Lauterkeit seines politischen Wollens abgenommen und die Blößen nachgesehen wurden. Erhard war authentisch, und genau dies war das Geheimnis seines Erfolgs bei den Wählern. Er kam am ehesten dem von ihm gewählten Begriff des »Volkskanzlers« nahe, und seine Geringschätzung von Parteien, Fraktionen, wie das scharfsichtige Urteil Günter Gaus schon 1965 gelautet hat: »ein Professor, den der Glaube an den endlichen Sieg der Vernunft durch Überredung der vorerst noch Uneinsichtigen nicht verlässt. An diesem Bild ist nichts geschönt. Nur: ein politischer Mensch ist es nicht, der sich aus diesen Zügen bildet.«[48]

Sein unmittelbarer Gegenspieler, der Regierende Bürgermeister Berlins, Willy Brandt, versuchte, mit einer stark auf ihn persönlich zugeschnittenen Kampagne, auch jenseits des klassischen proletarischen Milieus vor allem bei jüngeren und weiblichen Wählerinnen zu punkten und dadurch den Abstand zu dem durch den Amtsbonus begünstigten amtierenden Bundeskanzler zu verringern.[49] Das heißere Pathos und eine gewisse Weitschweifigkeit, die ihn noch 1961 bei seiner ersten Konfrontation mit dem amtierenden Bundeskanzler Adenauer als Spitzenkandidat charakterisiert hatten, hatte

Brandt im Wahlkampf 1965 abgestreift. Er antwortete knapp, präzise und öffnete den Gazetten bereitwillig auch weit die Tore zu seinem privaten Bereich, was zum Nebeneffekt führte, dass die Journalisten auch jene privaten Sphären sich auszuleuchten anschickten, die er eigentlich aus der öffentlichen Diskussion heraushalten wollte. Anders als 1961 gab es für Brandt dieses Mal keinen Berlin-Bonus, ja die Stadt wurde zunehmend in der allgemeinen Wahrnehmung der Deutschen damals mit »Aufruhr« und »unordentlichen Verhältnissen« assoziiert. Auf die Frage, wer der fähigste Politiker Deutschlands sei, nannten 20 Prozent der Deutschen den Vater des Wirtschaftswunders, aber nur zwölf Prozent seinen Herausforderer, den Regierenden Bürgermeister. Ausschlaggebend für die Wahlentscheidung war dann am Ende bei aller strategischen Vorausplanung der Umstand, dass die Sozialdemokraten es insbesondere versäumt hatten, eine inhaltliche Alternative zu den regierenden Christdemokraten zu präsentieren. Noch verfing Erhards Mantra »Ich habe dem deutschen Volk Ungeheures abverlangt«. Auch seine im Wahlkampf immer wieder zur Diskussion gestellten Vorstellungen von der »Formierten Gesellschaft« wurden dem Volkskanzler und Professor für Nationalökonomie abgenommen, ohne dass im Einzelnen verstanden worden ist, was genau damit gemeint war.

Eine Wahlkampfhilfe der besonderen Art bekam Ludwig Erhard 1965 vom CSU-Vorsitzenden Franz Josef Strauß, der dem Bundeskanzler in einer strategischen Allianz mit teilidentischen Zielen sekundierte und dabei nie seine eigenen Wahlziele aus den Augen verlor. Strauß war ein begnadeter Wahlkämpfer. Er führte den Wahlkampf 1965 auch als Teil eines persönlichen Feldzugs, der ihm sein politisches Comeback am Kabinettstisch bescheren sollte. 1961 hatte Strauß in der Wahlnacht vergeblich mit Horten in Düsseldorf konspiriert, um Ludwig Erhard gegen Adenauer als Kanzler durchzusetzen – ein Spiel, das Adenauer durchschaut und daraufhin durchkreuzt hatte. Im Herbst 1962 musste der CSU-Vorsitzende dann in der *Spiegel*-Affäre unter für ihn unwürdigen Umständen von seinem Amt als Bundesminister der Verteidigung zurücktreten. Dies war der Hintergrund dafür, dass Strauß sich mit besonderer Verve 1965 in den Wahlkampf warf, das finanzpolitische Konzept der SPD genüsslich zerpflückte und Willy Brandt in der Deutschlandpolitik als realitätsfernen Illusionisten frontal angriff. »Deutsch ohne Komplexe« war sein Slogan, der den bundespolitischen Ambitionsrahmen des CSU-Vorsitzenden umriss und zugleich widerspiegelte, dass das nationale Selbstbewusstsein nicht zuletzt durch Deutschlands wirtschaftliche Potenz in jenen Jahren stark gewachsen war. Die Anstrengungen des Wahlkampfs wurden für die Unionsparteien belohnt. Die Bundestagswahlen vom September 1965 waren Erhard-Wahlen. Sie bescherten Ludwig Erhard und seiner Union mit 47,6 Prozent der Stimmen beinahe die absolute Mehrheit.

Das Wahlergebnis von 1965 war für Ludwig Erhard vor allem ein persönlicher Triumph, der ihm Genugtuung verschaffte. Heinrich Krone, der die Querschüsse gegen Erhard aus dem Bundespräsidialamt aus nächster Nähe verfolgt hatte, hatte eine Woche nach den Wahlen zutreffend in seinem Tagebuch festgehalten: »War der 19. September eine Erhard-Wahl? Insofern schon, als dass man Brandt nicht wollte und so Erhard wählte. Auch darin, dass Erhard die Menschen anspricht. Diese Wahl war aber auch Ausdruck der Sorge, das in den zwanzig Jahren Erreichte könne bei einem Wechsel der Regierung gefährdet werden. Das Erreichte wollte der Wähler sichern. So wählte man die Union. Nur kein Risiko eingehen. Dass Erhard kein Konrad Adenauer ist, wurde übersehen.«[50] Erhard hatte die Wahlen als ein Plebiszit über seine Person und seine Politik begriffen, umso mehr, als die Mehrstimmigkeit der Union von ihm zu Recht als Illoyalität bewertet werden konnte. Wenn er in seiner Regierungserklärung vom 10. November 1965 den Satz formulierte: »Der Wahlkampf hat manche Wunde hinterlassen. Sie zu heilen, sollte unser aller Bestreben sein«,[51] so sprach er dabei auch von seinen eigenen Verwundungen. Auch die Kurzauswertung, dass die Wahlentscheidung bewiesen habe, wie eng im Bewusstsein der Wähler der Zusammenhang zwischen wirtschaftlicher Stabilität und politischer Sicherheit geworden sei, hätte auf die Formel gebracht werden können: Auf den Kanzler kommt es an.

Noch allerdings war nach dem Wahlabend und dem überzeugenden Sieg nicht ausgemacht, ob der Regierungsauftrag wirklich an Ludwig Erhard ergehen würde. In der Wahlnacht hatte sich Erhard nur als Gewinner dargestellt. In der *Frankfurter Allgemeinen Zeitung* wurde Erhard von deren Mitherausgeber Jürgen Tern in einem Leitartikel geradezu aufgefordert, »in der CDU das Heft fester in die Hände (zu) nehmen« und nach dem Kanzleramt zu greifen.[52] Hinter den Kulissen hatte vor allem Bundespräsident Heinrich Lübke in der ihm eigenen westfälischen Dickköpfigkeit die Strippen gezogen, um Erhards erneute Kanzlerschaft doch noch zu verhindern, da immer klar war, dass die von ihm, dem Bundespräsidenten – und im Übrigen auch von mehreren Mitgliedern aus Ludwig Erhards eigenem Kabinett –, favorisierte Lösung der Großen Koalition nur ohne den fränkischen Wundermann zustande kommen würde. In Wirklichkeit freilich zählte Lübke zu den Hauptverlierern der Wahl. Er war dabei im Vorfeld in seinem Feldzug gegen Erhard sogar so weit gegangen, drei Tage vor der Bundestagswahl in einem Brief an die Parteivorsitzenden Adenauer, Strauß, Brandt und Mende mit Blick auf die nach seiner Auffassung zu erwartenden »wahrscheinlich undurchsichtigen Koalitionsmöglichkeiten nicht von vornherein einen Kanzlerkandidaten vorzuschlagen«, sondern zunächst mit ihm, dem Bundespräsidenten, zu sondieren.[53] Auch für die Kabinettszusammensetzung hatte der Bundespräsident seine eigenen Vorstellungen. Heinrich Krone vertraute er am 30. September bei einer persönlichen Zusammenkunft an, dass er Gerhard Schröder nicht zum Außenminister ernennen werde.[54] Eigens hatte sich der Bundespräsident von dem Bonner Staatsrechtler Ulrich Scheuner ein Gutachten erstellen lassen, um herauszufinden, wie weit er als Bundespräsident bei Ministerernennungen gehen könne.[55] Aber auch die CSU hatte eigene Vorstellungen. Für den Parteivorsitzenden Franz Josef Strauß war vor allem die Frage seines ministeriellen Comebacks ausschlaggebend. »Der Kampf der CSU geht auch gegen das Kanzleramt«, notierte Krone am 1. Oktober in seinem Tagebuch: »Man müsste wissen, wer da regiere. Hohmann? Westrick? Hier müsste ein Mann wie Rasner eingesetzt werden. Ich halte das für notwendig. Strauß geht hart gegen Mende an und verlangt von der FDP die Zustimmung, dass Strauß ministrabel sei. Das ist die Bedingung für das Koalitionsgespräch.«[56]

Bis Ludwig Erhard am 10. November 1965 dann tatsächlich seine zweite Regierungserklärung abgeben konnte, war ein aufreibendes Tauziehen um Ministerernennungen, inhaltliche Positionierungen und parteipolitische Erwägungen vorausgegangen, das im Grunde die Abenddämmerung von Erhards Kanzlerschaft einleitete, die in paradoxem Widerspruch zum fulminanten Wahlsieg stand. Es zeigte sich vor allem, dass der Kanzler in den entscheidenden Momenten nicht in der Lage war, seinen politischen Willen umzusetzen, und nun zunehmend auch menschlich vereinsamte. Strauß etwa drohte mit der Auflösung der Fraktionsgemeinschaft von CDU und CSU, wenn Schröder erneut zum Außenminister ernannt werden würde.

Auch um inhaltliche Positionierungen wurde im Beraterkreis von Ludwig Erhard bis zum letzten Moment gefeilt. Rüdiger Altmann, von dem ausführliche Memoranden in seinen nachgelassenen Papieren erhalten sind, vertrat in der Vorbereitung die Auffassung, dass die erste und schwierigste Aufgabe der neuen Bundesregierung die Haushaltspolitik sei.[57] Haushaltspolitik war für Altmann mehr als die Frage des Ausgleichs der noch vom letzten Bundestag beschlossenen Mehrausgaben. Er empfahl, Artikel 113 Grundgesetz für die Haushaltskontrolle zu nutzen. Die Regierungserklärung müsse die Grundentscheidung über den Haushalt »möglichst präzise und eingehend antizipieren«.[58] Damit lag Altmann genau auf der Linie, die der Abgeordnete Gerhard Stoltenberg, den der Bundespräsident auf Vorschlag Erhards in dessen zweitem Kabinett zum Wissenschaftsminister ernennen sollte, in einem Schreiben an den Bundeskanzler am 25. August 1965 empfohlen hatte, indem er davor gewarnt hatte, dass der Bundeshaushalt 1966 die Bundesregierung und den Deutschen Bundestag vor ungewöhnlich schwierige Entscheidungen stellen werde und es wohl darauf hinauslaufe, dass »bereits beschlossene Gesetze und verbindliche Zusagen um vier bis sechs Milliarden in wenigen Monaten zu kürzen« seien.[59]

Für den außenpolitischen Teil hatte Erhards aus dem Auswärtigen Amt entliehener außenpolitischer Berater Horst Osterheld in einem für Erhards Büroleiter Karl Hohmann bestimmten Vermerk, der formal an Außenminister Schröder adressiert war, auf die im Ausland zunehmenden Stimmen hingewiesen, die vor einem deutschen Nuklearwaffenbesitz warnten, und daraufhin angeregt, in der Regierungserklärung zu versichern, dass die Bundesrepublik kein nationales Verfügungsrecht über Atomwaffen anstrebe.[60] Und auch der Fraktionsvorsitzende Rainer Barzel hatte am 9. November 1965, also in allerletzter Minute, eine Reihe von Anregungen und Ergänzungen mitgeteilt, die unter anderem kritisierten, dass der Entwurf der Erklärung kein Wort über den deutsch-französischen Vertrag enthalte. Im außenpolitischen Teil war Barzel besorgt, dass die im Entwurf enthaltenen Formulierungen den Alleinvertretungsanspruch gemäß der Hallstein-Doktrin nicht deutlich genug zum Ausdruck brachten und die Zuordnung der äußeren Sicherheit auf den ersten Platz der Außenpolitik eine breite Debatte auslösen würde. Johannes Gross wiederum, den Erhard ebenfalls konsultierte, monierte, dass der Entwurf nicht nur »jeder originellen Formulierung, sondern auch jedes Gedankens« entbehre. Die von ihm vorgeschlagene neue Gliederung wurde dann im Wesentlichen umgesetzt, und er hielt es für ausdrücklich falsch, vom Alleinvertretungsanspruch »in dieser Hallsteinmäßigen Weise zu sprechen: Der Entwurf atmet Mutlosigkeit in jeder Zeile und wird vielleicht Verlegenheit ersparen, aber ganz gewiss Enttäuschung einbringen und das Gefühl von Langeweile, Verdruss und Geringschätzung kräftigen, das seit dem 19. September gegenüber dem Kanzler von Freund und Feind gepflegt wird«.[61]

Im Vergleich zu dem groß angelegten Wurf der ersten Regierungserklärung am 18. Oktober 1963 wirkte die zweite Regierungserklärung nach den siegreichen Wahlen von September 1965 bescheidener. Freilich fallen auch hier die Kontinuitätslinien auf, auch wenn nun nicht mehr der Primat der Innenpolitik und die damit verbundene Agenda explizit benannt werden. So bildet der Zusammenhang zwischen innerer Basis und äußerer Politik, also die Grundüberzeugung, dass sich die deutsche Außenpolitik »bei der Verteidigung deutscher Lebensinteressen und der Durchsetzung der politischen Anliegen unseres gespaltenen Landes in überzeugender Weise auf ein sozialstabiles und wirtschaftlich lebenskräftiges Deutschland stützen können«, das politische Credo der Regierungserklärung.

In der Kontinuität zur Regierungserklärung aus dem Jahr 1963 steht vor allem die richtungweisende und für das politisch Bekenntnis durch Erhard maßgebliche Erkenntnis, die er so auch explizit formulierte, dass für die Arbeit des 5. Deutschen Bundestags und der Politik der Bundesregierung nicht mehr der Krieg und die Nachkriegszeit die Bezugspunkte der Arbeit bilden dürften: »Sie liegen nicht hinter uns, sondern vor uns. Die Nachkriegszeit ist zu Ende!«[62] Erhard fühlte sich nun berufen, das im Sonderkreis ausgearbeitete Konzept der Formierten Gesellschaft ins Zentrum der gesellschaftspolitischen Ausführungen zu stellen. Die neue Ordnung war für ihn gewissermaßen die gesellschaftspolitische Konsequenz der Sozialen Marktwirtschaft. Dabei hat Erhard die gegen das Konzept ins Feld geführten Bedenken bereits *ex negativo* in der Regierungserklärung angesprochen, freilich ohne dass es ihm gelang, die Kritiker zum Verstummen zu bringen. »Die Formierte Gesellschaft ist alles andere als eine philanthropische Vision. Sie geht also nicht von einem wildfremden idealtypischen Menschenbild aus. Diese moderne Leistungsgesellschaft ist gewiss auch nicht frei von Interessengegensätzen. Aber diese sind nicht mehr Elemente des Zerfalls ihrer Einheit, sondern werden immer mehr Motor eines permanenten Interessenausgleichs unter dem Gesichtspunkt des allgemeinen Wohls.«[63]

Die stärksten außenpolitischen Passagen der Regierungserklärung waren der Deutschlandpolitik gewidmet. Erhard bekräftigte, dass Wiedervereinigungspolitik, Sicherheitspolitik und Außenpolitik eine Einheit bilden müssten und die deutsche Sicherheitspolitik auf den friedlichen Ausgleich der Interessen gerichtet sei. »Sie will niemandem ihren Willen aufzwingen, aber auch nicht der Willkür anderer unterworfen sein. Gerade in Europa kann es keinen Frieden und keine Sicherheit geben, wenn nicht die Ursache der herrschenden Spannungen beseitigt wird: Das aber ist die unselige Teilung Europas durch Stacheldraht, Minenfelder und Mauern, das ist das Unrecht, das ist die Unmenschlichkeit. Nur die Freiheit kann den Frieden geben, nur die Sicherheit gibt uns Freiheit.« Der Bundeskanzler hatte damit treffsicher die sich verändernde Weltlage und die unmittelbare sicherheitspolitische Gefährdung durch den unberechenbaren Nachbarn im Osten auf den Punkt gebracht und zugleich die zentrale Bedeutung der deutschen Frage für das europäische Gleichgewicht, ja für den Weltfrieden, aufgrund der gefährdeten geopolitischen Lage formuliert: »Deutschland kann sich nicht allein verteidigen, aber ohne Deutschland kann auch Europa nicht verteidigt werden.«[64]

Erhard blieb seinem appellhaften Politikstil treu, wenn er die Regierungserklärung im November 1965 mit einem Anruf an alle im Deutschen Bundestag vertretenen Parteien beendete, der – darin war Erhard ganz Volkskanzler – in Wirklichkeit weit darüber hinaus an die Menschen im ganzen Land gerichtet war und noch einmal den Geist des Optimismus, der so bezeichnend für seine Zeit in politischer Verantwortung gewesen ist, sprechen ließ: »Lassen Sie uns prüfen, was zu tun ist; lassen Sie uns streiten, wo noch Zweifel herrscht über das Richtige; lassen Sie uns gemeinsam handeln, wo Gewissheit besteht; lassen Sie uns einstehen für das Recht, die Freiheit und die Einheit des Landes, dem wir dienen.«[65]

Es war zu jenem Zeitpunkt nicht absehbar, dass Ludwig Erhard nur noch genau ein Jahr im Amt verbleiben und die von ihm geführte Kleine Koalition schon binnen Jahresfrist zerbrechen sollte. Doch die Probleme, die schließlich zum vorgezogenen Ende der Kanzlerschaft Erhards führen sollten, waren alle bereits offen zutage getreten. Da war zunächst der Verzicht auf die groß angelegte Kabinettsumbildung, die Erhard eigentlich vorgeschwebt hatte, sodann die tiefe Zerrissenheit der in ihren vielen Flügeln gespaltenen CDU, die Querschüsse aus München mit einem ebenso hochbegabten wie machtbewussten Parteivorsitzenden Franz Josef Strauß, der nur darauf wartete, dass seine Stunde des Wiedereintritts in die Bundesregierung anbräche; schließlich auch die selbst durch den klaren Wahlsieg nicht verstummte Debatte darüber, ob nicht doch eine Große Koalition angesichts der vielfältigen Probleme des Landes die bevorzugte Lösung sein müsse. Es kam hinzu, dass der innere Kreis um Ludwig Erhard, der maßgeblich geprägt war von Erhards ehrgeizigem Büroleiter Hohmann und dem Chef des Bundeskanzleramts, Ludger Westrick, der es an Intelligenz und administrativem Gestaltungsanspruch mit seinem Vorgänger Heinrich Globke durchaus aufnehmen konnte, vor dem Hintergrund des rauer werdenden politischen Klimas den Kanzler zunehmend abschottete. Dafür, dass Erhard in seiner zweiten Amtszeit die Kräfte verließen, hat Hohmann selbst im Rückblick von knapp zehn Jahren angeführt, dass der Kanzler es nach den Strapazen des Wahlkampfs versäumt hatte, sich eine Erholungspause zu gönnen. Erhard verlor zunehmend an Autorität,[66] und es zeigte sich, dass er sich nicht auf einen sicheren politischen Instinkt verlassen konnte, der ihn all die Jahre bei wirtschaftlichen Weichenstellungen die richtigen Entscheidungen hatte treffen lassen, wenn es um die großen außen- oder parteipolitischen Weichenstellungen ging.

So musste Ludwig Erhard buchstäblich überredet werden, für die beim Bundesparteitag der CDU im März 1966 anstehende Wahl in der Nachfolge Konrad Adenauers um den Parteivorsitz zu kandidieren. Mit seinem Fraktionsvorsitzenden Rainer Barzel war ihm dabei allerdings auch ein Gegenspieler erwachsen, der im Januar seinen Anspruch auf die Führung der Partei angemeldet hatte und die Mitstreiter im Präsidium der Partei davon überzeugen wollte, dass es das Klügste sei, wenn ein junger, aktiver und entschlossener Fraktionsvorsitzender die Partei übernähme. Konrad Adenauer hatte zunächst vergeblich mit seiner Position, dass der Parteivorsitzende nicht auch noch ein anderes, führendes Amt innehaben möge, dafür zu werben versucht, dass weder Kanzler noch Fraktionsvorsitzender den Parteivorsitz übernehmen mögen, dann aber Barzel Unterstützung zugesagt.[67]

Die sich hinter den Kulissen abzeichnenden Machtspiele, der nach vorne drängende Barzel, der eine Auslandsreise Erhards nach Paris für den Coup nutzen wollte, Erhard zum Verzicht zu bewegen, die Warnung Barzels an Erhard vor einer

Kampfabstimmung auf dem Parteitag, all dies nimmt das innerparteiliche Kräftemessen vorweg, das sich im November, nach dem Scheitern der Kleinen Koalition, mit Blick auf die Erhard-Nachfolge in der Union wiederholen sollte. Es zeigt zudem, wie innerparteilich geschwächt damals schon Erhards Position gewesen sein muss, dass sein junger Fraktionsvorsitzender sich zutraute, in den offenen Schlagabtausch mit dem amtierenden Bundeskanzler einzutreten. Doch ähnlich wie schon bei den Bundestagswahlen im September 1965 gelang es Erhard – es gibt hier durchaus noch eine weitere verblüffende Parallele zum zehnjährigen »Kampf ums Kanzleramt« –, sich gegen seinen Herausforderer bei den Wahlen zum Parteivorsitz am 23. März 1966 mit einer deutlichen Mehrheit durchzusetzen. Dieser Sieg freilich war mehr noch als ein Signal der Stärkung des amtierenden Bundeskanzlers der Unpopularität seines Herausforderers geschuldet, der auch in den eigenen Reihen als eitel und arrogant galt.[68]

Ungelöste Fragen der Haushaltskonsolidierung und nicht eingehaltene Versprechen, dem von einer Strukturkrise gebeutelten Bergbau in Nordrhein-Westfalen unter die Arme zu greifen, waren es, die schließlich 1966 zur Machtteilung der CDU und einem ausgesprochen mageren Ergebnis bei den Landtagswahlen in Nordrhein-Westfalen führten. Die Nordrhein-Westfalen-Wahl vom 10. Juli 1966 wurde weithin als Menetekel empfunden. *Der Spiegel* titelte fragend und ganz auf der Höhe des Zeitgeists: »Erhards Ende?«[69] Nur 42,8 Prozent hatte die CDU bei den Wahlen im größten Bundesland einfahren können, während die SPD mit 49,5 Prozent als überragender Sieger am Wahlabend dastand und die FDP ihre 7,4 Prozent als weitere Bestätigung eines selbstbewussten, liberalen Kurses in Abgrenzung zur Union bewertet wissen konnte.

Auch in München hatte die verheerende bundespolitische Situationsanalyse nach den Nordrhein-Westfalen-Wahlen die Alarmglocken höher schrillen lassen. Der Parteivorsitzende

Franz Josef Strauß war sich bewusst, dass es mit einigen Rochaden im Kabinett nicht getan sein würde. In seiner schonungslosen Analyse auf der Landesvorstandssitzung der CSU am 7. Oktober 1966 in München war er bereit, für das angestrebte Ziel des Sturzes von Ludwig Erhard als Bundeskanzler die Einheit der Union (und damit die Fraktionsgemeinschaft im Deutschen Bundestag) zu riskieren. Er wurde darin ausnahmsweise sogar von seinem parteiinternen Widersacher Karl Theodor Freiherr von und zu Guttenberg unterstützt. Dies änderte jedoch nichts daran, dass sich die Mehrzahl der Landesvorstandsmitglieder zögerlich verhielt und sich nicht zum Putsch gegen Erhard entschließen konnte.[70]

Die Ausschläge des Wählerverhaltens fielen in eine Zeit, in der die deutsche Gesellschaft großen Veränderungen unterworfen war und sich die Tendenz zur Massengesellschaft weiter durchsetzte. Waren die Erinnerung an die Niederlage von 1945 und die negative Präsenz des Nationalsozialismus für die Bundesrepublik der 1960er-Jahre noch die allgegenwärtigen Begleiter und die Suche nach materieller Sicherheit, auch nach Schutz durch Bündniszugehörigkeit in der Nordatlantischen Allianz, der Grundtenor des Zeitklimas, so war das hervortretende Charakteristikum der Bundesrepublik ihr Mangel an Staatlichkeit. Der Provisoriumscharakter war offensichtlich. Das Wirtschaftswunderland war zuerst und vor allem eine Wohlstandsgesellschaft. Henry Kissinger hat die Bundesrepublik der Sechzigerjahre mit einem Baum ohne Wurzeln verglichen, einer »Ökonomie auf der Suche nach einem Daseinszweck«.[71] Es war dabei unklar, ob sie je wieder ein bürgerlicher Staat werden würde. Die Beschränkung auf das Ökonomische hatte in den 1950er-Jahren ganz der Erhard'schen Parole vom »Wohlstand für alle« entsprochen. Das Bedürfnis nach Anmut, nach staatlicher Repräsentation, die Freude am klingenden Spiel und an geschichtsträchtiger Symbolik, alles, was in Frankreich oder Großbritannien zu dem in Jahrhunderten gewachsenen Grundverständnis von Nation und Staatlichkeit gehört, ging der jungen Bundesrepublik ab. Der Verlust der Ostgebiete, das Ende der Bourgeoisie, der Rückzug des Adels auf seine Schlösser, vor allem in den südlichen Teilen Deutschlands, auch die Unterrepräsentanz der Katholiken in staatlichen Ämtern, Streitkräfte, die man verschämt nur als »Wehrbeitrag« und »Bundeswehr« zu bezeichnen sich traute, deren Angehörige in schmucklose Uniformen gesteckt wurden und die von allen Seiten nach ihrer Demokratietauglichkeit durchleuchtet wurden, all dies charakterisierte ein Gemeinwesen, für dessen Traumatisierung die Debatten um »Normalität« und die Forderung nach »Vergangenheitsbewältigung« standen und dessen politische und menschliche Wirklichkeit durch die Last der Teilung in einen freien und einen unfreien Teil, durch die Existenz von Mauer, Stacheldraht und Schießbefehl, die politische und menschliche Wirklichkeit bestimmte.

Die 1960er-Jahre waren in der ganzen westlichen Welt von Zwanglosigkeit bestimmt, die in Deutschland bisweilen auf eine sehr verkrampfte Weise daherkam.[72] Es verbreitete sich bei der jungen Generation damals immer stärker das unbestimmte Gefühl, berufen zu sein, zu einer neuen Zeit aufbrechen zu können. Damit verband sich der Wunsch, aus Zwängen der Normierung auszubrechen. 30 Jahre zuvor hatte der omnipräsente NS-Staat die Auslöschung des Individuums mit seinem Anspruch auf Durchdringung aller Lebensbereiche und seiner pseudoreligiösen innerweltlichen Heilslehre versucht. Es war vor allem ein Gefühl des Dagegenseins, das sich nun breitmachte: gegen die Autoritäten der Eltern, der Kirchen und des Staates, und es war wohl auch ein Gefühl des Zukurzgekommenseins. Der materielle Verzicht der frühen Jahre war vor allem den Umständen der Trümmerlandschaft und den Entbehrungen der Aufbaujahre geschuldet. Der von Ludwig Erhards Wirtschaftspolitik ermöglichte Konsum war dabei schon in den 1950er-Jahren die große Verheißung der Deutschen. Mit dem beginnenden Massenzeitalter, als die elementaren Bedürfnisse der Ernährung und der Behausung zunehmend gestillt waren, richtete sich das Sinnen und Trachten auf andere Bereiche.

Die zunehmende Motorisierung der Deutschen und der Wunsch, im Sommer Ferien an der Adria oder Riviera zu verbringen, wurden zu einem kollektiven Begehr. Design und Mode wurden Mitte der 1960er-Jahre zu den Ausdrucksformen einer neu entdeckten Selbstverwirklichung, die sich bewusst von den zu Grautönen neigenden konventionelleren Vorlieben der Elterngeneration unterscheiden wollte. Aufgeschäumte Sitzsofas aus Polyester, immer kürzere Miniröcke nach dem Vorbild des britischen Fotomodells Twiggy, futuristische Hüte und transparente Blusen, wie sie der französische Couturier Yves Saint Laurent 1966 in Paris bei einer Modenschau seine Mannequins präsentieren ließ, waren auch eine Hommage an den Zeitgeist. Mode wurde auch als Ausdruck von Freiheitswillen und Rebellion gegen die sogenannte bürgerliche Moral begriffen. Immer häufiger fanden sich auf den Titelbildern von *Stern* und *Spiegel* zunehmend entblößte Frauen. Sexuelle Selbstverwirklichung, freie Liebe und Permissivität wurden zum Ausdruck der nun entdeckten neuen Freiheit. Dies erfolgte zugleich in einer Zeit, in der sich endgültig die Massendemokratie mit der damit einhergehenden Tendenz zur Nivellierung durchsetzte. Die Volksgemeinschaft hatte für die Deutschen schon in der nationalsozialistischen Zeit weithin zur Auflösung der Klassenschranken geführt. Die mit der Wohlstandsdifferenzierung in der aufstrebenden Wohlstandsgesellschaft deutlicher werdenden Unterschiede nach Einkommen, Prestige und auch Bildung sollten in der Formierten Gesellschaft so wenig sichtbar wie möglich sein und eine Gleichheit suggerieren, die es in der Geschichte in dieser Form nie gegeben hatte. Die neuen Reichen der Bundesrepublik verband, dass sie sorgsam bemüht waren, ihren materiellen Reichtum nicht zur Schau zu stellen.[73] Die dann in den 1970er-Jahren zunehmende Tendenz zur Bürokratisierung, die Illusion der Planbarkeit in Verbindung mit schierem Fortschrittsoptimismus und der Anspruch des Staates, möglichst alle Bereiche des wirtschaftlichen und gesellschaftlichen Lebens demokratisieren zu können, haben schließlich zum unaufhaltsamen Aufstieg der Funktionärskaste geführt.

»Wir müssen den neuen Stil der Zeit repräsentieren«,[74] hatte Ludwig Erhard wiederholt in seinen Reden gefordert. Doch vermutlich war keine dieser hier beschriebenen Entwicklungen originär in seinem Sinne. Materialismus stand ihm weder als Verheißung für den Staat als Ganzes noch als Verwirklichungsziel seiner persönlichen Lebensführung vor Augen. Sein Freiheitsbegriff zielte auf ganz andere Bereiche als diejenigen, die sich seit Mitte der 1960er-Jahre zunehmend im Blickwinkel der wachsenden Zahl der Wohlstandsdeutschen befanden. Erhard, der unzeitgemäße Visionär, der diese Entwicklungen mit seinen politischen Weichenstellungen und der Schaffung der damit verbundenen Freiräume erst ermöglicht hat, war am Ende ein Stück weit aus dem Tritt geraten. Sein schon damals weithin belächelter Versuch, gegen die auch im Stadtbild der Großstädte sichtbaren Jugendlichen, die ostentativ dem Müßiggang frönten und Vernachlässigung zu ihrem Erkennungszeichen gewählt hatten – im zeitgenössischen Sprachgebrauch als »Gammler« verunglimpft – zu Felde zu ziehen, kann als Zeichen dafür gewertet werden. Im Juni 1966 hatte der Bundeskanzler den »Gammlern« den Kampf angesagt: »Solange ich regiere, werde ich alles tun, um dieses Unwesen zu zerstören.«[75] In einer Wahlrede auf dem Bonner Münsterplatz hatte er sich gar zu verbalen Ausfällen gegen die »Gammlerchöre« skandierenden Störenfriede hinreißen lassen und sie mit den Worten »wenn ich und die CDU nicht gewesen wären, wäret ihr in den Windeln verkommen«[76] adressiert. Die Bundesländer wurden nun von der Bundesregierung aufgefordert, Störungen der öffentlichen Sicherheit und Ordnung durch sogenannte Gammler zu melden. Sein Feldzug ging aus wie das Hornberger Schießen und führte in den Staatskanzleien und Polizeipräsidien zu hochgezogenen Augenbrauen. Die verhaltenen und spröden Rückmeldungen signalisierten, dass das Problem als solches nicht so eingeschätzt wurde wie in Ludwig Erhards Bundeskanzleramt. Die nunmehr auch im öffentlichen Erscheinungsbild immer sichtbarer werdenden gesellschaftlichen Umbrüche hatten sich parallel zu einer Entwicklung vollzogen, mit der Ludwig Erhard, der die Modernisierung der deutschen Gesellschaft zum eigentlichen Thema der deutschen Kanzlerschaft gewählt hatte, sich mehr und mehr ins politische Aus manövriert sah. Diese Entwicklung hatte sich mit atemberaubender Schnelligkeit vollzogen. Gerade noch war Ludwig Erhard auf dem Titelbild der Beilage des *New York Times Magazine* als Verkörperung des »neuen Deutschen« mit dem vielsagenden Titel »The Germans feel like Germans again« gefeiert worden.[77] Nun diskutierte seine Partei, die CDU, nach dem Wahldebakel in Düsseldorf vom Juli 1966, ob der Einbruch einen langfristigen Trend widerspiegele.

Die letzte Phase der Kanzlerschaft Ludwig Erhards hätte unter der Überschrift »Ränkespiele, Absetzbewegungen und Treueschwüre« stehen können. Als der Fraktionsvorsitzende Rainer Barzel in der ersten Sitzung der CDU/CSU-Fraktion nach der Sommerpause am 12. September 1966 zu seinem Bericht ausholte, plädierte er vielsagend dafür, dass die Mitglieder der Fraktionsgemeinschaft schonend miteinander umgehen und einander das Leben erleichtern sollten, anstatt es zu erschweren.[78] Sein Appell für »Entschlossenheit zum Handeln« glich dem Pfeifen im dunklen Wald. Barzels Einsicht, dass die Lage Konsequenzen erfordere – »sie ist nicht zu meistern durch verbale und faule Kompromisse oder durch Gesundbeterei« –, enthielt die kaum mehr verhohlene Drohung, dass der Kanzler nun endlich handeln müsse. Heinrich Krone, seinem Minister für den Bundesverteidigungsrat, hatte Ludwig Erhard in jenen Tagen anvertraut, dass er bleiben wolle, eine Kabinettsumbildung mit neuen Männern anstrebe und es ihn nicht mehr kümmere, »was da in der Fraktion vor sich gehe«.[79] Viele Namen waren im Gespräch: Hermann Josef Abs wurde als Finanzminister gehandelt, Franz Josef Strauß als künftiger Außenminister, Walter Hallstein als Wirtschaftsminister, Erich Mende sollte durch die Zusammenlegung des Gesamtdeutschen Ministeriums mit dem Vertriebenenministerium gestärkt werden, Schröder und von Hassel vorneweg, aber auch Gradl und Schmücker standen auf der Abschussliste. Die Ersetzung Erhards durch Bundestagspräsident Eugen Gerstenmaier wurde nun ganz offen in der Fraktion diskutiert.[80] Keine einzige Personalie dieser Planspiele indes wurde in die Wirklichkeit umgesetzt. Erhard fehlte am Ende sichtbar die politische Kraft zu Veränderungen.

Die letzten Monate von Erhards Kanzlerschaft waren überschattet vom Höhepunkt der Starfighter-Affäre, die zugleich eine militärische Führungskrise war und bei der sich zeigte, dass Verteidigungsminister Kai-Uwe von Hassel sein Haus schon längst nicht mehr im Griff hatte. Innerhalb von 18 Monaten war es zu nicht weniger als 44 tödlichen Abstürzen des noch in den Zeiten von Bundesminister Franz Josef Strauß beschafften Kampfjets Lockheed F-104 »Starfighter« gekommen. Am 22. August 1966 war der Inspekteur der Luftwaffe, Werner Panitzki, vorübergehend von seinen Aufgaben entbunden worden, weil er in einem Interview öffentliche Vorwürfe gegen das Ministerium erhoben hatte. Auch Erhards rechte Hand, Kanzleramtschef Westrick, zog immer mehr Pfeile, insbesondere aus der CDU/CSU-Bundestagsfraktion, auf sich. Am 15. September demissionierte Westrick. Erhard, der ihn gegen die öffentlichen Angriffe nicht in Schutz genommen hatte, nahm den Rücktritt mit Bedauern entgegen, bat aber mangels eines Nachfolgers, Westrick vorerst im Amt zu bleiben. Die Bemerkungen auch im unmittelbaren Umfeld Erhards wurden nun immer despektierlicher. Er möge sich selbst einmal in den Hintern treten, wird ein nicht namentlich genanntes Mitglied des Hohmann-Kreises zitiert, und auch Hohmann selbst ließ Anzeichen von Frustration nunmehr ungefiltert nach außen dringen.[81]

Auch in der Außenpolitik war der Kanzler nun zunehmend vom Glück verlassen. Sein letzter Amerikabesuch bei US-Präsident Johnson, den er mit großem Gefolge Ende September 1966 angetreten hatte, endete in der von den meisten als zentral eingeschätzten Frage des Ringens um die Reduktion der lastenden Stationierungskosten ohne greifbare Ergebnisse. Am 26. Oktober zerbrach die CDU/CSU/FDP-Koalition an Meinungsverschiedenheiten über den Haushaltsausgleich, um eine ordnungsgemäße Abdeckung des Haushalts, Minderausgaben und den Abbau von Privilegien zu erreichen. Damit das Koalitionsziel eines ausgeglichenen Haushalts erreicht werden konnte, hatten CDU und CSU eine Ergänzungsabgabe auf die Lohn-, Einkommens- und Körperschaftssteuern sowie eine Erhöhung von Verbrauchssteuern vorgeschlagen. Die Liberalen waren indes nicht bereit, diese Steuererhöhungen mitzutragen. Stattdessen hatten sie als Alternative den Wegfall des Arbeitgeberfreibetrags sowie die Erhöhung der Beiträge zur Rentenversicherung ins Spiel gebracht. Der Vorrat an Gemeinsamkeiten war verzehrt, die Koalitionspartner standen sich unversöhnlich gegenüber, die zu breiten Teilen der Gesellschaft spürbare Konjunktur bedingte den Rückgang der Kaufkraft und den damit einhergehenden Anstieg der Arbeitslosenzahlen wurden in der öffentlichen Meinung nun auch der Landesregierungen zur Last gelegt. Am Ende ließ Entwicklungshilfeminister Walter Scheel, der bei der entscheidenden Kabinettssitzung, bei der nochmals ein mühsamer Kompromiss gezimmert worden war, dienstlich in Paris weilte, anschließend mitteilen, dass er dem Kompromiss in dieser Form nie zugestimmt hätte. Über die Parteigremien der Liberalen wurde nun der Druck auf den Koalitionspartner erhöht.

Am 27. Oktober zirkulierte im Bundeshaus die Mitteilung der FDP-Pressestelle, dass die Partei ihre Minister aus der Koalition zurückziehe, und es herrschte unter Mitgliedern des Bundestags wie bei den politischen Beobachtern Ratlosigkeit, wie es weitergehen solle.[82] Zum dritten Mal nach Februar 1958 und Dezember 1962 hatten die Freien Demokraten mitten in der Legislaturperiode ihre Rolle als Juniorpartner ausgereizt und den Ausstieg aus der laufenden Koalition verkündet. Waren die Motive für den Rückzug 1962 noch darauf begrenzt gewesen, den amtierenden Verteidigungsminister Franz Josef Strauß durch den kollektiven Rücktritt der freidemokratischen Kabinettsmitglieder zur Demission zu zwingen, um danach die Regierungsarbeit fortsetzen zu können, hatten nun Sachfragen den Ausschlag für den Koalitionsbruch gegeben. Die Liberalen befanden sich, wie ein Kommentator dies damals treffend beschrieben hatte, »auf dem Grat zwischen Umfall und Prinzipientreue«[83] und mussten aufpassen, dass ihre Selbstbeschreibung »klein, aber fein« in Verbindung mit dem Anspruch, sich so teuer wie möglich zu verkaufen, nicht vom Wähler als Opportunismus interpretiert werden würde.

Nach dem Rückzug der FDP-Minister hatte Erhard eine Zeit lang daran gedacht, sich an der Spitze eines Minderheitenkabinetts halten zu können. Doch der Machtkampf innerhalb der Union wurde immer offenkundiger. Die Ambitionen von Schröder und Barzel auf die Kanzlerschaft waren unverhohlen. CSU-Chef Franz Josef Strauß hatte den Bundeskanzler in den Fraktionssitzungen mehrfach hart angegriffen. In der Fraktionssitzung am 2. November hatte Erhard nun schon resignierend erklärt, dass die Bildung einer mehrheitsfähigen Regierung durch CDU und CSU nicht an seiner Person scheitern werde.[84] »Machen Sie den Weg frei!«, hatte die *Bild*-Zeitung am Morgen unter Berufung auf eine entsprechende Erklärung des Chefs des mächtigen CDU-Verbands Westfalen, Josef-Hermann Dufhues, getitelt, der sich mit dem als Aufforderung zum Rücktritt zu interpretierenden Satz zitieren ließ: »Ich weiß, dass Ludwig Erhard nicht an seinem Sessel klebt.«[85] Am 7. November war klar, dass Erhard zurücktreten würde. Vor allem Barzel und Strauß waren in den Wochen zuvor aus Erhards Sicht die Hauptschuldigen.[86] Auf Betreiben des rheinland-pfälzischen CDU-Vorsitzenden Helmut Kohl hatten der baden-württembergische, rheinland-pfälzische und saarländische Landesverband mit ultimativen Telegrammen Druck ausgeübt, keine präjudizierenden Entscheidungen zu treffen. Die SPD hatte mit ihrem von CDU und CSU nicht für verfassungskonform gehaltenen Antrag, den Bundeskanzler aufzufordern, die Vertrauensfrage zu stellen, zu einer weiteren Zuspitzung der ohnehin schon dramatischen Lage beigetragen.

Die Scherben der auseinandergebrochenen Koalition waren für jedermann sichtbar. Die Fraktionssitzung am 8. November – in Anwesenheit des noch amtierenden Bundeskanzlers Ludwig Erhard – war ein Abschiedsgesang. Hinter den Kulissen tobte der Machtkampf der aussichtsreichsten Bewerber Barzel, Schröder, Gerstenmaier und des baden-württembergischen Ministerpräsidenten Kiesinger, und in den Sprechbeiträgen wurden bereits die Einträge ins Geschichtsbuch skizziert. Die Sitzung verlief in großer Unruhe und enthielt bereits Elemente des Nachrufs auf Bundeskanzler Ludwig Erhard. Die Koalition war zerbrochen, das Ringen um eine neue parlamentarische Mehrheit auf hohen Touren. Rainer Barzel setzte als Fraktionsvorsitzender den Ton: »Wir nehmen weder für die CDU/CSU noch für Ludwig Erhard allein den ganzen wirtschaftlichen Aufstieg in Anspruch, der für die Bundesrepublik

Deutschland mit der Währungsreform begann. Das ganze deutsche Volk in allen seinen Schichten hat dies geschafft. [...] Bundeskanzler Ludwig Erhard gebührt Achtung und Respekt von Freund und Gegnern. Sein Lebenswerk liegt offen vor der Welt. [...] Wir Deutsche sind heute aus Kriegsvertreibung und Trümmern in der Produktion die dritte, im Handel die zweite, im Sozialen die erste Nation der Welt. Wir sind ein modernes Land, in dem es lohnt zu leben. Dieses Ergebnis ist wesentlich mitbestimmt durch die Überzeugungskraft und die Arbeit Ludwig Erhards. Die Wiederaufbauphase Deutschlands ist beendet. Die Geschichte wird einmal das Werk Ludwig Erhards würdigen mit Respekt und Achtung.«[87]

Wie sehr Ludwig Erhard in jenen Wochen der öffentlichen Demontage frustriert gewesen sein muss, wird daraus ersichtlich, dass er die Publikation eines von ihm nie autorisierten Abschiedsbriefs, den sein ehemaliger Pressereferent Johnny Klein in der *Neuen Illustrierten Revue* veröffentlicht hatte, mit den Worten bedankte: »Sie haben mir aus der Seele geschrieben!«[88] Der Brief, den der gerade zur Bauer-Verlagsgruppe gewechselte Journalist Klein dem scheidenden Kanzler zugeschrieben hatte, endete mit dem Spruch des letzten Sachsenkönigs Friedrich August III.: »Macht euren Dreck alleene!« und hatte es in sich: »Mein Nachfolger müsste eigentlich Ky heißen, wie der Ministerpräsident von Süd-Vietnam. Denn was seit Monaten in Bonn tobt, ist ein Dschungel-Krieg. Guerillas und Heckenschützen sind die Helden des Tages. Niemand weiß, wo die Front verläuft. Niemand weiß, wo die Roten stehen und wo die Schwarzen. Am liebsten wäre es meinen politischen ›Freunden‹ gewesen, wenn ich mich wie ein buddhistischer Mönch mit Benzin übergossen und selbst angezündet hätte. Intrige, Sabotage und Zermürbung waren die Waffen, mit denen mich meine eigene Partei zu Tode zu hetzen versuchte. Mit der Ära Erhard begann auch die Zeit der lautstarken Ehrgeizlinge. Zu lange hatten sie unter meinem Vorgänger

Adenauer kuschen müssen. Von mir wussten sie, dass ich einen – heute muss ich sagen – naiven Glauben an Anständigkeit und Vernunft der Menschen besaß. Sie wussten, dass ich von personellem Ränkespiel, von Erpressung und Verleumdung nichts verstand. Mit mir konnten sie's ja machen!«[89]

Am 30. November fand die letzte Kabinettssitzung unter Leitung Ludwig Erhards statt. Am Tag darauf, am 1. Dezember, wurde Kurt Georg Kissinger mit den Stimmen von CDU/CSU und SPD zum dritten Bundeskanzler der Bundesrepublik Deutschland gewählt. Zum Abschiedsabend im Palais Schaumburg am gleichen Tag hatte Ludwig Erhard nur seine Familie, seine engsten Vertrauten und das Personenschutzkommando des Bundeskriminalamtes um sich versammelt.[90] Leise Melancholie. Über Politik zu sprechen, wurde sorgsam vermieden. Erhards Tochter Elisabeth zitierte den amerikanischen Kanzler-Biografen Jess Lukomski: *Auf den Weihnachtsmann schießt man nicht*. Ludwig Erhard hielt eine kleine Rede, in der er den Angehörigen des Bundeskriminalamtes dankte. »Ich danke Ihnen, meine Herren«, hatte Erhard gesagt, »bei mir gibt es nichts zu sichern.« »Ich habe wirklich keinen Augenblick lang geglaubt«, sagte er jetzt, »dass mir irgendetwas zustoßen könnte, dass mir irgendjemand nach dem Leben trachten würde.« Viele Einzelheiten ihrer Arbeit habe er behalten, viele Kleinigkeiten bemerkt, ohne ihre Rolle als Bahnbrecher wäre er aus mancher Massenkundgebung nicht ohne Quetschungen und Prellungen herausgekommen. Frau Erhard sprach über ihre Silvesterpläne am Tegernsee. Bald schon musste der Kanzlerbungalow geräumt werden.

Nach außen hin ließ sich Ludwig Erhard indes nichts anmerken. Besonders schmerzen musste ihn die Formulierung seines unmittelbaren Nachfolgers Kurt Georg Kiesinger, der seine Regierungserklärung am 13. Dezember 1966 mit der Formulierung eröffnete: »Der Bildung dieser Bundesregierung, in deren Namen ich die Ehre habe, zu Ihnen zu sprechen, ist eine lange, schwelende Krise vorausgegangen, deren Ursachen sich auf Jahre zurückverfolgen lassen.«[91] Kiesinger fügte damit zugleich die für lange Zeit verbindliche Deutung des Niedergangs der Regierung Erhard an, wenn er »innenpolitische Schwierigkeiten, innerparteiliche(n) Zwist und außenpolitische Sorgen« dafür verantwortlich machte, »bis schließlich die Uneinigkeit über den Haushalt 1967 und über die auf lange Sicht notwendigen finanzpolitischen Maßnahmen zum Auseinanderbrechen der bisherigen Koalition und zu einem Minderheitskabinett führten«.[92]

Erhard wusste es besser, doch er schwieg. Er war aus der Regierung ausgeschieden, aber nicht aus der Politik. Wie ein Memento aus vergangenen Zeiten saß er weiterhin für jedermann sichtbar in der ersten Reihe des Deutschen Bundestags. Bis zuletzt nahm er die Pflichten seines Mandats wahr. Als Alterspräsident eröffnete er 1972 und 1976 den siebten und den achten Deutschen Bundestag. Bis zu den Bundestagswahlen 1976, den letzten, bei denen er sich dem Wählervotum stellte, hatte er die Landesliste Baden-Württemberg für die CDU angeführt. Auch wenn er im Deutschen Bundestag nur selten das Wort ergriff, so blieb er bis zuletzt in politischen Fragen leidenschaftlich involviert. Karl Schillers Anspruch auf eine neue Wirtschaftspolitik und die Schimäre der Lenkung von Wirtschaftsprozessen durch exakte Planungsvorgaben lehnte er ab. Dies hinderte ihn nicht daran, 1972 gemeinsam mit seinem sozialdemokratischen Amtsnachfolger als Wirtschaftsminister in Anzeigenkampagnen gegen den »Opportunismus des Verteilerstaats« zu Felde zu ziehen.

Als der seit 1973 amtierende Vorsitzende der Christlich Demokratischen Union Deutschlands, der rheinland-pfälzische Ministerpräsident Helmut Kohl, im Juni 1975, maßgeblich von seinem Generalsekretär Kurt Biedenkopf inspiriert, sich im Entwurf der Mannheimer Erklärung zur »Neuen Sozialen Frage« programmatisch positionieren wollte, provozierte Kohl zunächst intern eine geharnischte Reaktion Erhards, die auch als eine gnadenlose Abrechnung mit dem aus Erhards Sicht ökonomischen Dilettantismus seines Nach-Nachfolgers als Parteivorsitzender gelesen werden kann. »Ersparen Sie es mir«, schrieb Erhard an den »sehr geehrte(n) Herrn Kohl und liebe(n) Herrn Kollegen« am 12. Juni 1975, »an dieser Stelle auf Einzelheiten dieser beiden Papiere einzugehen. (...) Ich kann nicht leugnen, dabei den Eindruck gewonnen zu haben, dass die CSU in wichtigen gesellschaftspolitischen Aussagen einen Standpunkt vertritt, der für die Zukunft besseres verheißt als das, was der Entwurf der Mannheimer Erklärung der CDU in dieser Beziehung anbietet.«[93] Erhard fürchtete, dass die angebliche Entdeckung der »Neuen Sozialen Frage« nur zu neuen Forderungen und Belastungen der öffentlichen Haushalte führen würde. Es trieb ihn die Sorge um, dass seine Vorstellungen der Sozialen Marktwirtschaft von seiner Partei ausgehöhlt werden würden. Er schrieb an seinen Nach-Nachfolger im Amt des Parteivorsitzenden: »Die Aussagen über die ›Neue Soziale Frage‹ halte ich nicht etwa deshalb für bedenklich, weil ich Sozialpolitik an sich für fragwürdig hielte, sondern vor allem, weil sie in einem Augenblick geleistet werden, in dem mir genau das Gegenteil richtig zu sein scheint.«[94] Die gewundene Antwort des Generalsekretärs Biedenkopf im Auftrag des Parteivorsitzenden Kohl[95] konnte den Altkanzler keineswegs befriedigen, sodass er am 25. Juli nochmals nachlegte. Der Brief habe ihn in keiner Weise überzeugt, und ein Meinungsbeitrag »aus der Feder von Herrn Biedenkopf im Deutschland-Unions-Dienst vom 23. Juni« gebe ihm Anlass, mitzuteilen, auch in der Zukunft in der Öffentlichkeit seine »abweichende Meinung in der sogenannten »Neuen Sozialen Frage« zu vertreten: »Ich möchte nicht durch Schweigen mitschuldig werden an einer Entwicklung, die auch unsere Partei näher zum Kollektivismus hinführt und die ihr die Chance verbaut, durch überzeugende Alternativen zur SPD die Wähler zu veranlassen, ihr wieder die Mehrheit im Deutschen Bundestag zu geben. So gewinnt man keine Wahlen.«[96]

Der Satz »So gewinnt man keine Wahlen« wurde im Sommer 1975 zu Erhards Mantra. Sein Brief an den Parteivorsitzenden wurde auch der Presse zugespielt.[97] Erhard legte in einem ausführlichen Interview mit der *Frankfurter Allgemeinen Zeitung* am 15. September 1975 nach, das mehr noch als Kritik an dem aus seiner Sicht falschen wirtschaftspolitischen Kurs der Bundesregierung an die eigene Partei gerichtet war, für die es jetzt gelte, der Krise mit politisch-wirtschaftlichen Leitideen und Konzepten zu begegnen. Wie sehr die Stimme Erhards innerparteilich damals noch gezählt hat, wird auch daraus ersichtlich, dass auf seinen Druck hin erhebliche Korrekturen an der Mannheimer Erklärung vorgenommen wurden.[98]

Das Ringen um den richtigen Kurs in der Wirtschafts- und Sozialpolitik der CDU zeigt, wie sehr Ludwig Erhard auch als Altkanzler bei den für ihn entscheidenden politischen Fragen präsent gewesen ist und tatsächlich bis zum Schluss dem Rad in die Speichen gegriffen hat. Er hatte Marktwirtschaft immer als ein System der Partnerschaft verstanden, und ihn trieb um, dass aus einem missverstandenen Planungsenthusiasmus unter dem Mantel der Verteilungsgerechtigkeit die Aushöhlung der Wirtschaftsordnung letzten Endes auch zu einer Veränderung der Gesellschaftsordnung führen könnte.

Ein letztes Mal wurde Ludwig Erhard zu seinen Lebzeiten in seiner Vaterstadt Fürth genauso wie im politischen Bonn aus Anlass seines 80. Geburtstags am 4. Februar 1977 mit großer öffentlicher Anteilnahme geehrt. Bereits zu seinem 75. Geburtstag, im Februar 1972, war ihm von Weggefährten aus dem In- und Ausland eine voluminöse Festschrift übergeben worden, die sich als Beitrag zu seiner politischen Biografie verstand und Respekt vor seiner Person und Leistung bezeugen wollte. Dass sich zu den Herausgebern Alfred Müller-Armack, Karl Hohmann, Johannes Gross und Rüdiger Altmann – gewissermaßen die Kerngruppe des Sonderkreises, der sich in der Zeit der Kanzlerschaft von Ludwig Erhard vierzehntägig zu einem Meinungsaustausch mit dem Bundeskanzler getroffen hatte – als Fünfter Erhards ehemaliger Außenminister Gerhard Schröder hinzugesellt hatte, verleiht dem Band eine besondere Note.[99] Denn Schröder hatte es als dessen Außenminister nie erwarten können, Erhard als Bundeskanzler abzulösen.

Erhard war nun schon zu Lebzeiten ein Denkmal seiner selbst geworden. Es war jene Verwobenheit seiner Biografie mit der deutschen Geschichte und den Weichenstellungen der Bundesrepublik im Besonderen, die dies ermöglicht hat. In einer der wenigen von ihm selbst verfassten Aufzeichnungen biografischer Natur, einem Text über seine fränkische Vaterstadt Fürth, hat er dies auf den Punkt gebracht: »In meinem Lebensweg und persönlichen Schicksal spiegelt sich im Guten und im Bösen, in den glücklichen und sorgenvollen Tagen ein Stück deutscher Geschichte wider.«[100]

In den frühen Morgenstunden des 5. Mai 1977 erlag Ludwig Erhard in Bonn einem Herzversagen. Bundespräsident Walter Scheel ordnete einen Staatsakt und ein Staatsbegräbnis an. Ludwig Erhards Leichnam wurde am 10. Mai im früheren Großen Kabinettssaal des Palais Schaumburg aufgebahrt. Die Angehörigen des Bundeskanzleramts, der Bundespräsident, die Bundesregierung, Vertreter und Mitglieder von Bundestag, Bundesrat, Bundesverfassungsgericht, Diplomatischem Corps, der Kirchen und die Öffentlichkeit bekamen die Möglichkeit zum Defilee. Der Bundespräsident, Bundestagspräsident Karl Carstens, Bundeskanzler Helmut Schmidt und der CDU-Vorsitzende und Oppositionsführer im Deutschen Bundestag, Helmut Kohl, hielten am 11. Mai die Ansprachen beim Staatsakt im Deutschen Bundestag. Am 12. Mai 1977 wurde Erhard auf dem Bergfriedhof in Gmund am Tegernsee beigesetzt, nachdem zuvor unter Leitung von Bischof Hermann

Kunst in der Katholischen Pfarrkirche Tegernsee der evangelische Trauergottesdienst bei den Klängen der h-Moll-Messe von Johann Sebastian Bach und des Schlusschors und Chorals aus der Johannespassion stattgefunden hatte.

Eine Bilanz der Ära Erhard kann nicht nur auf seiner dreijährigen Regierungszeit als Bundeskanzler gründen. Man würde Ludwig Erhard bei einer historischen Beurteilung in seiner Bedeutung für die Geschichte der Bundesrepublik zudem nicht gerecht werden, wenn man ihn vorrangig als Außenpolitiker betrachtete. Erhard dachte und wirkte in langen Linien. Er selbst hat immer wieder darauf hingewiesen, dass die Verwirklichung seiner Politik nur in einem längeren Zeitraum möglich sei.[101] Dies ist zugleich auch die Perspektive, aus der wir heute auf seine Person und seine Zeit, auf sein Werk und dessen Bedeutung für die Geschichte der Bundesrepublik blicken müssen. Seine eigentliche Leistung liegt auf dem Gebiet der Wirtschaftspolitik, indem er durch die Einführung der D-Mark die Richtungsentscheidung zwischen Marktwirtschaft und Planwirtschaft zugunsten der Marktwirtschaft dauerhaft getroffen hatte. Ihm ist es – gemeinsam mit Konrad Adenauer – maßgeblich zu verdanken, dass in Deutschland nach der politischen und moralischen Katastrophe des Dritten Reichs und des Zweiten Weltkriegs die Demokratie wieder Fuß fassen konnte. Mit der Sozialen Marktwirtschaft hat er nicht nur eine zeitlose Formel geschaffen, sondern auch die Grundlage für den wirtschaftlichen Aufstieg der Bundesrepublik gelegt. Er hat diese Entscheidung mit Mut und Charakter, den beiden Charakteristika von Führungsstärke, und gegen heftige Widerstände getroffen. Er hat mit seiner Wirtschaftspolitik den größten Machtgewinn nach dem verlorenen Krieg ermöglicht und ist doch zeitlebens ein Politiker geblieben, der kein eigenes Verhältnis zur Macht entwickeln konnte. In diesem unterentwickelten Verständnis für Machtfragen liegt wohl auch der Grund, weshalb es ihm nie gelang, die außenpolitischen Konzeptionen General de Gaulles zu erfassen, geschweige denn sich auf die strategische Perspektive einer deutsch-französischen Zweierunion einzulassen.

Die Bilanz von Ludwig Erhards Kanzlerschaft ist durchwachsen; sie besteht aus scheinbar nicht miteinander verbundenen, auch einander widersprechenden Teilen. Wenn in der Literatur eine vorwiegend negative Intonierung verbreitet ist, liegt dies vor allem an der Außenpolitik und seinem Koalitionsmanagement. Bei näherer Betrachtung freilich enthalten auch diese beiden Bilanzteile weit in die Zukunft gerichtete Aspekte, die nicht übersehen werden dürfen.

Zunächst zur Außenpolitik: Am Ende von Erhards Regierungszeit waren die deutsch-französischen Beziehungen von herzlichem Einvernehmen zu frostigem Nebeneinander herabgesunken. In der unglücklichen Positionierung Deutschlands in der Frage der multilateralen atomaren Überwasserflotte MLF zeigt sich dies besonders. Sie trägt deutlich die Züge einer Isolierungspolitik Frankreichs und hätte, wäre sie gelungen, Deutschland in eine sicherheitspolitisch dauerhafte Gegenposition zu Frankreich gebracht. Erhard hat die damit verbundenen Gefährdungen falsch eingeschätzt und das tatsächliche Gewicht Deutschlands überschätzt. Die kalte Schulter, die er nach dem Honigmund des Élysée-Vertrags Paris zeigte, sollte auf lange Sicht durch die strategische Ambivalenz, das gegenseitige Misstrauen und vor allem die Enttäuschungen, die diese Politik in Paris ausgelöst hatte, die deutsch-französischen Beziehungen belasten. Wenn im Ausland nie gänzlich versiegte Befürchtungen vor einer Rückkehr des deutschen Nationalismus genährt worden sind, hat dies auch wesentlich mit diesen Erfahrungen zu tun. Zu den negativen Konsequenzen dieser von Erhard zu verantwortenden Entfremdung für die europäisch-amerikanischen Beziehungen zählen die durch die Zurückweisung seiner deutschlandpolitischen Avancen bestärkten Neigungen eines enttäuschten de Gaulle, sich nun stärker nach Moskau zu wenden, um mit den Nachfolgern Stalins in der Frage der Oder-Neiße-Grenze ostentative Einigkeit zu demonstrieren.

Wenn Deutschlands außenpolitisches Gewicht am Ende von Erhards Kanzlerschaft geringer war als zu seinem Beginn, dann ist dies zunächst eine paradoxe Diagnose. Mehr als für andere Staaten galt für die noch junge Bundesrepublik vor dem Hintergrund der eingeschränkten Souveränität der Grundsatz, dass Politik insbesondere auf wirtschaftliche Macht gegründet sein müsse und der Einfluss der Bundesrepublik sich vor allem im Kreis der Europäischen Gemeinschaft und auf dem Weg der Handelsbeziehungen in der ganzen Welt zeige. Diese entsprach ganz der politischen Konzeption Ludwig Erhards. Wenn trotzdem, vor allem im Verhältnis zu Frankreich, aber auch zu den Vereinigten Staaten, eine Reihe von psychologischen Fehlern gemacht wurden, so können auch diese ganz unmittelbar auf Defizite zurückgeführt werden, die mit Ludwig Erhards Regierungsstil, seiner immer wieder durchbrechenden Entscheidungsunlust und der fatalen Neigung, Rezepte aus dem allgemeinen Leben auf politisches Handeln zu übertragen, zu tun haben.

Als folgenschwer erwies sich insbesondere, dass sich auch nach außen hin der Eindruck verfestigte, es fehle der Regierungskoalition an innerem Zusammenhalt. Der Streit zwischen den sogenannten Atlantikern und Gaullisten steht paradigmatisch für die Flügelkämpfe innerhalb der Union, verdeckt jedoch das eigentliche Problem, dass Ludwig Erhard seinen ehrgeizigen Außenminister Gerhard Schröder zu lange gewähren ließ und nicht von seiner Richtlinienkompetenz Gebrauch machte, um für politische Klarheit zu sorgen. »Schröder mag die Franzosen nicht. Schröder denkt und handelt deutschnational«,[102] so hatte der ehemalige CDU/CSU-Fraktionschef und Ministerkollege am Kabinettstisch Ludwig

Erhards, Heinrich Krone, einmal ebenso lakonisch wie resignativ bemerkt. Immer wieder war Erhard bedrängt worden, Schröder zu ersetzen, hatte sich dann aber im letzten Moment nicht dazu durchringen können. Johannes Gross hatte schon im Februar 1964 zutreffend analysiert, dass Schröders prekäre Lage vor allem in seinem Verhältnis zum Kanzler, zur CDU/CSU als Fraktion und zur öffentlichen Meinung begründet läge und sich der dritte Außenminister der Bundesrepublik nach Konrad Adenauer und Heinrich von Brentano »seit längerem in der wenig beneidenswerten Lage eines Politikers [befindet], den Freund und Feind verlassen haben: die Freunde unterstützen ihn nicht, und die Feinde bekämpfen ihn nicht«.[103]

Es erwies sich auch als ein gefährliches Spiel, dass Ludwig Erhard, der sich gegenüber Besuchern und bei öffentlichen Auftritten gerne als eine amerikanische Erfindung bezeichnete, sich in seinem Bemühen, der beste Freund Amerikas sein zu wollen, dazu verleiten ließ, die Rolle Bonns in der amerikanischen Politik zu überschätzen und die interessengeleitete Politik der Vereinigten Staaten gegenüber ihren europäischen Verbündeten zu unterschätzen. Zwar hatte die Abwertung des gaullistischen Frankreichs in der amerikanischen Politik vorübergehend zu einer Aufwertung Bonns geführt, doch darf dies nicht darüber hinwegtäuschen, dass auf weite Sicht Fragen der Entspannung und des Ausgleichs zwischen den Supermächten über Nacht zu einer Politik auf Kosten der Deutschlandpolitik führen konnten. Ludwig Erhard hat diese Gefahr grundsätzlich durchaus erkannt, als er etwa in seinem *Spiegel*-Gespräch im September 1965 formulierte, dass die andauernde Teilung Deutschlands »unser permanentes Handeln«[104] bedinge und verlange, doch er hat daraus nur in zaghaften Ansätzen Folgerungen gezogen und durch das Bild der Uneinigkeit seiner Regierung seinem Ansehen und der Durchsetzungskraft seiner Politik geschadet.

Ludwig Erhards außenpolitische Bilanz kann indes nicht allein von den offenkundigen Fehlern im Verhältnis zu Frankreich beurteilt werden. Drei Jahre sind ohnehin eine zu kurze Periode, um ein abschließendes Urteil der Geschichte formulieren zu können. Gemessen an der Kürze dieser Zeitspanne bleiben dennoch auch auf außenpolitischem Feld von Erhard viele Akzente, die nach vorne weisen und auf weite Sicht die Außenpolitik Deutschlands beeinflusst haben. In seiner Würdigung der Außen- und Sicherheitspolitik des Bundeskanzlers Erhard, die in dessen Festschrift zum 75. Geburtstag erschien, hat der damalige Finanz- und Wirtschaftsminister Helmut Schmidt zutreffend als Grundtendenzen der Außenpolitik Erhards resümiert, dass Erhards und Schröders Ostpolitik neue Möglichkeiten für die Bundesrepublik zögernd eröffnet, »jedoch noch zwischen einer Normalisierung unserer Beziehungen zu Osteuropa und denen zur DDR«[105] unterschieden hätten, die deutschlandpolitische Öffnung der späteren Jahre also schon in der Regierungszeit Ludwig Erhards vorbereitet worden sei, auch wenn dies damals noch nicht in letzter Konsequenz in politischem Handeln vollzogen worden wäre. Erstmals, so Helmut Schmidt, dürfte es Bundeskanzler Erhard bei seinem Besuch in Washington im Juni 1964 ganz klar geworden sein, dass die Formel der Ära Adenauer nicht mehr galt: »Entspannung in Europa nur, wenn sie mit Schritten zur Wiedervereinigung Deutschlands gekoppelt ist.«[106]

Vor dem Hintergrund der Analyse dieser offenkundigen Fehleinschätzungen von Deutschlands strategischer Lage heben sich zwei große Leistungen der Außenpolitik Ludwig Erhards ab, die in ihrer Bedeutung für die Geschichte der Bundesrepublik nicht hoch genug einzuschätzen sind: Dies bezieht sich zunächst auf die konsequente Orientierung der bundesrepublikanischen Politik zu einer engeren politischen Einheit Westeuropas vor allem über die wirtschaftliche Integration der 1957 begründeten Europäischen Gemeinschaft. Europa war gewissermaßen der Ausweg aus der geistigen und politischen Isolierung, in die Hitler Deutschland durch seine Hybris und Verbrechen gestürzt hat. Auch die eigentlich große Leistung in der Außenpolitik Ludwig Erhards kann vollumfänglich erst vor dem Hintergrund der politischen und moralischen Katastrophe des Dritten Reichs und des Zweiten Weltkriegs ermessen werden: die Normalisierung der Beziehungen mit Israel und die Aufnahme der diplomatischen Beziehungen mit Tel Aviv im Jahr 1965.

Bereits seit Ende der 1950er-Jahre hatte sich eine schrittweise Annäherung abgezeichnet. Die Erfüllung der Verpflichtungen aus dem Wiedergutmachungsabkommen von 1953 war dabei genauso integraler Teil wie das Bekenntnis zur deutschen Schuld gegenüber den Juden. Erhard hatte in der ihm eigenen Fähigkeit, in großen Linien denken zu können, das von ihm ausgegebene Motto vom »Ende der Nachkriegszeit« auch als eine moralische Verpflichtung angesehen. Er wusste darum, dass der Nationalsozialismus die Jahrhundertzäsur der deutschen Geschichte war und dass es kein Vergessen geben könne. Hitler hatte am Anfang der deutschen Teilung gestanden, die 20 Jahre nach der bedingungslosen Kapitulation der Wehrmacht in Reims und Karlshorst noch immer *conditio Germania* war. Erhard war, wie Johannes Gross einmal schrieb, »kein Nazi, kein Mitläufer und nicht im Widerstand; dem Fluss des Heraklit hat er immer den Rücken zugekehrt«.[107] Er habe die »prinzipielle Problemlosigkeit seiner Gegenwart in die Vergangenheit (und Zukunft)«[108] verlängert. Gerade weil er wusste, dass Hitler die zentrale Figur des Jahrhunderts gewesen ist, wollte er durch den in seiner politischen Bedeutung gar nicht zu überschätzenden Schritt der Aussöhnung mit Israel es Deutschland trotz der Hypothek seiner Vergangenheit ermöglichen, seinen Platz in der freiheitlichen Staatengemeinschaft als aktiver Mitspieler einzunehmen. Dies entsprach seinem Verständnis, das in der Präambel des Grundgesetzes formulierte Ziel umzusetzen, auf einen Zustand des Friedens in Europa und der Welt hinzuwirken, der die Überwindung der künstlichen Teilung des Landes ermöglichen sollte.

Das Ende der Nachkriegszeit war auch in der Innenpolitik der große, übergeordnete Bezugsrahmen, auf den Ludwig Erhard sein politisches Wirken hin ausrichtete. Dies wird deutlich, wenn man die Veränderungen der 1960er-Jahre in den Blick nimmt, die die deutsche Gesellschaft als Ganzes, aber auch das Parteiengefüge, den politischen Stil und die Kommunikation zwischen den Regierenden und den Bürgern betrachten. Erhard war populär gegen die Parteien. Er verkörperte, trotz seiner altfränkischen Sprache und seines alles andere als modernen Erscheinungsbildes, Authentizität, ja er war modern in einer grundlegenden Bedeutung des Wortes. Sein Wahlsieg von 1965 gründete auf dem persönlichen Vertrauenskapital der Menschen in Deutschland in die Lauterkeit seines politischen Wollens. Es ist allerdings bezeichnend für ihn, dass es ihm als Bundeskanzler seiner kleinen Koalition mit den Liberalen nicht gelungen ist, diesen Erfolg in politische Gestaltung umzumünzen. Die Idee vom Primat der Innenpolitik war ein Missverständnis der tatsächlichen Weltlage und der politischen Wirklichkeit, die Idee der Formierten Gesellschaft eine Utopie, die mehr belächelt als verstanden wurde.

Erhard, der sich auf das Vertrauen des einfachen Mannes berief, pflegte einen neuen Regierungsstil. Er konnte mit glänzender Rhetorik brillieren. Doch hinter den wohlklingenden Sätzen verbargen sich oft floskelhafte Formulierungen. Erhard entpuppte sich als führungsschwacher Regierungschef. Auch in diesem Punkt ist ein größerer Gegensatz zu seinem gelegentlich zu kaltem Zynismus neigenden Vorgänger Adenauer, der seinen Machiavelli gelesen hatte, kaum vorstellbar. Erhard dagegen wollte zwar der Erste sein, aber kein Herrscher, eher ein Philosoph auf dem Thron, ein Volkskanzler – weithin beliebt. In Wahlversammlungen war er in seinem eigentlichen

Element. Hier steigerte er sich in seinen berüchtigten »heiligen Zorn« und konnte in der Rolle des guten Hausvaters seinen Zuhörern fast missionarisch ins Gewissen reden. Politik hatte für ihn ganz wesentlich ein plebiszitäres Element. Seine Geringschätzung der bürokratischen Apparate, der Umstand, dass er Schreibtischarbeit vermied und auf einen geregelten Tagesablauf mit neun Stunden Schlaf pochte, haben auch etwas mit dem anti-politischen Reflex seiner Persönlichkeit zu tun. Was er hingegen brauchte, war die Akklamation der Massen. Doch »anders als ein wirklicher Massendemagoge«, schrieb Günter Gaus 1965, »will Erhard das Volk nicht verführen, sondern – im Vertrauen auf einen fiktiven Wähler, der nicht Interessent, sondern nur Staatsbürger ist – aufklären«.[109]

Erhard war auch moderner als fast alle seiner zeitgenössischen politischen Mitstreiter. Er schöpfte aus einem Reservoir an Ideen und Überzeugungen, die er in seinem ersten Leben vor der Politik hatte gewinnen und vertiefen können. Die Erfahrung des Dritten Reichs, Hitlers Machtergreifung und die Umwandlung des Deutschen Reichs in einen totalitären Führerstaat, waren dabei für Ludwig Erhard – auf eine andere Weise als für Konrad Adenauer, aber in der Bedeutung und der Tiefe der Einsicht in die Notwendigkeit eines moralischen Fundamentes für politisches Handeln vergleichbar – die wohl prägendste und dauerhaft nachwirkende Erfahrung. Erhard hatte diese Zeit des gebremsten politischen Tätigseins, der Camouflage, der persönlichen Entbehrungen und des Leidens am Kurs seines Vaterlandes dazu nutzen können, um sich mit den Methoden der Markt- und Konsumforschung vertraut zu machen, und er hat sich zeit seines Lebens trotzdem eine Skepsis gegenüber einer allzu großen Demoskopiegläubigkeit bewahrt.

Erhard war liberal im Verständnis, dass er die Freiheit des Intellektuellen gegen den Staat verteidigen wollte. Johannes Gross und Rüdiger Altmann haben in dem »Gespräch über Erhard« zutreffend darauf verwiesen, dass »nicht nur er, sondern mit ihm die Generationen, die in den 1950er-Jahren den Wiederaufstieg Deutschlands erlebt hatten, dachten, der hart erkämpfte Wohlstand, ein Wohlstand, den die Jahrzehnte vorher nie gekannt hatten, würde notwendigerweise die Basis freierer Entfaltung der gesellschaftlichen Kultur sein«.[110] Ludwig Erhard stand in seiner Gläubigkeit, auch in seinem Bewusstsein, zur Rolle des Zauberers des Wirtschaftswunders berufen zu sein, für einen Optimismus, der den Deutschen schon seit einiger Zeit abhandengekommen ist. Die bestimmenden Charakterzüge, die zugleich auch seinen außergewöhnlichen Erfolg begründeten, sind bei Ludwig Erhard Festigkeit in den Grundüberzeugungen, Mut und auch Zähigkeit, die bei einer weniger wohlwollenden Betrachtung der damit verbundenen Beharrlichkeit auch als Sturheit ausgelegt werden konnte. In alledem ist Ludwig Erhard immer zugleich ein unzeitgemäßer Mann geblieben, »unzeitgemäß in seinen Idealen, vielleicht auch in seinem persönlichen Auftreten. Zugleich aber ist er auch ein sehr zeitgemäßer Mann, ein Mann, der ohne Zweifel die deutsche Gesellschaft mehr umgeschaffen, mehr verwandelt hat als irgendjemand anders neben ihm oder über ihm.«[111] Noch in seinen Widersprüchen wirkt Erhard in der Einheit. Er wollte zusammenführen, nicht auseinanderbringen, den Blick nach vorne richten, Ratschläge für die Zukunft erteilen. Der Satz, der ursprünglich auf Franz Josef Strauß zurückgeht, dass die Ära Adenauer auch eine Ära Erhard gewesen sei, erhält hier seine tiefere Bedeutung. Wenn Konrad Adenauer zu Recht als »der Größte seiner Zeit«[112] bezeichnet wurde, so trifft dieses Urteil genauso auch auf Ludwig Erhard zu.

ANHANG

Zitate durch die Jahre …

Es gibt grundsätzlich keine wirtschaftliche Situation, aus der nicht Wille und Vernunft Auswege und Wege zu neuem Aufstieg finden lassen. 1945

Wir wollen Brücken schlagen zur übrigen Welt und an den Vorteilen des friedlichen Warenaustausches zwischen allen Völkern teilhaben. 1945

Wenn wir den Glauben an uns selbst verlieren, wenn wir Hilfe und Erlösung nur von außen erwarten, dann kann und wird uns nicht geholfen werden. 1946

Wir haben es in den letzten Jahren erlebt, wie leicht die staatlich gelenkte Wirtschaft zur Misswirtschaft werden kann, ohne dass die Übergänge jeweils klar genug erkennbar sind. 1946

Die geistige Kluft besteht zwischen den Planwirtschaftlern aller Sorten und den Verfechtern einer wirklich freien, aber durch Gesetz und Recht gezügelten Marktwirtschaft. 1947

Man eröffne dem deutschen Volke zusätzliche Möglichkeiten produktiver, das heißt güterschaffender Arbeit, und man wird rasch erkennen, dass die deutsche Volkswirtschaft eine höhere Ergiebigkeit erreichen und unschwer Mehrleistungen erzielen kann. Alle anderen Versuche werden nutzlos verpuffen. 1947

Es gibt historische Beispiele genug dafür, dass aus dieser Art des Lenkens bald ein Gängeln, ein Befehlen und ein bedingungsloses Unterdrücken wird. 1948

Wir glauben nicht an Wunder und dürfen solche auch nicht erwarten. 1948

Ich habe keinen politischen Ehrgeiz, und am wenigsten einen solchen parteipolitischer Art. 1948

Ich habe es immer vorangestellt, dass der Zweck allen Wirtschaftens immer nur der Verbrauch sein kann. 1949

Wenn ich sage, der deutschen Wirtschaft, dann meine ich nicht etwa nur die Industriellen, die Händler, die unternehmerischen Berufsstände, sondern ich meine die wirtschaftenden Menschen in ihrer Gesamtheit. 1949

Der Sozialismus hätte in den rückliegenden Jahren mannigfach Gelegenheit gehabt, der Welt die angeblichen Vorteile dieses wirtschaftlichen Systems zu demonstrieren. 1950

Schnupfen nicht durch Selbstmord heilen! 1950

Wo immer wir hinblicken, wird es sinnfällig, dass die Freiheit ein unendlich viel besseres und wirksameres Element der Ordnung verkörpert, als es der Zwang mit all seinen Organisationskünsten je sein kann. 1951

Wenn wir zu einer europäischen Integration kommen wollen, im Ökonomischen beginnend und zum Schluss im Politischen endend, dann müssen wir auch den Mut haben, der Dynamik Raum zu geben und nicht in jedem Augenblick vor Angst zurückzubeben. 1951

Es ist in höchstem Maße widerspruchsvoll, wenn der Staatsbürger über die unerträgliche Höhe der Steuerlast klagt, gleichzeitig aber vom Staat Hilfen erwartet, die diesem das moralische Recht geben, noch immer höhere Steuern einzuheben. 1952

Der Unternehmer, der bereit ist, Gewinne zu machen, muss selbstverständlich auch den Mut haben, Verluste hinzunehmen – dafür ist er Unternehmer. 1952

Das wäre doch wirklich ein grotesker Zustand, dass wir zunächst alle Steuern zahlen und dann alle anstehen, um schließlich vom Staat unsere eigenen Mittel zurückzuerhalten. 1953

Die Privilegierten, die drinnen sitzen, wollen allen anderen, die hineinwollen, das Leben sauer machen. 1954

Es ist eine ökonomische Binsenweisheit, dass es dem einen Partner nur gut gehen kann, wenn auch seine Mitspieler wirtschaftlich gedeihen. Mit Bettlern kann man keine Geschäfte machen. 1955

Zwar ist der Zweck der Wirtschaft immer der Verbrauch, aber das kann nicht zugleich der ganze oder gar letzte Sinn unseres Tuns sein. 1956

»Weniger arbeiten«, »besser leben«, »mehr verdienen«, »schneller zu Reichtum gelangen«, über die Steuern klagen, aber dem Staat höhere Leistungen abverlangen – das alles kennzeichnet zusammen eine geistige Verirrung und Verwirrung, die kaum noch zu überbieten ist. 1957

Dieses Berücksichtigen von Sonderinteressen, das Nachgeben gegenüber einzelnen Forderungen bestimmter Wirtschaftskreise verbietet sich auch wegen der Interdependenz allen wirtschaftlichen Geschehens. 1957

Gebt dem Staate, was des Staates ist. Das bedeutet sicherlich auch – gib ihm nicht mehr! 1957

Hilfegeben und Hilfenehmen setzen einen gleich hohen moralischen Standard voraus. 1957

Wo Freiheit ohne eine fest gefügte Ordnung obwaltet, droht sie ins Chaotische zu stürzen, und wo Ordnung ohne Freiheit bestehen soll, führt sie nur allzu leicht zu brutalem Zwang. 1958

Hüten wir uns vor jenen Verführern, die in Unkenntnis oder Verblendung mit angeblich sicheren Rezepten jedem alles versprechen, aber am Ende unheilvoll scheitern müssen. Rundfunkansprache 1959

Wir schlittern in eine gesellschaftliche Ordnung, in der jeder die Hand in der Tasche des anderen hat. 1959

Auch nur eine leicht inflationäre Entwicklung ist so etwas wie eine entschädigungslose Enteignung zugunsten der öffentlichen Hand. 1959

Es gibt drei Gesprächsstoffe, bei denen alle und jeder glauben mitreden und urteilen zu können: Das ist das Wetter, die Politik und die Wirtschaft. 1959

Ich huldige nicht dem Wunderglauben, dass Gott dem, der ein Amt erhält, damit auch zugleich Verstand verleiht – zumal sich Gott nicht mit Ämterpatronage befasst. 1959

Die Wirtschaftspolitik wird im Empfinden eines Volkes eine umso stärkere Resonanz finden, je besser sie es vermag, über die Erfüllung ihrer engeren Aufgabe hinaus zugleich eine zwingende Antwort auf die geistig-seelischen Anliegen einer Zeit zu geben. 1960

Es ist gar kein Zweifel, dass Wirtschaftspolitik zu einem erheblichen Teil auf richtigem psychologischem und soziologischem Einfühlungsvermögen beruht. Auf solche Weise lassen sich gute Entwicklungen fördern oder auch gefährliche Tendenzen unterbinden, sofern zur rechten Zeit am rechten Ort und an die richtige Adresse das rechte Wort gesprochen wird. 1960

Das sind die Feinde des deutschen Volkes, die seiner bequemen Neigung entgegenkommen, sich im Maßlosen zu verlieren, und um der Gunst des Augenblicks willen das Glück und die Zukunft derer, die nach uns kommen, aufs Spiel setzen. 1960

Der Einzelne irrt, wenn er glaubt, er könnte sich seine Freiheit erhalten, wenn um ihn herum der Sinn für den Wert der Freiheit verloren geht, sei es in der Nation, oder sei es in den engeren oder weiteren gesellschaftlichen Bindungen, in denen er lebt. 1961

Der für die Wirtschaftspolitik zuständige Minister ist nicht der Sachwalter der Unternehmer. 1962

Wer die Wahrheit nicht hören will oder nicht vertragen kann, versucht sie umzufälschen oder besser noch totzuschreien. 1962

Unser Tun dient nicht nur der Stunde, dem Tag oder diesem Jahr. Wir haben die Pflicht, in Generationen zu denken und unseren Kindern und Kindeskindern ein festes Fundament für eine glückliche Zukunft zu bauen. 1963

Bemühen wir uns darum auch, jedwede Forderung an den Staat nicht vorschnell mit dem Wort »sozial« oder »gerecht« zu versehen, wenn es in Wahrheit nur zu oft um partikulare Wünsche geht. 1963

Wir haben die Pflicht, in Generationen zu denken und unseren Kindern und Kindeskindern ein festes Fundament für eine glückliche Zukunft zu bauen. 1963.

Der Staat ist kein von der Gemeinschaft eines Volkes losgelöstes, abstraktes Gebilde. 1963

Umso weniger sozialpolitische Eingriffe und Hilfsmaßnahmen nötig sind, je erfolgreicher ist die Wirtschaftspolitik. 1965

Es bedeutet keinen Angriff auf die Demokratie und auf unsere demokratisch-parlamentarische Ordnung, wenn man einmal kritisch die Frage stellt, ob eigentlich alles so geordnet ist, dass wir völlig zufrieden sein könnten. 1965

Der Rat von Sachverständigen führt leicht dazu, dass die übrigen Abgeordneten ihr mangelndes Interesse mit der Unverständlichkeit der Materie begründen. 1965

Der Staat ist mehr als die Addition von Gruppeninteressen. Aber in der pluralistischen Gesellschaft besteht die Gefahr, dass der Staat den Machtgruppen in der Gesellschaft untertan wird. 1966

Ich bin der Meinung, dass unsere Zeit an einem Zuviel an Opportunismus und Konformismus krankt und dass die Scheu, Gegensätze in demokratischem Freimut auszutragen, nicht zu einer Befriedung führt, sondern viel mehr ein gefährliches Feuer unter der Decke fortschwelen lässt. 1969

Das gesellschaftliche Spannungsverhältnis findet heute weniger im Dualismus »Sozialismus – Kapitalismus« als in der Entscheidung für Kollektivismus oder Freiheit den zeitnahen Ausdruck. 1971

Die Bereitschaft von immer mehr Gruppen, ihr Leben, ihre Sicherheit, ihre Zukunft im Kollektiv geborgen wissen zu wollen, entspringt nur zu oft berechtigter Sorge, dass der Einzelne – auf sich gestellt – gar nicht mehr in der Lage ist, den Widrigkeiten und Wechselfällen politischer Entscheidungen oder auch konjunktureller Entwicklungen wirksam begegnen zu können. 1971

Es mangelt noch immer an nüchterner und zweckmäßiger Politik, an realistischen und erreichbaren Zielen, an ehrlich – nicht nur deklamatorisch – sozialen Instrumenten. Wände voller mit Akribie geschriebener Gesetze, Novellen und Verordnungen vermögen wirtschaftspolitische Grundsätze nicht zu ersetzen. 1974

Dieses Etikett [Soziale Marktwirtschaft] wird auf Flaschen geklebt, die einen ganz anderen Inhalt haben. Beitrag »Stile in der Wirtschaftspolitik«. 1976

Ludwig Erhard zugeschrieben

Die nachfolgenden Zitate werden Ludwig Erhard zugeschrieben, können jedoch im Einzelfall nicht immer mit einer zweifelsfreien Belegstelle zugeordnet werden.

Ich kann mir nicht vorstellen, dass es einen Menschen gibt, der nicht immer neue Bedürfnisse hat.

Ich meine, dass der Markt an sich sozial ist, nicht dass er sozial gemacht werden muss.

Wirtschaftspolitik ist zu 50 Prozent Psychologie.

Ein Kompromiss, das ist die Kunst, einen Kuchen so zu teilen, dass jeder meint, er habe das größte Stück bekommen.

Ich glaube, es ist immer noch besser, die Wirtschaft gesundzubeten, als sie totzureden.

Entscheidungen setzen Konflikte voraus, die entschieden werden müssen.

Mit Reichtum fertigzuwerden, ist auch ein Problem.

Wohlstand zu bewahren, ist noch schwerer, als ihn zu erwerben.

Ich kann nur davor warnen, zu glauben, Politik bestehe darin, sich jeden Tag etwas Neues einfallen zu lassen.

In unserer »klassenlosen Gesellschaft« sind nicht mehr Stand und Klasse das Problem, sondern der Einzelne; es ist der Mensch, der sich dem Ganzen gegenüber unterlegen und unsicher fühlt.

Ich hätte Adenauer nie gestürzt. Von mir aus hätte er Kanzler bleiben können bis in alle Ewigkeit.

Zeittafel

* Die Zeittafel lehnt sich an die von Karl Hohmann autorisierte Zeittafel an, die 1988 für die von der Ludwig-Erhard-Stiftung herausgegebenen Reden und Schriften Ludwig Erhards (*Gedanken aus fünf Jahrzehnten*, hrsg. von Karl Hohmann, Düsseldorf, Wien, New York 1988) angefertigt wurde.

1897	
4. Februar	Ludwig Erhard wird in Fürth geboren.
1913–1916	Kaufmännische Lehre in einem Nürnberger Textilgeschäft.
1916	Soldat des 22. Bayerischen Feldartillerieregiments im Ersten Weltkrieg, Verwundung bei Ypern an der Westfront 1918.
1919	Studium der Wirtschaftswissenschaften und der Soziologie an der Handelshochschule in Nürnberg (Dipl.-Kaufmann) und an der Universität Frankfurt a. M.
1924	Promotion zum Dr. rer. pol., Universität Frankfurt a. M. (bei Prof. Oppenheimer).
1928	Wissenschaftlicher Assistent, später stellvertretender Leiter am Institut für Wirtschaftsbeobachtung in Nürnberg.
1942	Leiter des Instituts für Industrieforschung in Nürnberg (u. a. Denkschrift über »Kriegsfinanzierung und Schuldenkonsolidierung«).
1945	
3. Oktober bis **1946**:	
16. Dezember	Wirtschaftsminister in Bayern.

1947

10. Oktober	Erhard wird Vorsitzender der »Sonderstelle Geld und Kredit« beim Direktor der Bizonen-Verwaltung für Finanzen.

1948

2. März	Erhard wird Direktor der Verwaltung für Wirtschaft des Vereinigten Wirtschaftsgebiets der Bizone in Frankfurt a. M. (ab 1. April 1949 mit Bildung der Trizone auch für die französische Zone).
8. April	»Homburger Plan« zur Neuordnung des Geldwesens, vorgelegt von der bis März 1948 von Ludwig Erhard geleiteten Sonderstelle Geld und Kredit.
21. April	Programmrede Erhards vor dem Wirtschaftsrat als Direktor der Verwaltung für Wirtschaft der Bizone (»Geburtsstunde der Sozialen Marktwirtschaft«).
18. Juni	»Gesetz über Leitsätze für die Bewirtschaftung und Preispolitik nach der Geldreform« im Wirtschaftsrat mit 50 gegen 37 Stimmen verabschiedet.
20. Juni	Währungsreform in den drei Westzonen; gleichzeitig Aufhebung der Bewirtschaftung in der Bizone entsprechend dem noch nicht ordnungsgemäß in Kraft getretenen Leitsätzegesetz durch Ludwig Erhard und damit Übergang zur neuen Wirtschaftsordnung der »Sozialen Marktwirtschaft«.
17. August	Misstrauensantrag gegen Erhard im Wirtschaftsantrag der Bizone abgelehnt.

1. September	»Jedermann-Programm«, das besonders dringend benötigte Artikel in einfacher Ausstattung und zu niedrigem Preis auf den Markt bringt.
1. Oktober	Aufhebung der Kartoffelrationierung (erste Maßnahme im ernährungswirtschaftlichen Sektor zur Aufhebung der Bewirtschaftung).
7. Oktober	Gesetz gegen Preistreiberei.
3. November	Aufhebung des Lohnstopps.
10. November	Misstrauensantrag gegen Erhard im Wirtschaftsrat der Bizone abgelehnt.
12. November	Generalstreik gegen die Marktwirtschaft in der Bizone.
1949	
28. April	Ruhrstatut.
23. Mai	Inkrafttreten des Grundgesetzes.
15. Juli	»Düsseldorfer Leitsätze« der CDU.
14. August	Wahl zum 1. Bundestag; Erhard gewinnt das Direktmandat im Wahlkreis Ulm.
20. September	Erhard wird Wirtschaftsminister im 1. Kabinett Adenauer.
21. September	Verkündung des Besatzungsstatuts für die Bundesrepublik.
25. Oktober	Die Bundesrepublik wird OEEC-Mitglied.
20. November	Die Bundesrepublik tritt der internationalen Ruhrbehörde bei.
22. November	Petersberger Abkommen, in dem u. a. weitere Erleichterungen der Produktionsbeschränkungen und die Einstellung der Demontagen zugesagt werden.
15. Dezember	Erste internationale Vereinbarung der Bundesrepublik: das Abkommen mit den USA über die Marshallplan-Hilfe.

31. Dezember	Auslaufen der Eisen- und Stahlbewirtschaftung.
1950	
24. Januar	Ernennung zum Honorarprofessor der Rechts- und Staatswissenschaftlichen Fakultät der Universität Bonn.
24. April	1. Wohnungsbaugesetz des Bundes (Grundlage für den sozialen Wohnungsbau und die Beseitigung der Wohnungsnot).
1. Mai	Freigabe des Zuckers, damit Abschluss der Maßnahmen zur Aufhebung der Lebensmittelrationierung.
25. Juni	Ausbruch des Korea-Kriegs; Erhard gelingt es, die bis weit ins Lager der CDU hinein angestrebte Rückkehr zu Bewirtschaftung und Preiskontrolle zu verhindern.
19. September	Vereinbarung über den Beitritt zur Europäischen Zahlungsunion (EZU).
1951	
6. März	Erste Revision des Besatzungsstatus: mehr außenpolitische Vollmachten der Bundesrepublik gegen Anerkennung der deutschen Auslandsschulden; teilweise Wiederherstellung der Devisenhoheit.
April	Endgültiges Ende der Demontagen (Stahlwerke Salzgitter).
7. April	Bundesrepublik voll berechtigtes Mitglied des Europarats.

18. April	Unterzeichnung des Vertrags über die Europäische Gemeinschaft für Kohle und Stahl (EGKS, Montanunion) durch die Außenminister Frankreichs, Italiens, der Beneluxstaaten und der Bundesrepublik in Paris.
21. Mai	Gesetz über die Mitbestimmung der Arbeitnehmer im Bergbau und in der Stahlindustrie.
etwa ab Juni	Ablaufen des Korea-Booms.
1. September	Beitritt der Bundesrepublik zum Allgemeinen Zoll- und Handelsabkommen (GATT).
20. September	Abkommen über den Interzonenhandel.
8. Dezember	Streitgespräch zwischen Ludwig Erhard und Erik Nölting in der Rheinhalle Düsseldorf.

1952

10. Januar	Investitionshilfegesetz, das die »Flaschenhälse« der Grundstoff- und Produktionsgüterversorgung ausweiten soll.
10. Juli	Offener Brief Erhards an den Präsidenten des BDI Fritz Berg: 10 Thesen zur Verteidigung der Kartellgesetzgebung.
25. Juli	Inkrafttreten des Vertrags über die Gründung der EGKS; Aufhebung des Ruhrstatuts und der Beschränkung der westdeutschen Stahlindustrie; Erhard wird Mitglied des Ministerrats der Montanunion.

28. Juli	Aufnahme der Bundesrepublik in den Internationalen Währungsfonds (IWF) und in die internationale Bank für Wiederaufbau und Entwicklung (Weltbank); Erhard wird deutscher Gouverneur der Weltbank, er vertritt die Bundesrepublik erstmals bei der 7. Jahrestagung der Weltbank am 5. September.
3. Dezember	Verleihung einer Ehrendoktorwürde der Technischen Universität Berlin.
1953	
27. Februar	Londoner Schuldenabkommen, das durch die Regelung der deutschen Vor- und Nachkriegsschulden die Voraussetzung für die Wiedereingliederung Deutschlands in den internationalen Wirtschafts- und Zahlungsverkehr schafft.
10. Februar	Eröffnung des Gemeinsamen Marktes der Montanunion.
26. April	Erhard fordert »Mut zum Konsum«, nicht nur als konjunkturpolitische, sondern vor allem als sozialpolitische Parole.
6. September	Wahlen zum 2. Deutschen Bundestag.
20. Oktober	Erhard bleibt Wirtschaftsminister.
1954	
18. Februar	Verleihung einer Ehrendoktorwürde der Hochschule für Wirtschafts- und Sozialwissenschaften in Nürnberg.
2. April	Verleihung einer Ehrendoktorwürde der Katholischen Universität in Santiago de Chile.

23. Oktober	Unterzeichnung der Pariser Verträge über die Beendigung der Besatzungsherrschaft, Aufnahme in die NATO und die Westeuropäische Union sowie das Europäische Statut der Saar (»Londoner Akte«).

1955

1. Januar	Kapitalmarktförderungsgesetz außer Kraft, Beginn des freien Kapitalmarkts.
5. Mai	Ende des Besatzungsstatus: Die Bundesrepublik Deutschland wird souverän; wirtschaftliche Beschränkungen entfallen.
19. Oktober	Regierungserklärung Erhards zum ersten Konjunkturprogramm der Bundesregierung: konjunkturelle Dämpfungsmaßnahmen zur Preisstabilisierung.

1956

21. Januar	Der Bundestag verabschiedet die Rentenreform (»dynamische Rente«).
25. März	Unterzeichnung der EWG- und Euratom-Verträge.
4. Juli	Verabschiedung des »Gesetzes gegen Wettbewerbsbeschränkungen« (Kartellgesetz) im Bundestag.
5. Juli	Annahme der Römischen Verträge.
15. September	Wahlen zum 3. Deutschen Bundestag.
29. Oktober	Erhard wird im 3. Kabinett Adenauer Vizekanzler und bleibt Wirtschaftsminister.

1958

1. Januar	Inkrafttreten des Kartellgesetzes.

25. April	Unterzeichnung des deutsch-sowjetischen Handelsabkommens.
2. Juni	Verleihung einer Ehrendoktorwürde der Juristischen Fakultät der Marquette Universität in Milwaukee (Wisconsin), USA.
12. Oktober	Verleihung einer Ehrendoktorwürde der Faculty of Arts der Muslim University of Aligarh, Indien.
31. Oktober	Verleihung einer Ehrendoktorwürde der Wirtschaftswissenschaftlichen Fakultät der Sophia-Universität in Tokio, Japan.
1. Dezember	Errichtung des Bundeskartellamtes in Berlin.
28. Dezember	Verkündung der freien Konvertierbarkeit der Währungen und Inkraftsetzung des Europäischen Währungsabkommens durch die Bundesrepublik Deutschland, Belgien, Dänemark, Finnland, Frankreich, Großbritannien, Irland, Italien, Niederlande, Norwegen, Österreich, Portugal, Schweden, Schweiz.
1959	
24. März	Ausgabe der ersten Volksaktien (Preussag).
10. Mai	Inkrafttreten des Sparprämiengesetzes.
7. Juni	Verleihung einer Ehrendoktorwürde der Wabash-Universität in Crawfordsville (Indianapolis), USA.
8. Juni	Verleihung einer Ehrendoktorwürde der Georgetown-Universität in Washington, D.C., USA.

6. Juli	Wirtschaftliche Rückgliederung des Saarlandes (politische Rückgliederung bereits zuvor).

1960

1. Januar	Inkrafttreten der »Kleinen Aktienrechtsreform«.
5. Oktober	Verleihung einer Ehrendoktorwürde der Wirtschaftswissenschaftlichen Fakultät der Universität Teheran, Iran.

1961

6. März	Erste Aufwertung der D-Mark als Reaktion auf wachsende Zahlungsbilanzüberschüsse bei gleichzeitig anhaltenden konjunkturellen Spannungen.
5. Mai	Regierungserklärung Erhards zur Entwicklungshilfe.
9. Mai	Verleihung einer Ehrendoktorwürde der Universität Madrid, Spanien.
14. Mai	Verleihung einer Ehrendoktorwürde der Universität Coimbra, Portugal.
27. Mai	Verleihung einer Ehrendoktorwürde der Handelshochschule St. Gallen, Schweiz.
17. September	Wahlen zum 4. Deutschen Bundestag.
14. November	Erhard bleibt auch im 4. Kabinett Adenauer Vizekanzler und Wirtschaftsminister.

1962

21. März	Maßhalte-Appell: Angesichts rückläufiger Unternehmensgewinne und eines geringeren Steueraufkommens ruft Erhard im Rundfunk zur Sparsamkeit auf.

1963

7. März	Unterzeichnung des deutsch-polnischen Handelsvertrags.
23. April	Die CDU/CSU-Fraktion nominiert Erhard zum Nachfolger Adenauers als Bundeskanzler der Bundesrepublik Deutschland.
11. Oktober	Rücktritt Konrad Adenauers als Bundeskanzler.
16. Oktober	Der Deutsche Bundestag wählt Ludwig Erhard mit 279 gegen 180 Stimmen bei 24 Enthaltungen zum Bundeskanzler.
17. Oktober	Erhard stellt dem Bundestag sein Kabinett aus 16 CDU/CSU- und 5 FDP-Ministern vor.
17. Oktober	Beiderseitige Errichtung von Handelsverträgen mit Rumänien.
18. Oktober	Erste Regierungserklärung von Bundeskanzler Erhard.
1. November	Erhard bekräftigt, dass die Bundesrepublik für eine deutsche Wiedervereinigung bereit sei, große materielle Opfer zu bringen.
9. November	Vereinbarungen über Handelsvertretungen mit Ungarn.

1964

20. März	Einsetzung einer unabhängigen Sachverständigenkommission für die Finanzreform durch Bundeskanzler Erhard und die Ministerpräsidenten der Länder.
11. Juni	Verleihung einer Ehrendoktorwürde der Harvard University in Cambridge (Massachusetts), USA.

1965

25. März	Der Bundestag beschließt die Verlängerung der Verjährungsfrist für NS-Verbrechen; Rücktritt von Justizminister Ewald Bucher.
31. März	Erhard stellt auf dem CDU-Parteitag in Hannover das Leitbild der »Formierten Gesellschaft« vor.
13. Mai	Bekanntgabe der Aufnahme voller diplomatischer Beziehungen zwischen der Bundesrepublik Deutschland und Israel.
1. Juni	Verleihung einer Ehrendoktorwürde der Columbia University in der Stadt New York (New York), USA.
5. Juni	Verleihung einer Ehrendoktorwürde der Maryland University in College Park (Maryland), USA.
19. September	Wahlen zum 5. Deutschen Bundestag.
20. Oktober	Erhard wird mit 272 gegen 200 Stimmen bei 5 Enthaltungen zum zweiten Mal zum Bundeskanzler gewählt.

1966

23. März	Wahl Erhards zum Vorsitzenden der CDU.
25. März	»Friedensnote« der Bundesregierung an alle Regierungen.
14. September	Gesetzentwurf zur Förderung der wirtschaftlichen Stabilität in 1. Lesung vor dem Bundestag.

27. Oktober	Die vier FDP-Minister treten auf Druck der eigenen Bundestagsfraktion zurück, nachdem sie zuvor einem Kabinettskompromiss über den Ausgleich des Bundeshaushalts zugestimmt hatten.
30. November	Rücktritt Erhards als Bundeskanzler der Bundesrepublik Deutschland.
1967	
24. Mai	Ernennung zum Ehrenvorsitzenden der CDU (nach der Wahl Kurt Georg Kiesingers zum Bundesvorsitzenden der Partei am Vortag).
14. Juli	Verleihung einer Ehrendoktorwürde der University of Michigan in Ann Arbor (Michigan), USA.
15. Juli	Verleihung einer Ehrendoktorwürde des Wartburg College in Waverly (Iowa), USA.
7. November	Verleihung einer Ehrendoktorwürde des Weizmann-Instituts in Rechovot, Israel.
1968	
29. Februar	Verleihung einer Ehrendoktorwürde der Universität Rafael Landívar in Guatemala-Stadt, Guatemala.
15. März	Verleihung einer Ehrendoktorwürde der Universidad de los Andes in Bogotá, Kolumbien.
1969	
22. April	Verleihung einer Ehrendoktorwürde der Universität von Buenos Aires, Argentinien.
28. April	Verleihung einer Ehrendoktorwürde der Universidad Nacional de Cuyo in Mendoza, Argentinien.

1. Mai	Verleihung einer Ehrendoktorwürde der Katholischen Universität von Valparaiso, Chile.

1972

4. Februar	Feier zum 75. Geburtstag mit großer öffentlicher Aufmerksamkeit.
13. Dezember	Erhard eröffnet als Alterspräsident den 7. Deutschen Bundestag.

1975

9. Juli	Tod seiner Frau Luise, anderthalb Jahre nach der Feier der goldenen Hochzeit.

1976

14. Dezember	Erhard eröffnet als Alterspräsident den 8. Deutschen Bundestag.

1977

4. Februar	80. Geburtstag Erhards mit zahlreichen Ehrungen.
5. Mai	Tod durch Herzversagen um 2.50 Uhr in Bonn.
11. Mai	Staatsakt im Plenarsaal des Deutschen Bundestags.
12. Mai	Staatsbegräbnis: Trauergottesdienst in Tegernsee und Beisetzung auf dem Bergfriedhof in Gmund.

Kurzbiografien

Die im Folgenden genannten Berufsbezeichnungen beziehen sich jeweils auf die in den Jahren 1963–1966 ausgeübte Funktion. Nicht aufgenommen wurde der Name Ludwig Erhard.

Adenauer, Konrad (1876–1967), Bundeskanzler a. D., Bundesvorsitzender der CDU Deutschlands und Mitglied des Deutschen Bundestags.

1894–1901 Studium der Rechtswissenschaften und Volkswirtschaft an den Universitäten Freiburg, München und Bonn; 1905 Eintritt in die Zentrumspartei; 1917–1933 Oberbürgermeister von Köln; 1921–1933 Mitglied und Präsident des Preußischen Staatsrats; bis 1933 Mitglied des Reichsvorstands der Zentrumspartei; 1933 Entlassung aus allen Ämtern; 1945 erneut Oberbürgermeister von Köln; 1946–1948 Mitglied des Zonenbeirates für die britische Besatzungszone; 1946–1950 Mitglied des Landtags Nordrhein-Westfalen (CDU), dort 1946–1949 Fraktionsvorsitzender; 1946–1950 Vorsitzender des Zonenverbands der CDU in der britischen Zone; 1948–1949 Präsident des Parlamentarischen Rats; 1949–1967 Mitglied des Bundestags; 1949–1963 Bundeskanzler, 1951–1955 zugleich Bundesminister des Auswärtigen; 1950–1966 Bundesvorsitzender der CDU.

Adschubej, Alexej Iwanowitsch (1924–1993), sowjetischer Journalist (Schwiegersohn des Ersten Sekretärs des ZK der KPdSU Nikita Chruschtschow).

1947–1950 Studium der Zeitungswissenschaften und Dramaturgie an der Moskauer Staatlichen Universität; 1957–1959

Chefredakteur der Jugendverbandszeitung *Komsomolskaja Prawda*; 1959–1964 Chefredakteur der Tageszeitung *Iswestija*; 1961–1964 Mitglied des ZK der KPdSU; 1964 Verlust aller Ämter mit der Ablösung Chruschtschows.

Altmann, Rüdiger (1922–2000), Publizist und stellvertretender Hauptgeschäftsführer des Deutschen Industrie- und Handelstags.

1943–1947 Studium der Rechts- und Staatswissenschaften, Politik und Soziologie in Frankfurt a. M., Berlin und Magdeburg; 1950–1956 Wissenschaftlicher Mitarbeiter an der Universität Marburg; 1954 Promotion an der Universität Marburg; 1958–1960 alleiniger Geschäftsführer und Leiter der Bildungsstätte Schloss Eichholz; 1963–1978 Stellvertretender Hauptgeschäftsführer des Deutschen Industrie- und Handelstags; ab 1964 Mitglied des »Sonderkreises«.

Arndt, Adolf (1904–1974), Mitglied des Deutschen Bundestags.

1922–1926 Studium der Rechtswissenschaften und Nationalökonomie an den Universitäten Marburg und Berlin; 1932 Richter am Kriminalgericht in Moabit; 1933–1943 Rechtsanwalt in Berlin, 1943 zur Zwangsarbeit bei der Organisation Todt kriegsdienstverpflichtet; ab Juli 1944 inhaftiert; 1945 Oberstaatsanwalt in Marburg; 1945–1949 Hessisches Justizministerium und Vertreter Hessens im Rechtsausschuss des Länderrats des amerikanischen Besatzungsgebiets; 1948–1949 Vorsitzender des Rechtsausschusses im Wirtschaftsrat des Vereinigten Wirtschaftsgebiets; 1949–1969 Mitglied des Bundestags (SPD), dort 1949–1961 Fraktionsgeschäftsführer; 1956–1964 Mitglied des SPD-Parteivorstands; 1963–1964 Senator für Wissenschaft und Kunst in Berlin; 1964–1969 Vorsitzender des Deutschen Werkbunds.

Balfour, Arthur James (1848–1930), britischer Außen- und Premierminister.

1874–1885 Abgeordneter im britischen Unterhaus; 1887–1892 Chief Secretary for Ireland; 1892–1894 Oppositionsführer im Unterhaus; 1895–1902 First Lord of the Treasury; 1902–1905 britischer Premierminister; 1902–1911 Vorsitzender der Konservativen Partei; 1916–1919 Außenminister; 1920 Delegationsführer beim Völkerbund; 1922 Erhebung zum Earl; 1922–1930 Mitglied des House of Lords.

Ball, George Wildman (1909–1994), stellvertretender Außenminister der Vereinigten Staaten von Amerika.

1944–1945 Direktor des United States Strategic Bombing Survey; ab 1946 Rechtsanwalt in New York; 1961 Unterstaatssekretär im State Department; 1961–1966 stellvertretender Außenminister; 1968 Botschafter der Vereinigten Staaten bei den Vereinten Nationen.

Barzel, Rainer (1924–2006), Vorsitzender der CDU/CSU-Fraktion des Deutschen Bundestags.

1941–1945 Kriegsdienst; 1945–1949 Studium der Rechtswissenschaften und der Volkswirtschaftslehre an der Universität Köln; 1949–1956 Tätigkeit bei der Landesregierung von Nordrhein-Westfalen; 1956 Geschäftsführendes Mitglied des Präsidiums des Landesverbands Nordrhein-Westfalen der CDU; 1957–1987 Mitglied des Deutschen Bundestags; 1962–1963 Bundesminister für gesamtdeutsche Fragen; 1963–1964 stellvertretender und amtierender Bundestagsfraktionsvorsitzender der CDU/CSU; 1964–1973 Vorsitzender der CDU/CSU-Fraktion des Deutschen Bundestags; 1971–1973 Bundesvorsitzender der CDU; 1972 Kanzlerkandidat von CDU und CSU im Bundestagswahlkampf; April 1972 gescheitertes Misstrauensvotum gegen Willy Brandt; 1973–1979 Tätigkeit als Rechtsanwalt in Frankfurt a. M.; 1977–1979 Vorsitzender des Wirtschaftsausschusses des Deutschen Bundestags; 1980–1982 Vorsitzender des Auswärtigen Ausschusses des Deutschen Bundestags; 1982–1983 Bundesminister für innerdeutsche Beziehungen; 1983–1984 Präsident des Deutschen Bundestags; 1979–1980 und 1986–1990 Koordinator für deutsch-französische Zusammenarbeit.

Ben-Gurion, David (1866–1973), israelischer Ministerpräsident.

1900 Gründungsmitglied der Esra-Gesellschaft in Plonsk; 1910 Ernennung zum Redakteur der Parteizeitschrift *Achdut* in Jerusalem; 1911 Vertreter der Partei Arbeiter Zions auf dem Wiener Weltkongress; 1913 Delegierter des 11. Zionistischen Kongresses, Wahl zum Mitglied der dritten Weltkonferenz und der weltweiten Allianz der Partei Arbeiter Zions; 1919–1918 Exil in New York; 1919 Übernahme der Parteiführung der vereinigten Partei Achdut Haawoda; 1921–1935 Ernennung zum ersten Generalsekretär der Gewerkschaft der jüdischen Arbeiter Palästinas Histadrut; 1933 Erhalt eines der fünf Sitze der Zionistischen Exekutive; 1948–1953 Premierminister Israels; 1948–1963 Parteivorsitzender der sozialdemokratischen Arbeiterpartei Israels; 1955 Verteidigungsminister Israels; 1955–1963 Premierminister Israels; 1963 Rücktritt als Premierminister; 1965 Gründung der israelischen Arbeiterliste »Rafi«.

Birrenbach, Kurt (1907–1987), Sonderbeauftragter des Bundeskanzlers für die Aufnahme diplomatischer Beziehungen mit Israel und Mitglied des Deutschen Bundestags.

1926–1934 Studium der Rechts- und Staatswissenschaften in Genf, Paris, München und Münster; 1934–1939 Tätigkeit in einer internationalen Finanzberatung in Berlin; 1939–1951 Wirtschaftstätigkeit (Eisen- und Stahlindustrie) in Argentinien; 1951–1954 stellvertretender Geschäftsführer der Deutschen Stahlunion in Düsseldorf; 1953 Eintritt in die CDU;

1955–1981 Mitglied des Aufsichtsrats der August-Thyssen-Hütte AG, 1962–1973 dessen Vorsitzender; 1957–1976 Mitglied des Bundestags (CDU); 1957–1961 Mitglied der Gemeinsamen Versammlung der EGKS bzw. seit 1958 des Europäischen Parlaments; 1957–1965 Vizepräsident der Europa-Union; 1965 Sonderbeauftragter des Bundeskanzlers für die Aufnahme diplomatischer Beziehungen mit Israel; 1965–1987 Vorsitzender des Kuratoriums der Fritz-Thyssen-Stiftung; 1971–1978 Vorsitzender des Aufsichtsrats der Fritz-Thyssen-Vermögensverwaltung; 1973–1981 Präsident der Deutschen Gesellschaft für Auswärtige Politik.

Blank, Theodor (1905–1972), Bundesminister für Arbeit und Sozialordnung und Mitglied des Deutschen Bundestags.

1930–1933 Sekretär im Zentralverband Christlicher Fabrik- und Transportarbeiter; 1936–1939 Studium der Mathematik und Physik in Münster, anschließend Studium des Ingenieurwesens in Hannover; 1939–1945 Kriegsdienst und Gefangenschaft; 1945 Mitbegründer der CDU Westfalen und des Deutschen Gewerkschaftsbunds; 1945 Stadtverordneter in Dortmund; 1945–1950 Mitglied des Vorstandes der IG Bergbau; 1946–1947 Mitglied des Landtags Nordrhein-Westfalen; 1947–1949 Mitglied des Wirtschaftsrats des Vereinigten Wirtschaftsgebiets; 1949–1972 Mitglied des Deutschen Bundestags, dort 1965–1969 stellvertretender Fraktionsvorsitzender der CDU; 1950–1955 Beauftragter des Bundeskanzlers für die mit der Vermehrung der alliierten Truppen zusammenhängenden Fragen; 1951 Leiter der deutschen Delegation beim Interimsausschuss für die Organisation der EVG; 1955–1956 Bundesminister für Verteidigung; 1957–1965 Bundesminister für Arbeit und Sozialordnung.

Bourguiba, Habib (1903–2000), tunesischer Staatspräsident.

1927 Diplom für Rechts- und Staatswissenschaften an der Universität Paris; 1929 Beitritt zur Destur-Partei; 1934 Gründung der Neo-Destur-Partei, die für die Unabhängigkeit Tunesiens von Frankreich eintrat; 1934–1936 erste Inhaftierung; 1938–1942 zweite Inhaftierung; 1947 Auswanderung nach Ägypten; 1955 Rückkehr nach Tunesien; 1956 Ernennung zum Premierminister; 1959 Wahl zum ersten Staatspräsidenten der Republik Tunesien; 1975 Ernennung zum Präsidenten auf Lebenszeit; 1987 Absetzung; 1987–2000 Hausarrest bis zu seinem Tod.

Brandt, Willy (1913–1992), Regierender Bürgermeister von Berlin (und späterer Bundeskanzler).

Ab 1925 Mitglied der sozialistischen Jugendbewegung; 1931 Übertritt von der SPD zur SAPD; 1933 Flucht über Dänemark nach Norwegen; 1940 Flucht nach Schweden; 1945 Korrespondent für skandinavische Zeitungen in Deutschland; 1947 Presseattaché an der norwegischen Vertretung (Militärmission) beim Alliierten Kontrollrat in Berlin; 1948 Beauftragter des SPD-Parteivorstands zur Kontaktpflege mit den alliierten Kontrollbehörden; 1948 Wiedereinbürgerung; 1949–1957, 1961 und 1969–1992 Mitglied des Deutschen Bundestags (SPD); 1950–1969 Mitglied des Berliner Abgeordnetenhauses, 1955–1956 dessen Präsident; 1957–1966 Regierender Bürgermeister von Berlin; 1964–1987 Vorsitzender der SPD; 1966–1969 Bundesminister des Auswärtigen; 1969–1974 Bundeskanzler; 1976–1992 Vorsitzender der Sozialistischen Internationale.

Brentano, Heinrich von (1904–1964), Vorsitzender der CDU/CSU-Bundestagsfraktion.

1922–1929 Studium der Rechtswissenschaften in München, Grenoble, Frankfurt a. M. und Gießen; 1930 Promotion in Gießen; 1932–1943 Rechtsanwalt beim Oberlandesgericht Darmstadt; 1943–1945 Dienstverpflichtung als Staatsanwalt in Hanau; 1945 Rechtsanwalt und Notar in Darmstadt; Mitbegründer der CDU in Hessen; 1946–1949 Mitglied des Landtags in Hessen, dort 1947–1949 Fraktionsvorsitzender; 1948–1949 Mitglied des Parlamentarischen Rates; 1949–1964 Mitglied des Deutschen Bundestags; 1949–1955 und 1961–1964 Vorsitzender der CDU/CSU-Fraktion; 1955–1961 Bundesminister des Auswärtigen.

Breschnew, Leonid Iljitsch (1906–1982), Generalsekretär der KPdSU.

1931 Eintritt in die KPdSU; 1935 Abschluss als Diplomingenieur am Metallurgischen Institut in Kamjanske; seit 1952 Mitglied des ZK der KPdSU; 1950–1952, 1956–1960 und 1963–1964 Sekretär des ZK der KPdSU; 1957 Mitglied des Präsidiums; 1966 Mitglied des Politbüros der KPdSU; 1960–1964 Vorsitzender des Präsidiums des Obersten Sowjet; 1964 Erster Sekretär, ab 1966 Generalsekretär der KPdSU; 1977 zusätzlich zur Führung der Partei erneut Vorsitzender des Obersten Sowjets; 1976 Verleihung des Titels eines Marschalls der Sowjetunion.

Bucher, Ewald (1914–1991), Bundesminister der Justiz und Mitglied des Deutschen Bundestags.

1933–1937 Studium der Rechtswissenschaften in Tübingen und München; 1941 Promotion in München; 1941–1945 Kriegsdienst und amerikanische Kriegsgefangenschaft; 1945 Rechtsanwalt, aufgrund Entnazifizierungsverfahrens 18 Monate Berufsverbot; 1951 Geschäftsführer des Landesverbandes der württembergischen Gewerbe- und Handelsvereine; 1953–1969 Mitglied des Bundestags (FDP), dort 1956–1961 Parlamentarischer Geschäftsführer der FDP-Fraktion; 1957–1962 stellvertretender Vorsitzender des Rechtsausschusses; 1962–1965 Bundesminister der Justiz; 1964 Kandidat für die Wahl zum

Bundespräsidenten; 1965–1966 Bundesminister für Wohnungswesen und Städtebau; 1971–1987 Vorsitzender des Deutschen Verbands für Wohnungswesen, Städtebau und Raumordnung; 1972 Austritt aus der FDP; 1983 Eintritt in die CDU.

Carstens, Karl (1914–1992), Staatssekretär des Auswärtigen Amts (und späterer Bundespräsident).

1933–1939 Studium der Rechtswissenschaften in Frankfurt a. M., Greifswald, Dijon, München, Königsberg und Hamburg; 1945–1949 Rechtsanwalt; 1940–1945 Kriegsdienst; 1945–1947 Referent beim Senator für Justiz und Verfassung in Bremen; 1949–1954 Bevollmächtigter der Hansestadt Bremen beim Bund; 1950–1973 Lehrtätigkeit für Staats- und Völkerrecht an der Universität Köln (1960 Berufung zum Ordinarius); 1954–1966 Auswärtiges Amt, dort 1954–1955 Gesandter und Leiter der Ständigen Vertretung der Bundesrepublik beim Europarat; 1955–1958 stellvertretender Leiter der Politischen Abteilung, 1958–1960 Leiter der Abteilung West I (mit Zuständigkeit u. a. auch für die europäische Integration); 1960–1966 Staatssekretär im Auswärtigen Amt; 1966–1967 Staatssekretär des Bundesministeriums der Verteidigung; 1968–1969 Staatssekretär und Chef des Bundeskanzleramts; 1969–1972 Leiter des Forschungsinstituts der Deutschen Gesellschaft für Auswärtige Politik; 1972–1979 Mitglied des Deutschen Bundestags (CDU), 1973–1976 Vorsitzender der CDU/CSU-Fraktion; 1976–1979 Präsident des Deutschen Bundestags; 1979–1984 Bundespräsident.

Chruschtschow, Nikita (1894–1971), Generalsekretär der KPdSU.

1929–1932 Studium an der Industrieakademie in Moskau; 1934–1966 Mitglied des ZK der KPdSU; 1938–1949 Erster Sekretär des ZK der KP der Ukraine; 1939–1964 Mitglied des Politbüros bzw. des Präsidiums des ZK der KPdSU; 1947 Regierungschef der Ukraine; 1949–1953 Sekretär und 1953–1964 Erster Sekretär des ZK der KPdSU; 1958–1964 zugleich auch Ministerpräsident der UdSSR; 1964 Absetzung als Parteisekretär und Ministerpräsident; 1966 Ausschluss aus dem ZK.

Cioară, Gheorge (1924–1993), rumänischer Minister für Außenhandel.

1943–1950 Studium des Bauingenieurwesens in Czernowitz, Bukarest und Leningrad (heute: Sankt Petersburg); 1954–1957 Minister für elektrische Energie und elektrotechnische Industrie Rumäniens; 1965–1984 Mitglied des ZK der KP Rumäniens; 1965–1969 rumänischer Minister für Außenhandel; 1969–1970 Erster Vizepräsident des staatlichen Planungskomitees im Amt eines Staatssekretärs; 1970–1971 Präsident des Nationalrates für wissenschaftliche Forschung im Ministerrang; 1972–1976 Bürgermeister von Bukarest; 1976–1979 Vize-Ministerpräsident Rumäniens; 1978–1981 Minister für elektrische Energie; 1981–1983 Staatssekretär im Nationalrat für Wissenschaft und Technologie; 1983–1984 Botschafter Rumäniens in Bulgarien.

Dahlgrün, Rolf (1908–1969), Bundesminister der Finanzen und Mitglied des Deutschen Bundestags.

1928–1935 Studium der Rechtswissenschaften in Göttingen; ab 1936 Leiter der Rechtsabteilung der Harburger Gummiwarenfabrik Phoenix AG, Hamburg; 1939–1945 Kriegsdienst; seit 1949 Mitglied der FDP; 1953–1957 Mitglied der Hamburger Bürgerschaft, dort Vorsitzender des Haushaltsausschusses; 1957–1969 Mitglied des Deutschen Bundestags (FDP), 1961–1963 Vorsitzender des Wirtschaftsausschusses; 1962–1966 Bundesminister der Finanzen.

Deist, Heinrich (1902–1964), Mitglied des Deutschen Bundestags sowie des Europäischen Parlaments.

Studium der Rechtswissenschaften und Volkswirtschaftslehre; seit 1920 Mitglied der SPD; 1924–1933 im preußischen Staatsdienst, dort 1928–1931 Vertreter des Landrates in den Landkreisen Essen-Ruhr und Düsseldorf und 1931–1933 als Regierungsrat in der Polizeiabteilung des Preußischen Ministeriums des Innern sowie zeitweise Persönlicher Referent des Ministers Carl Severing; 1933 aus politischen Gründen entlassen, anschließend kaufmännische Tätigkeit in Düsseldorf und Köln; seit 1941 Wirtschaftsprüfer und Steuerberater; 1949–1953 geschäftsführendes Mitglied des Stahltreuhändervereinigung, Vorsitzender und Mitglied mehrerer Aufsichtsräte der deutschen Montanindustrie; 1953–1964 Mitglied des Bundestags (SPD), dort 1953–1957 Vorsitzender des Ausschusses gemäß Artikel 15 GG; 1957–1961 Vorsitzender des Arbeitskreises III (Wirtschaftspolitik) der SPD-Fraktion; seit 1953 Mitglied der Gemeinsamen Versammlung der EGKS, seit 1958 des Europäischen Parlaments, dort u. a. 1959–1962 Vorsitzender des Ausschusses für langfristige Wirtschaftspolitik, für Fragen der Finanzen und Investitionen; 1962–1964 Mitglied des Wirtschafts- und Finanzausschusses des Europäischen Parlaments.

Dollinger, Werner (1918–2008), Bundesschatzminister und Mitglied des Deutschen Bundestags.

1936–1940 Studium der Wirtschafts- und Staatswissenschaft in Nürnberg, Frankfurt a. M. und München, 1942 Promotion; 1943–1945 Kriegsdienst; nach Kriegsende Mitbegründer der CSU; seit 1946 Leitung einer Ziegelei; 1946–1964 Stadtrat in Neustadt/Aisch (CSU); 1953–1990 Mitglied des Deutschen Bundestags; 1957–1961 und 1969–1976 stellvertretender Vorsitzender, 1961–1962 Vorsitzender der CSU-Landesgruppe; 1961–1962 Stellvertretender Fraktionsvorsitzender; 1980–1982 Vorsitzender des Ausschusses für Wirtschaft; 1956–1958

Mitglied der Gemeinsamen Versammlung der EGKS; seit 1957 Mitglied des geschäftsführenden Landesvorstandes bzw. Präsidiums der CSU; 1964–1987 stellvertretender Vorsitzender der CSU; 1962–1966 Bundesschatzminister; 1966 kurzzeitig Bundesminister für wirtschaftliche Zusammenarbeit; 1966–1969 Bundesminister für das Post- und Fernmeldewesen; 1971–1991 Mitglied der Synode der EKD; 1975–1993 Vorsitzender des Evangelischen Arbeitskreises der CSU und stellvertretender Bundesvorsitzender des Evangelischen Arbeitskreises von CDU und CSU; 1982–1987 Bundesminister für Verkehr.

Douglas-Home, Sir Alexander Frederic (1903–1995), britischer Premierminister.

1931–1945, 1950–1951 und 1963–1974 Mitglied des britischen Unterhauses (Konservative Partei); 1938 Privatsekretär von Premierminister Neville Chamberlain; 1945 Parlamentarischer Staatssekretär im Foreign Office; 1951–1963 Mitglied des House of Lords; 1956–1960 Minister für Commonwealth-Beziehungen; 1960–1963 Außenminister; 1963–1964 Premierminister; 1963–1965 Vorsitzender der Konservativen Partei; 1970–1974 Außenminister; 1974 Erhebung zum Peer auf Lebenszeit.

Dufhues, Josef Hermann (1908–1971), geschäftsführender Bundesvorsitzender der CDU.

1927–1935 Studium der Rechtswissenschaft und Volkswirtschaft in Tübingen und Berlin; 1935–1945 Rechtsanwalt; 1945 Mitbegründer der CDU Westfalen, 1946–1950 Vorsitzender der Jungen Union Westfalen; 1949–1950 Bundesvorsitzender der Jungen Union Deutschlands; 1945–1946 Richter am Landgericht Bochum; ab 1946 erneut Rechtsanwalt, ab 1951 gleichzeitig Notar; 1946–1947 und 1950–1971 MdL Nordrhein-Westfalen; 1958–1962 Innenminister des Landes Nordrhein-Westfalen; 1959–1971 Vorsitzender des Landesverbandes Westfalen-Lippe der CDU; 1962–1966 geschäftsführender Bundesvorsitzender der CDU; 1966–1969 Vorsitzender des Präsidiums der CDU in Nordrhein-Westfalen; 1966 Präsident des Landtags von Nordrhein-Westfalen.

Erler, Fritz (1913–1967), Vorsitzender der SPD-Fraktion des Deutschen Bundestags.

1931 Eintritt in die SPD; 1932–1938 Verwaltungsbeamter in der Stadtverwaltung Berlin, nach Ausscheiden aus politischen Gründen kaufmännischer Leiter eines chemischen Unternehmens in Berlin; 1938 Verhaftung und 1939 Verurteilung zu zehn Jahren Zuchthaus; 1945 Flucht; 1945–1946 Landrat in Biberach; 1946–1947 Mitglied des Landtags Württemberg-Hohenzollern (SPD) und Tätigkeit in der dortigen Staatskanzlei; 1947–1949 Landrat in Tuttlingen; 1949–1967 Mitglied des Bundestags (SPD), dort u.a. 1952–1957 stellvertretender Vorsitzender des Ausschusses zur Mitberatung des EVG-Vertrags und der damit zusammenhängenden Abmachungen bzw. (ab 1953) des Ausschusses für Fragen der europäischen Sicherheit bzw. (ab 1956) des Ausschusses für Verteidigung; 1953–1957 Vorsitzender des Fraktionsarbeitskreises für Sicherheitsfragen; 1957–1964 stellvertretender, 1964–1967 Fraktionsvorsitzender (SPD); 1953–1957 Mitglied der Beratenden Versammlung des Europarats und der Versammlung der WEU.

Eschkol, Levi (1895–1969), israelischer Ministerpräsident.

1914 Auswanderung aus Russland nach Palästina, dort Tätigkeit in der Landwirtschaft und im Siedlungswesen; 1918–1920 Mitglied der Jüdischen Legion; 1921 Gründungsmitglied des Gewerkschaftsbunds Histadrut, anschließend Emissär der Histadrut in verschiedenen europäischen Ländern; in den Dreißigerjahren Tätigkeit beim Palästina-Büro in Berlin für die Überführung deutsch-jüdischen Eigentums nach Palästina; seit 1942 leitende Stellung in der Jewish Agency; 1948 nach der Gründung des Staates Israel Abteilungsleiter im israelischen Innenministerium; 1951–1952 israelischer Landwirtschaftsminister; 1952–1963 Finanzminister; 1963–1969 Ministerpräsident, 1963–1967 zusätzlich Verteidigungsminister.

Etzel, Franz (1902–1970), Mitglied des Deutschen Bundestags.

1922–1930 Studium der Rechtswissenschaft in Frankfurt a. M., Münster, München und Berlin; 1930–1952 Rechtsanwalt und Notar in Duisburg; 1939–1945 Kriegsdienst; 1947–1949 Vorsitzender des Wirtschaftspolitischen Ausschusses der CDU in der britischen Zone; 1949–1953 und 1957–1965 Mitglied des Bundestags (CDU), dort 1949–1952 Vorsitzender des Ausschusses für Wirtschaftspolitik; 1952–1957 Vizepräsident der Hohen Behörde der EGKS; 1957–1961 Bundesminister der Finanzen.

Ford, Gerald (1913–2006), Präsident der Vereinigten Staaten von Amerika, Rechtsanwalt.

1931–1941 Studium der Wirtschafts- und Rechtswissenschaften an der University of Michigan und der Yale University; 1942–45 Dienst in der US-Navy; 1946–1948 Tätigkeit als Anwalt; 1948–1972 Mitglied des Kongresses der Vereinigten Staaten; 1963 Wahl zum Republican Conference Chair; 1963–1964 Mitglied der Warren-Kommission; 1964–1973 Ernennung zum Vorsitzenden der republikanischen Fraktion nach Wahlniederlage im Jahr 1964; 1973 Ernennung zum Vizepräsidenten; 1974 Übernahme der US-Präsidentschaft Nixons nach dessen Amtsenthebungsverfahren; 1974–1977 38. Präsident der Vereinigten Staaten von Amerika.

Frank-Planitz, Ulrich (1936–2011), Journalist und Verleger.

1962–1973 Redakteur der Wochenzeitung *Christ und Welt*, ab 1970 als Chefredakteur; 1973–1977 Direktor der Robert Bosch Internationale Beteiligungs AG in Zürich; 1978–1997 Geschäftsführer der Engelhorn Verlag GmbH und der Verlags-Anstalt GmbH.

Frei Montalva, Eduardo (1911–1982), chilenischer Staatspräsident.

1928–1933 Studium der Rechtswissenschaften; 1935–1937 Redakteur der Zeitung *El Tarapacá*, 1938 Mitbegründer der Christdemokratischen Partei Falange Nacional; 1940–1945 Professor für Arbeitsrecht an der Päpstlichen Katholischen Universität von Chile; 1941, 1943 und 1945 Präsident der Falange; 1945–1946 Minister für Öffentliche Arbeiten; ab 1949 mehrfache Wahl in den Senat; 1964 Wahl zum Staatspräsidenten Chiles; 1970 Amtsübergabe an Salvador Allende; ab 1977 Mitglied der von Willy Brandt geleiteten »Unabhängigen Kommission für internationale Entwicklungsfragen«.

Gasperi, Alcide de (1881–1954), italienischer Außenminister und Ministerpräsident.

1900–1905 Studium der Philosophie, Literatur und Geschichte in Wien, Promotion; 1911–1918 Mitglied des Abgeordnetenhauses des österreichischen Reichsrates; 1914 Wahl in den Tiroler Landtag; 1919 Mitbegründer des Partito Popolare Italiano (PPI); 1921 Abgeordneter im italienischen Parlament sowie Fraktionsvorsitzender des PPI; 1927–1928 Haft; 1942 Mitbegründer der Democrazia Cristiana (DC) als Nachfolgeorganisation des PPI; 1944–1945 italienischer Außenminister; 1945–1953 italienischer Ministerpräsident; 1951–1953 zugleich und erneut Außenminister; 1954 Präsident der Parlamentarischen Versammlung der Europäischen Gemeinschaft für Kohle und Stahl (EGKS).

Gaulle, Charles de (1890–1970), französischer Staatspräsident.

1914–1918 Kriegsdienst, ab 1916 Gefangenschaft im bayerischen Kronach; 1918–1931 verschiedene Kommandierungen, u.a. 1924 im Stab der Rheinarmee in Mainz; 1927 Bataillonskommandeur in Trier; 1932–1936 Generalsekretär des Nationalen Verteidigungsrats; 1937–1939 erneute Truppenverwendung, zuletzt 1939 Kommandeur einer Panzerdivision; 1940–1943 Gründer des Londoner Komitees »Freies Frankreich«, Chef der Freien Französischen Streitkräfte und Chef des Nationalen Verteidigungskomitees; 1943 Präsident des »Nationalen Befreiungskomitees«; ab 1944 Präsident der Provisorischen Regierung der Französischen Republik; 1944–1946 und 1958 französischer Ministerpräsident; 1959–1969 Präsident der Französischen Republik.

Gaus, Günter (1929–2004), Journalist.

1950–1952 Studium der Germanistik und Geschichte in München; 1952–1956 politischer Redakteur der *Badischen Zeitung* in Freiburg; 1956–1958 politischer Redakteur bei der *Deutschen Zeitung und Wirtschaftszeitung*; 1958–1961 Ressortleiter und Bonn-Korrespondent bei *Der Spiegel*; 1961–1965 Redakteur und Kommentator bei der *Süddeutschen Zeitung*; 1965–1969 Programmdirektor und stellvertretender Intendant des Südwestfunks; 1969–1973 Chefredakteur bei *Der Spiegel*; 1973–1974 Staatssekretär im Bundeskanzleramt; 1974–1981 Leiter der Ständigen Vertretung der Bundesrepublik Deutschland bei der DDR; 1981 Senator für Wissenschaft und Forschung des Landes Berlin; seit 1990 Mitherausgeber der Wochenzeitung *Freitag* und der Monatszeitschrift *Blätter für deutsche und internationale Politik*.

Gerstenmaier, Eugen (1906–1986), Präsident des Deutschen Bundestags.

1931–1935 Studium der Theologie, Germanistik und Philosophie in Tübingen, Rostock und Zürich, 1935 Promotion in Rostock; ab 1936 im Kirchlichen Außenamt der Evangelischen Kirche (zuletzt als Oberkonsistorialrat); Mitglied der Bekennenden Kirche; 1939–1944 kriegsdienstverpflichtet im Auswärtigen Amt und im Oberkommando der Wehrmacht; Mitglied des Kreisauer Kreises um Helmuth James Graf von Moltke, nach dem 20. Juli 1944 Verhaftung und Verurteilung durch den Volksgerichtshof zu sieben Jahren Zuchthaus; 1945–1951 Leiter des Hilfswerks der EKD; seit 1948 Mitglied der Synode der EKD; 1949–1969 Mitglied des Deutschen Bundestags (CDU), 1953–1954 Vorsitzender des Auswärtigen Ausschusses; 1954–1969 Präsident des Deutschen Bundestags; 1956–1969 stellvertretender Vorsitzender der CDU.

Globke, Hans (1898–1973), Staatssekretär im Bundeskanzleramt a. D., Verwaltungsjurist.

1918–1921 Studium der Rechts- und Staatswissenschaften in Bonn und Köln; 1922 Promotion in Gießen; 1925–1929 Stellvertreter des Polizeipräsidenten von Aachen; 1929–1934 Preußisches Ministerium des Innern, dort Leiter des Verfassungs- und des Saarreferats; 1934–1945 Reichsministerium des Innern, dort Referent für Personenstandswesen; 1936 Publikation des »Stuckart-Globke«, des Standardkommentars zur deutschen Rassengesetzgebung, gemeinsam dem Leiter der Verfassungsabteilung im Reichsinnenministerium Wilhelm Stuckart; ab 1938 Referent für Staatsangehörigkeitsfragen im Reichsinnenministerium; 1946–1949 Stadtkämmerer in Aachen; 1949 Vizepräsident des Landesrechnungshofs in Nordrhein-Westfalen; 1949–1963 Bundeskanzleramt, dort 1949–1950 Leiter der Abteilung II (Koordinierung und Kabinettsangelegenheiten); 1950–1953 Leiter der Abteilung I (Allgemeine Angelegenheiten, Gesetzgebung und Koordinierung), zugleich Vertreter des Staatssekretärs; 1953–1963 Staatssekretär im Bundeskanzleramt.

Goppel, Alfons (1905–1991), bayerischer Ministerpräsident.

1925–1929 Studium der Rechtswissenschaften in München, 1929–1932 Referendariat in Regensburg; 1932–1934 Rechtsanwalt in Regensburg; 1934–1938 Staatsanwalt in Kaiserslautern; 1939–1945 Kriegsdienst; 1947 Landrat des Landkreises Aschaffenburg; 1952 Erster Bürgermeister von Aschaffenburg; 1954–1978 Mitglied des Bayerischen Landtags (CSU); 1957–1958 Staatssekretär im Bayerischen Staatsministerium der Justiz; 1958–1962 Bayerischer Staatsminister des Innern; 1962–1978 Bayerischer Ministerpräsident; 1957–1991 Mitglied des CSU-Landesvorstands; 1979–1984 Mitglied des Europäischen Parlaments.

Gradl, Johann Baptist (1904–1988), Bundesminister für Vertriebene, Flüchtlinge und Kriegsgeschädigte und Mitglied des Deutschen Bundestags.

1922–1926 Studium der Wirtschafts- und Staatswissenschaften in Berlin; 1930 Promotion in Halle-Wittenberg; 1926–1930 Redaktionstätigkeit bei der Zentrums-Zeitung *Germania* in Berlin; 1931–1945 Mitglied der Geschäftsführung des Deutschen Sparkassen- und Giroverbands bzw. (ab 1938) der Reichsgruppe Banken; 1945 Mitbegründer der CDU in Berlin; seit 1947 Verleger der Zeitung *Der Tag*; 1954 Gründungsmitglied des Kuratoriums Unteilbares Deutschland; 1957–1980 Mitglied des Bundestags, dort 1957–1965 stellvertretender Vorsitzender des Ausschusses für gesamtdeutsche und Berliner Fragen; 1969–1972 Vorsitzender des Ausschusses für innerdeutsche Beziehungen; 1958–1975 Vorsitzender des Forschungsbeirats für Fragen der Wiedervereinigung Deutschlands; 1965–1966 Bundesminister für Vertriebene, Flüchtlinge und Kriegsgeschädigte; 1970–1987 Vorsitzender der Exil-CDU; 1973–1987 Vorsitzender des Geschäftsführenden Präsidiums des Kuratoriums Unteilbares Deutschland.

Grass, Günter (1927–2015), Schriftsteller.

1944 Einberufung als Luftwaffenhelfer; 1945–1946 amerikanische Gefangenschaft; 1948–1962 Studium der Grafik und Bildhauerei an der Düsseldorfer Kunstakademie; 1953–1956 Schüler der Hochschule der Künste in Berlin; 1965, 1969 und 1972 Beteiligung an Wahlkampftourneen für die Sozialdemokratische Partei Deutschlands (SPD); 1982 Eintritt, 1993 Austritt aus der SPD; 1999 Auszeichnung mit dem Nobelpreis für Literatur.

Grewe, Wilhelm (1911–2000), Jurist und Diplomat.

1930–1934 Studium der Rechtswissenschaften an den Universitäten Hamburg, Berlin, Freiburg, Frankfurt a. M.; 1936 Promotion an der Universität Hamburg; 1935–1937 Dozent u. a. an den Universitäten Hamburg (1936–1937) und Königsberg (1936–1937); 1937–1942 Dozent in Berlin am Deutschen Institut für außenpolitische Forschung (1937–1938), an der Hochschule für Politik (1938–1940) und an der Universität (1940–1942); 1941 Habilitation an der Universität Königsberg; 1942–1945 Professor an der Universität Berlin; 1945–1947 Professor an der Universität Göttingen; 1947–1955 Professor an der Universität Freiburg i. Br.; seit 1949 ordentlicher Professor für öffentliches Recht; 1951–1955 Leiter der deutschen Delegation für die Ablösung des Besatzungsstatuts, 1953–1954 gleichzeitig kommissarischer Leiter der Rechtsabteilung des Auswärtigen Amts; 1953–1954 Sonderbevollmächtigter der Bundesregierung bei der Konferenz der vier Außenminister in Berlin; 1955–1958 Leiter der Politischen Abteilung des Auswärtigen Amtes; 1958–1962 Botschafter in Washington; 1962–

1971 Ständiger Vertreter beim Nato-Rat in Paris und Brüssel; 1971–1976 Botschafter in Tokio.

Groepper, Horst (1909–2002), Jurist und Diplomat.

1927–1934 Studium der Rechtswissenschaften in Tübingen, Bonn und Münster; 1934–1938 Reichsjustizministerium; 1938 Landgericht Münster; 1938–1945 im Auswärtigen Dienst mit Station u.a. in Moskau (1939–1941); 1944–1945 Kriegsdienst und Gefangenschaft; 1947–1953 Tätigkeit als Rechtsanwalt; 1953–1973 erneut im Auswärtigen Dienst, Stationen u.a. in Genf (1953), Wien (1953–1956) und Moskau (1956–1960); 1960–1961 im Auswärtigen Amt, in der Abteilung 2 (West 1) Leiter des Referats 22 (Konferenzsekretariat); 1962 stellvertretender Leiter der Abteilung 7 (Ostabteilung); 1962–1966 Botschafter in Moskau; 1966–1968 in Ankara; 1968–1972 in der Zentrale des Auswärtigen Amts Leiter der Abteilung V (Rechtsabteilung); 1972–1973 Botschafter in Dublin.

Gross, Johannes (1932–1999), Publizist und Verleger.

1950–1955 Studium der Rechtswissenschaften und Philosophie in Marburg, Staatsexamen; 1955–1962 Korrespondent und späterer Ressortchef Politik der *Deutschen Zeitung*; 1962–1968 Leiter des Politikressorts des *Deutschlandfunks*; 1968–1974 Chefredakteur und stellvertretender Intendant der *Deutschen Welle*; ab 1974 Chefredakteur und ab 1980 Herausgeber der Wirtschaftszeitschriften *Capital* und *Impulse*; 1977–1984 Moderator der Fernsehsendung »Bonner Runde« im ZDF; 1983 Eintritt in den Vorstand von Gruner + Jahr.

Guttenberg, Karl Theodor Freiherr von und zu (1921–1972), Mitglied des Deutschen Bundestags.

1938–1945 Wehr- bzw. Kriegsdienst und Gefangenschaft; nach 1945 Forst- und Landwirt, Übernahme des Familienbesitzes; 1952–1957 Landrat in Stadtsteinach; 1957–1972 Mitglied des

Deutschen Bundestags (CSU); 1961–1972 Mitglied des CSU-Landesvorstands; 1967–1969 Parlamentarischer Staatssekretär im Bundeskanzleramt.

Hallstein, Walter (1901–1982), Präsident der Kommission der Europäischen Wirtschaftsgemeinschaft.

1920–1925 Studium der Rechtswissenschaften in Bonn, München und Berlin, und Promotion; 1929 Habilitation und Tätigkeit als Privatdozent in Berlin; 1930–1941 Professor für Privat- und Gesellschaftsrecht; 1946 Berufung auf Lehrstuhl für Internationales Privatrecht, Völkerrecht, Rechtsvergleichung und Gesellschaftsrecht an der Universität Frankfurt a. M.; 1950 Leiter der deutschen Verhandlungsdelegation für den Schuman-Plan; 1950–1951 Staatssekretär im Bundeskanzleramt; 1951–1958 Staatssekretär im Auswärtigen Amt; 1958–1967 Präsident der Kommission der Europäischen Wirtschaftsgemeinschaft in Brüssel; 1968 Präsident des Rates der Europäischen Bewegung; 1969–1972 Mitglied des Deutschen Bundestags (CDU).

Hase, Karl-Günther von (1917–2021), Chef des Presse- und Informationsamts der Bundesregierung und Diplomat.

1936–1945 Berufssoldat; 1945–1949 Kriegsgefangenschaft; 1951 Eintritt in den Auswärtigen Dienst mit Stationen in Washington (1952–1953), Ottawa (1953–1956) und in der Zentrale (1956–1962), dort 1956–1958 stellvertretender Leiter, von 1958–1961 Leiter des Pressereferats; 1961–1962 Leiter der Abteilung West II (mit Zuständigkeiten u. a. für Vereinte Nationen, NATO und Verteidigung, Abrüstung und Sicherheit, Großbritannien, USA, Kanada, Mittel- und Südamerika); 1962–1967 als Staatssekretär Leiter des Bundespresseamtes; 1968–1969 Staatssekretär im Bundesministerium der Verteidigung; 1970–1977 Botschafter in London; 1977–1982 Intendant des Zweiten Deutschen Fernsehens.

Hassel, Kai-Uwe von (1913–1997), Bundesminister der Verteidigung und Mitglied des Deutschen Bundestags.

1933–1935 Ausbildung zum Pflanzungskaufmann; 1951–1955 und 1964–1975 stellvertretender, 1955–1964 Landesvorsitzender der CDU in Schleswig-Holstein; 1950–1965 Mitglied des Landtags Schleswig-Holstein (CDU); 1954–1963 Ministerpräsident von Schleswig-Holstein; 1953–1954 und 1965–1980 Mitglied des Deutschen Bundestags; 1956–1969 stellvertretender Bundesvorsitzender der CDU; 1963–1966 Bundesminister der Verteidigung; 1966–1969 Bundesminister für Vertriebene, Flüchtlinge und Kriegsgeschädigte; 1969–1972 Präsident und 1972–1976 Vizepräsident des Deutschen Bundestags; 1977–1980 Präsident der Parlamentarischen Vertretung der WEU; 1979–1984 Mitglied des Europäischen Parlaments.

Heck, Bruno (1917–1989), Bundesminister für Familie und Jugend und Mitglied des Deutschen Bundestags.

1936–1938 Studium der katholischen Theologie in Tübingen; 1938–1945 Wehr- bzw. Kriegsdienst und Kriegsgefangenschaft; 1945–1950 Studium der Klassischen Philologie, Germanistik und Geschichte in Tübingen, Promotion; 1950–1952 Kultusministerium des Landes Württemberg-Hohenzollern; 1952–1958 Bundesgeschäftsführer der CDU; 1957–1976 Mitglied des Deutschen Bundestags (CDU), dort 1957–1961 Vorsitzender des Ausschusses für Kulturpolitik und Publizistik; 1962–1968 Bundesminister für Familien- und Jugendfragen (bzw. seit Herbst 1963 Bundesminister für Familie und Jugend); 1966–1971 Generalsekretär der CDU; 1968–1989 Vorsitzender der Konrad-Adenauer-Stiftung.

Hochhuth, Rolf (1931–2020), Schriftsteller.

1950–1955 Buchhändler in Marburg, Kassel und München; 1955–1963 Lektor im Bertelsmann-Lesering; ab 1963 freier Autor.

Hohmann, Karl (1916–2003), Ministerialdirektor und Leiter des Kanzlerbüros.

1937–1938 und 1946–1948 Studium der Nationalökonomie; 1938–1945 Wehr- bzw. Kriegsdienst und Gefangenschaft; 1947–1948 Volontariat in der Schriftleitung des *Wirtschaftsmarkts*; 1948–1951 Wirtschaftsministerium des Landes Württemberg-Hohenzollern; 1951–1963 Bundesministerium für Wirtschaft, dort 1951–1953 Hilfsreferent im Referat »Preispolitik«, 1953–1958 dessen Leiter, zusätzlich 1954–1956 Persönlicher Referent des Staatssekretärs; 1958–1963 Leiter des Referats »Öffentlichkeitsarbeit, Information«; 1963–1967 Bundeskanzleramt, dort 1963–1966 Leiter des Kanzlerbüros; 1966–1967 Leiter der neu errichten Abteilung III (mit Zuständigkeit vor allem für Lageinformation, öffentliche Sicherheit, strafrechtlicher Staatsschutz, Sicherheitsreferent des Hauses, Politische Planung, Verbindung zu den politischen Parteien, Kirchen und Verbänden); 1967–1974 Bundespresseamt (BPA); 1974–1980 Geschäftsführer und 1980–1991 Vorsitzender der Ludwig-Erhard-Stiftung.

Höcherl, Hermann (1912–1989), Bundesminister des Innern und Mitglied des Deutschen Bundestags.

1931–1934 Studium der Rechts- und Staatswissenschaften in Berlin, Aix-en-Provence und München; 1940–1945 Kriegsdienst und Kriegsgefangenschaft; 1948–1949 Rechtsanwalt in Regensburg; 1949 Eintritt in die CSU; 1950–1951 Staatsanwalt in Deggendorf; 1951–1953 Amtsgerichtsrat in Regensburg; 1953–1976 Mitglied des Deutschen Bundestags, dort 1957–1961 Vorsitzender der Landesgruppe der CSU und stellvertretender Fraktionsvorsitzender; 1961–1965 Bundesminister des Innern; 1965–1969 Bundesminister für Ernährung, Landwirtschaft und Forsten; 1969–1972 Stellvertretender Vorsitzender der Landesgruppe der CSU und erneut stellvertretender Fraktionsvorsitzender; Vorsitzender des Vermittlungsausschusses.

Jaeger, Richard (1913–1998), Bundesminister der Justiz und Mitglied des Deutschen Bundestags.

1933–1936 Studium der Rechts- und Staatswissenschaften in München, Berlin und Bonn; 1933–1939 Tätigkeit in der katholischen Jugend- und Studentenbewegung; 1939–1945 Kriegsdienst und Gefangenschaft; 1947–1948 Bayerisches Staatsministerium für Unterricht und Kultus; 1948 Promotion; 1948–1949 Oberbürgermeister von Eichstätt; 1949–1980 Mitglied des Bundestags (CSU), dort 1952–1953 Vorsitzender des Ausschusses zum Schutz der Verfassung; 1953–1965 Vorsitzender des Ausschusses für Fragen der europäischen Sicherheit bzw. ab 1956 des Ausschusses für Verteidigung; 1953–1965 und 1967–1976 Vizepräsident des Deutschen Bundestags; 1965–1966 Bundesminister der Justiz; 1957–1990 Präsident der Deutschen Atlantischen Gesellschaft; 1984–1990 Leiter der deutschen Delegation bei der Menschenrechtskommission der Vereinten Nationen in Genf.

Johnson, Lyndon B. (1908–1973), Präsident der Vereinigten Staaten von Amerika.

1927–1931 Lehramtsstudium in San Marcos, Texas; 1937–1949 Abgeordneter für die Demokratische Partei im US-Repräsentantenhaus; 1949–1961 Senator für Texas; 1961–1963 Vizepräsident; 1963–1969 nach der Ermordung Kennedys 36. Präsident der Vereinigten Staaten von Amerika.

Katzer, Hans (1919–1996), Bundesminister für Arbeit und Sozialordnung und Mitglied des Deutschen Bundestags.

1929 Mitglied des Katholischen Jugendbunds Neudeutschland; 1939–1945 Kriegsdienst; 1945 Mitbegründer der CDU; 1945–1949 Arbeitsamt Köln; 1950–1957 Stadtrat in Köln; 1950–1977 Hauptgeschäftsführer bzw. (ab 1963) Vorsitzender der Sozialausschüsse der Christlich-Demokratischen Arbeitnehmerschaft (CDA); 1957–1980 Mitglied des Bundestags (CDU), dort

1961–1965 Vorsitzender des Ausschusses für wirtschaftlichen Besitz des Bundes; 1965–1969 Bundesminister für Arbeit und Sozialordnung; 1969–1980 stellvertretender Fraktionsvorsitzender der CDU; 1969–1980 stellvertretender Bundesvorsitzender der CDU.

Kennedy, John F. (1917–1963), Präsident der Vereinigten Staaten von Amerika.

1936–1940 Studium der Politischen Wissenschaften an der Harvard University; 1941–1945 Marineoffizier; 1947–1953 Abgeordneter der Demokratischen Partei im Repräsentantenhaus; 1953–1961 Senator für den Staat Massachusetts; 1961–1963 35. Präsident der Vereinigten Staaten; am 22. Nov. 1963 in Dallas (Texas) ermordet.

Kiesinger, Kurt Georg (1904–1988), Ministerpräsident des Landes Baden-Württemberg (und späterer Bundeskanzler).

1926–1931 Studium der Rechts- und Staatswissenschaften in Berlin; ab 1935 Rechtsanwalt beim Kammergericht Berlin; 1940–1945 Rundfunkpolitische Abteilung des Auswärtigen Amts, dort seit 1943 stellvertretender Abteilungsleiter; 1945–1946 amerikanisches Internierungslager Ludwigsburg; ab 1948 Rechtsanwalt in Tübingen; 1948–1951 Geschäftsführer des CDU-Landesverbands Württemberg-Hohenzollern; 1949–1959 und 1969–1980 Mitglied des Bundestags (CDU), dort 1954–1959 Vorsitzender des Auswärtigen Ausschusses; 1956–1958 Mitglied des Europäischen Parlaments (CDU); 1958–1966 Ministerpräsident des Landes Baden-Württemberg; 1960–1966 Mitglied des Landtags von Baden-Württemberg (CDU); 1963–1966 Bevollmächtigter der Bundesrepublik Deutschland für kulturelle Angelegenheiten im Rahmen des Vertrags über die deutsch-französische Zusammenarbeit; 1966–1969 Bundeskanzler; 1967–1971 Bundesvorsitzender der CDU.

Klein, Hans »Johnny« (1931–1996), Pressereferent des Bundeskanzlers (späterer Bundesminister für wirtschaftliche Zusammenarbeit und Vizepräsident des Deutschen Bundestags).

1950–1953 Studium der Volkswirtschaftslehre und Geschichte an der Universität Leicester; 1953–1959 Journalist bei der »*Heidenheimer Zeitung*« (bis 1956) sowie der Nachrichtenagentur DIMITAG (bis 1958); 1959 Eintritt in den Auswärtigen Dienst, bis 1964 Presseattaché an den deutschen Botschaften in Jordanien, Syrien, Irak und Indonesien; 1965 pressepolitischer Referent bei Bundeskanzler Ludwig Erhard; 1966–1968 Chefkorrespondent der »*Neuen Revue*« in Bonn; 1968–1972 Pressechef der Olympischen Spiele in München 1972; 1972 Eintritt in die CSU; 1972 erfolglose Kandidatur für den Deutschen Bundestag; 1976–1996 Mitglied des Deutschen Bundestags (CSU); 1987–1989 Bundesminister für wirtschaftliche Zusammenarbeit; 1989–1990 Leiter des Presse- und Informationsamts der Bundesregierung; 1990–1996 Vizepräsident des Deutschen Bundestags.

Klepsch, Egon (1930–2010), Bundesvorsitzender der Jungen Union.

1949–1954 Studium der Geschichte, Geografie und Politikwissenschaft in Rostock und Marburg, 1954 Promotion an der Universität Marburg; 1950 Eintritt in die Junge Union; 1951 Eintritt in die CDU; 1955–1959 Referent im Büro Bonner Berichte; 1959–1965 Dozent für internationale Politik im wissenschaftlichen Forschungs- und Lehrstab der Bundeswehr; 1963–1969 Bundesvorsitzender der Jungen Union; 1964–1970 Präsident der EUJCD und Mitglied des Präsidiums der EUCD; 1965–1980 Mitglied des Bundestags (CDU); 1969–1989 Vorsitzender des KV Koblenz; 1970–1973 Mitglied der Parlamentarischen Versammlung des Europarates; 1973–1994 Mitglied des Europäischen Parlaments, dort 1977–1982 und 1984–1992

Vorsitzender der EVP-Fraktion; 1992–1994 Präsident des Europäischen Parlaments.

Kossygin, Alexei Nikolajewitsch (1904–1980), Ministerpräsident der UdSSR.

1927 Eintritt in die KPdSU; 1936 nach der Ausbildung zum Textilingenieur Direktor einer Spinnerei in Leningrad; seit 1938 Bürgermeister von Leningrad; seit 1939 Mitglied des ZK der KPdSU; 1940–1946 Stellvertretender Vorsitzender im Rat der Volkskommissare; 1943–1946 Ministerpräsident der Russischen Sozialistischen Föderativen Sowjetrepublik; 1946–1960 Stellvertretender Ministerpräsident der Sowjetunion; 1948 sowjetischer Finanzminister; 1948–1953 Minister für Leichtindustrie; 1948–1952 und seit 1960 Mitglied des Politbüros des Zentralkomitees der KPdSU; 1959–1960 Leiter der Planungskommission; 1960–1964 Erster Stellvertretender Ministerpräsident; 1964–1980 Ministerpräsident der Sowjetunion.

Krone, Heinrich (1895–1989), Bundesminister für die Angelegenheiten des Bundesverteidigungsrats und Mitglied des Deutschen Bundestags.

1914–1917 Studium der Theologie in Münster und ab 1918 Studium der Neueren Sprachen, Latein und Volkswirtschaft in Göttingen und Kiel, 1923 Promotion; 1923–1933 stellvertretender Generalsekretär der Deutschen Zentrumspartei und Vorsitzender des Reichsverbands der Windthorst-Bünde; 1925–1933 Mitglied des Reichstags (Zentrumspartei); 1934–1945 Mitbegründer und Geschäftsführer des Caritas-Notwerks; 1945 Mitbegründer der CDU in Berlin und 1947–1951 Mitglied des Landesvorstandes der Berliner CDU; 1949–1969 Mitglied des Deutschen Bundestags (CDU), 1951–1955 Geschäftsführer und 1955–1961 Vorsitzender der CDU/CSU-Fraktion; 1958–1964 stellvertretender Bundesvorsitzender der CDU; 1961–

1964 Bundesminister für besondere Aufgaben; 1964–1966 Bundesminister für die Angelegenheiten des Bundesverteidigungsrats.

Lemke, Helmut (1907–1990), Ministerpräsident des Landes Schleswig-Holstein.

1925–1928 Studium der Rechts- und Staatswissenschaften an der Universität Heidelberg, 1929 Promotion; 1933 Bürgermeister von Eckernförde; 1937 Bürgermeister von Schleswig; 1939–1945 Marineoffizier; 1945–1948 im Minenräumdienst im Auftrag der alliierten Streitkräfte; ab 1948 Rechtsanwalt und Notar in Lübeck; 1950 Mitglied des CDU-Landesvorstands Schleswig-Holstein; 1951–1954 Senator in Lübeck und stellvertretender Bürgermeister; 1954–1955 Kultusminister des Landes Schleswig-Holstein; 1955–1963 Innenminister; 1963–1971 Ministerpräsident; 1971–1983 Präsident des Schleswig-Holsteinischen Landtags.

Lemmer, Ernst (1898–1970), Bundesminister für Vertriebene, Flüchtlinge und Kriegsgeschädigte und Mitglied des Deutschen Bundestags.

1919–1923 Studium der Theologie, Geschichte und Volkswirtschaft in Marburg und Frankfurt a. M.; 1922–1933 Generalsekretär des Gewerkschaftsrings deutscher Arbeiter- und Angestelltenverbände (Hirsch-Dunckersche Gewerkvereine); 1924–1932 und 1933 Mitglied des Reichstags (DDP/DStP); während der NS-Zeit Auslandskorrespondent für mehrere ausländische Zeitungen; 1945 Mitbegründer und 1945–1949 stellvertretender Vorsitzender des FDGB; 1946–1947 stellvertretender Vorsitzender der CDU in der sowjetischen Besatzungszone; 1946–1949 Mitglied des Landtags Brandenburg; 1951–1969 Mitglied des Berliner Abgeordnetenhauses, dort 1951–1956 Fraktionsvorsitzender; 1956–1961 Vorsitzender des CDU-Landesverbands Berlin; 1952–1970 Mitglied des Deutschen Bundestags; 1956–1957 Bundesminister für das Post- und Fernmeldewesen; 1957–1962 Bundesminister für gesamtdeutsche Fragen; 1961–1970 Vorsitzender der Exil-CDU; 1963–1970 Bundesvorsitzender bzw. ab 1967 Präsident des Gesamtverbands der Sowjetzonenflüchtlinge; 1964–1965 Bundesminister für Vertriebene, Flüchtlinge und Kriegsgeschädigte; 1965–1969 Sonderbeauftragter des Bundeskanzlers für Berlin.

Leontjew, Alexei Nikolajewitsch (1903–1979), sowjetischer Psychologe.

1921–1924 Studium der Sozialwissenschaft in Moskau; 1924–1931 Mitarbeiter bei L. S. Wygotski am Institut für Psychologie in Moskau; 1931–1934 Dozent an der Psychoneurologischen Akademie in Charkow, Ukraine; 1934–1979 Lehre am Institut für Psychologie an der Philosophischen Fakultät der der Universität Moskau; 1967–1979 Dekan der neu eingerichteten Psychologischen Fakultät der Universität Moskau.

Lübke, Heinrich (1894–1972), Bundespräsident der Bundesrepublik Deutschland.

1914 Studium der Geodäsie, Landwirtschaft und Kulturbautechnik in Bonn, ab 1919–1921 Fortsetzung des Studiums in Bonn und Berlin; 1923–1933 Geschäftsführer des Reichsverbands landwirtschaftlicher Klein- (seit 1925) und Mittelbetriebe; 1927–1933 Geschäftsführer (Direktor) der Deutschen Bauernschaft; 1929–1933 Vorstandsmitglied der Wirtschafts- und Treuhandstelle der Deutschen Bauernschaft; 1930–1934 Vorstandsmitglied der Siedlungsgesellschaft Bauernland; 1932–1933 Mitglied des preußischen Landtags (Zentrumspartei); 1934–1935 Untersuchungshaft; 1937–1939 Leitender Mitarbeiter der Niedersächsischen Wohnungsbau- und Siedlungsgesellschaft in Berlin; 1939–1945 Vermessungsingenieur und Bauleiter; 1944 stellvertretender Leiter der »Baugruppe Schlempp« (Projekte u. a. in der Heeresversuchsanstalt Peenemünde); 1946 Mitglied des Beratenden Westfälischen Provinzialrats in Münster (CDU); 1946–1954 Mitglied des Landtags Nordrhein-Westfalen; 1947–1952 Minister für Ernährung, Landwirtschaft und Forsten des Landes Nordrhein-Westfalen; 1949–1950 und 1953–1959 Mitglied des Bundestags, dort 1949–1950 Vorsitzender des Ausschusses für Ernährung, Landwirtschaft und Forsten; 1953–1959 Bundesminister für Ernährung, Landwirtschaft und Forsten; 1959–1969 Bundespräsident.

Lücke, Paul (1914–1976), Bundesminister des Innern und Mitglied des Deutschen Bundestags.

1928–1931 Schlosserlehre; 1935–1945 Wehr- und Kriegsdienst; 1945 Mitbegründer der CDU im Oberbergischen Kreis; 1947–1949 Amtsdirektor von Engelskirchen; 1949–1972 Mitglied des Bundestags (CDU), 1950–1957 Vorsitzender des Ausschusses für Wiederaufbau und Wohnungswesen; 1954–1965 Präsident des Deutschen Gemeindetages; 1957–1965 Bundesminister für Wohnungsbau bzw. (seit 1961) für Wohnungswesen, Städtebau und Raumordnung; 1965–1968 Bundesminister des Innern; 1969–1976 Leiter der Deutschen Wohnungsgesellschaft in Köln.

Machiavelli, Niccolò (1469–1527), Diplomat und Staatsphilosoph.

1498–1512 Staatssekretär der Zweiten Kanzlei des Rats der *Dieci di pace e di libertà* der Republik Florenz, zuständig für Außen- und Verteidigungspolitik; 1500–1511 vier diplomatische Missionen nach Frankreich zu König Ludwig XII.; 1508 Reise zum römisch-deutschen Kaiser Maximilian I. nach Bozen; 1512 Ausscheiden aus dem diplomatischen Dienst der Stadt Florenz nach Rückkehr der Medici an die Regierung; 1513 Haft und Folter aufgrund des Verdachts der Beteiligung an einer Verschwörung gegen die Medici; 1513 Rückzug nach *Sant'Andrea in Percussina*, wo er sein berühmtestes Werk *De principatibus* sowie die Schrift *Discorsi sopra la prima deca di Tito Livio* verfasste; 1519–1525 Arbeit an der schließlich achtbändigen florentinischen Stadtgeschichte, im Auftrag von Kardinal Giulio de' Medici; 1527 politische Rehabilitation; 1532 posthume Veröffentlichung der Werke *Il principe (Der Fürst)* und *Istorie fiorentine.*

Marijnen, Victor (1917–1975), niederländischer Ministerpräsident, Jurist.

1937–1941 Studium der Rechtswissenschaften an der Katholischen Universität Nijmegen, Promotion; 1941–1945 Buchhalter bei den niederländischen Ministerien für Landwirtschaft und Fischerei; 1945–1949 Leitung der Abteilung für Handel und Industrie sowie Landwirtschaft und Agrarindustrie im *Raad voor het Rechtsherstel,* zur Wiederherstellung rechtsstaatlicher Prinzipien; 1951 Ernennung zum Generalsekretär für Außenangelegenheiten des Ministeriums für Landwirtschaft, Fischerei, Ernährung; ab 1957 Generalsekretär des Allgemeinen Katholischen Arbeitgeberverbandes und des Katholischen Arbeitgeberverbandes; 1959–1963 Minister für Landwirtschaft und Fischerei; 1963–65 Ministerpräsident und Minister für Allgemeine Angelegenheiten; 1965–1966 Mitglied des Repräsentantenhauses der Generalstaaten; 1968–1975 Bürgermeister von Den Haag.

Meir, Golda (1898–1978), Außenministerin Israels.

1906 Flucht aus der Ukraine in die USA; 1921 Auswanderung aus den USA nach Palästina; 1928 Sekretärin des Arbeiterinnenrats der jüdischen Arbeiterunion Histadrut, dort von 1932–1934 als Abgesandte in den USA; 1929 Delegierte auf dem Zionistischen Weltkongress; 1930 Eintritt in die Arbeiterpartei des Landes Israel (Mapai); ab 1934 Mitglied des Exekutivkomitees des Histadrut und Leiterin der politischen Abteilung; 1948 Mitunterzeichnerin der israelischen Unabhängigkeitserklärung; 1948–1949 israelische Botschafterin in der Sowjetunion; 1949–1974 Mitglied der Knesset; 1966–1968 Generalsekretärin der Arbeiterpartei; 1956–1965 israelische Außenministerin; 1969–1974 israelische Ministerpräsidentin; 1972–1976 Vizepräsidentin der Sozialistischen Internationale (SI).

Mende, Erich (1916–1998), Bundesminister für gesamtdeutsche Fragen und Mitglied des Deutschen Bundestags.

1936–1945 Berufssoldat; 1945–1948 Studium der Rechtswissenschaften in Köln und Bonn, ab 1948 der Politischen Wissenschaften in Köln, 1949 Promotion; 1945 Mitbegründer der FDP; 1950–1953 Dozent für Öffentliches Recht und Politische Wissenschaften an der Universität Köln; 1949–1980 Mitglied des Deutschen Bundestags (FDP, seit 1970 CDU), 1949–1953 Parlamentarischer Geschäftsführer; 1953–1957 Stellvertretender und 1957–1963 Vorsitzender der FDP-Bundestagsfraktion; 1960–1968 Bundesvorsitzender der FDP; 1963–1966 Bundesminister für gesamtdeutsche Fragen und Stellvertreter des Bundeskanzlers; 1967–1970 Deutschland-Manager der amerikanischen Investmentfirma IOS; 1970–1980 Tätigkeit als Wirtschaftsjurist für Bonn-Finanz/Deutscher Herold.

Moro, Aldo (1916–1978), italienischer Ministerpräsident.

1934–1938 Studium der Rechtswissenschaft in Bari; ab 1948 Professor für Strafrecht in Bari und ab 1963 für Strafprozessrecht in Rom; 1946 Eintritt in die Democrazia Cristiana; 1946 Mitglied der Verfassunggebenden Versammlung; ab 1946 Mitglied der Abgeordnetenkammer; 1955–1957 Justizminister; 1957–1959 Erziehungsminister; 1959–1963 Parteisekretär der Democrazia Cristiana; 1963–1968 und 1974–1976 Ministerpräsident von Italien; 1969–1972 und 1973–1974 Außenminister; 1976–1978 Präsident der Democrazia Cristiana; 1978 Entführung durch die Roten Brigaden und Ermordung am 9. Mai 1978.

Nasser, Gamal Abdel (1918–1970), ägyptischer Staatspräsident.

1952 maßgebliche Beteiligung am Sturz des ägyptischen Königs Faruk I. durch das »Komitee der freien Offiziere«; ab 1953 Oberbefehlshaber der Streitkräfte; 1953–1954 Innenminister und Stellvertretender ägyptischer Ministerpräsident; 1954–1956 Ministerpräsident Ägyptens; 1956–1970 Staatspräsident Ägyptens, 1958–1961 während der Periode der Vereinigung Ägyptens mit Syrien auch Staatsoberhaupt der Vereinigten Arabischen Republik.

Nerva, Francisco Javier Elorza y Echániz Marqués de (1910–2006), spanischer Diplomat.

1960–1970 Tätigkeit im spanischen Ministerium für Auswärtige Angelegenheiten, dort 1960–1967 Generaldirektor für internationale Organisationen, 1967–1970 Generaldirektor für Zusammenarbeit und internationale Wirtschaftsbeziehungen; 1970–1973 Leiter der Ständigen Vertretung Spaniens bei der Organisation für wirtschaftliche Zusammenarbeit und Entwicklung (OECD); 1973–1976 Botschafter in Belgien; 1976–1978 Botschafter in Frankreich.

Niederalt, Alois (1911–2004), Bundesminister für Angelegenheiten des Bundesrates und der Länder und Mitglied des Deutschen Bundestags.

1930–1935 Studium der Rechts- und Staatswissenschaften in München; 1939–1940 Landratsamt Wolfratshausen; 1940–1942 Leiter der Landratsaußenstelle Bad Reichenhall und staatlicher Badekommissar; 1942–1945 Kriegsdienst und Kriegsgefangenschaft; 1947–1949 Landratsämter Laufen und Traunstein; 1949–1953 Bayerische Staatskanzlei, Dienststelle des Bevollmächtigten Bayerns beim Bund in Bonn, dort zuletzt Vertreter des Bevollmächtigten; 1953–1969 Mitglied des Deutschen Bundestags (CSU), 1961–1962 stellvertretender

Vorsitzender der CSU-Landesgruppe; 1962–1966 Bundesminister für Angelegenheiten des Bundesrates und der Länder.

Nölting, Erik (1892–1953), früherer Wirtschaftsminister des Landes Nordrhein-Westfalen.

1910–1914 Studium der Nationalökonomie und Soziologie in Halle, Berlin, München und Frankfurt a. M.; 1919 Promotion bei Franz Oppenheimer; 1920–1923 Dozent an der Landeshochschule für Staats- und Wirtschaftswissenschaften in Detmold und an der Leibniz-Akademie in Hannover; 1923–1933 Professor an der Akademie der Arbeit in Frankfurt a. M.; 1928–1933 Mitglied des Landtags Preußen (SPD); nach Entlassung aus allen Ämtern 1933 fachliche und belletristische Publikationen unter dem Pseudonym Peter Hellbracht; 1945–1946 Generalreferent für Wirtschaft beim Oberpräsidenten Westfalen in Münster; 1946–1953 Mitglied des Landtags Nordrhein-Westfalen (SPD); 1946–1950 Wirtschaftsminister des Landes Nordrhein-Westfalen; 1949–1953 Mitglied des Bundestags (SPD); 1950 Berufung durch die Bundesregierung in die Kommission zur Beratung des Schuman-Plans.

Ollenhauer, Erich (1901–1963), Vorsitzender der SPD und Mitglied des Bundestags.

1915–1918 kaufmännische Lehre; 1928–1933 Vorsitzender des Verbandes der Arbeiterjugend Deutschlands; 1933 Emigration; 1933–1945 Mitglied des (emigrierten) Parteivorstands der SPD; 1946–1952 stellvertretender Vorsitzender der SPD; 1949–1963 Mitglied des Bundestags (SPD), dort 1949–1952 stellvertretender Fraktionsvorsitzender, 1952–1963 Fraktionsvorsitzender; 1952–1963 Vorsitzender der SPD.

Oppenheimer, Franz (1864–1943), Arzt, Soziologe und Ökonom.

1881–1885 Medizinstudium in Freiburg; 1886–1895 Tätigkeit als praktischer Arzt; 1896–1898 Chefredakteur der Wochenzeitung *Welt am Montag* (erschienen von 1896 bis 1933); 1909–1917 Privatdozent in Berlin; 1919–1929 ordentlicher Professor für Soziologie und theoretische Nationalökonomie in Frankfurt a. M.; 1925 Doktorvater Ludwig Erhards; 1934–1935 Lehrtätigkeit in Palästina; 1938 Lehrtätigkeit in Japan; 1938 Emigration in die USA; 1942 Mitherausgeber des *American Journal of Economics and Sociology*.

Peres, Schimon (1923–2016), Stellvertretender Verteidigungsminister und späterer Ministerpräsident und Staatspräsident Israels.

1941–1945 Generalsekretär der Vorgängerorganisation der späteren Arbeiterpartei Mapai; 1948 Ernennung zum Leiter der Marineabteilung im Verteidigungsministerium; 1959–1965 stellvertretender Verteidigungsminister; 1969–1970 Minister für Einwanderung in der Regierung Golda Meirs; 1970 Übernahme des Transport- und Postministeriums; 1974 Ernennung zum Verteidigungsminister; 1977–1992 Vorsitzender der Arbeiterpartei; 1984–1986 und 1986–1988 Außenminister; 1995–1996 Ministerpräsident und Verteidigungsminister nach der Ermordung Jitzhak Rabins; 1999–2001 Minister der regionalen Zusammenarbeit; 2001 Außenminister; 2005 Austritt aus der Arbeiterpartei und Eintritt in die neu gegründete Partei Kadima; 2007–2014 israelischer Staatspräsident.

Rasner, Will (1920–1971), Parlamentarischer Geschäftsführer der CDU/CSU-Fraktion im Deutschen Bundestag.

1939–1945 Kriegsdienst; 1946 stellvertretender Chefredakteur des *Flensburger Tageblatts*; 1946–1953 Vorsitzender des Schleswig-Holsteinischen Journalistenverbands; 1953–1971 Mitglied des Deutschen Bundestags (CDU), 1955–1971 Parlamentarischer Geschäftsführer der CDU/CSU-Fraktion.

Rubin, Hans Wolfgang (1912–1986), Unternehmer, Mitglied des Bundesvorstands und Schatzmeister der FDP.

1939 stellvertretendes Vorstandsmitglied Schwestergesellschaft Eisen und Metall KG Lehr & Co; 1945 Mitbegründer der FDP in Essen; 1950 Generalbevollmächtigter der Schwestergesellschaft Eisen und Metall KG Lehr & Co.; 1950–1956 Schatzmeister FDP-Landesverband Nordrhein-Westfalen; 1951–1980 Mitglied des Bundesvorstands der FDP, 1951–1974 Schatzmeister der Bundespartei; 1952 ordentliches Vorstandsmitglied und Beiratsmitglied der Stückblechgemeinschaft GmbH Bochum; 1952–1978 Vorstandsmitglied der Eisen und Metall AG Gelsenkirchen; 1959–1986 Tätigkeit als Herausgeber der Zeitschrift *liberal*; 1970–1982 Vorsitzender der Friedrich-Naumann-Stiftung.

Ruf, Sep (1908–1982), Architekt.

1926–1931 Architekturstudium an der TH München; 1931 Gründung eines eigenen Architekturbüros; 1939–1945 Kriegsdienst; 1947–1953 Professor für Architektur und Städtebau an der Akademie der Bildenden Künste in Nürnberg; 1953–1972 Professor für Architektur und Städtebau an der Akademie der Bildenden Künste in München; 1957–1960 Präsident der Akademie der Bildenden Künste in München; 1962–1967 Mitglied des Planungsrates für die Gestaltung des Regierungsviertels in Bonn (u. a. Kanzlerbungalow).

Rusk, Dean (1909–1994), Außenminister der Vereinigten Staaten von Amerika.

1934–1940 Professor für Staatswissenschaften am Mills College in Oakland, Kalifornien; 1940–1946 Kriegsdienst, zuletzt stellvertretender Chef der Operationsabteilung im Generalstab des US-Verteidigungsministeriums; 1946–1952 Leiter der Fernost-Abteilung im US-Außenministerium (Department of State); 1952–1960 Präsident der Rockefeller-Foundation; 1961–1969 Außenminister der Vereinigten Staaten von Amerika.

Saragat, Giuseppe (1898–1988), italienischer Staatspräsident.

1946 Präsident der Verfassunggebenden Versammlung Italiens (Sozialistische Partei Italiens, PSI); 1947 Abspaltung der »Saragat-Sozialisten« (die eine enge Zusammenarbeit mit den Kommunisten ablehnten) von den Linkssozialisten; 1951 Mitgründer der Sozialdemokratischen Partei Italiens (PSDI) und 1951–1954, 1957–1964 und 1976 deren Generalsekretär; 1947–1950 und 1954–1957 stellvertretender Ministerpräsident Italiens; 1963–1964 Außenminister; 1964–1971 Staatspräsident.

Schäffer, Fritz (1888–1967), ehemaliger Bundesfinanz- und Justizminister.

1907–1911 Studium der Rechtswissenschaften in München; 1920 Bayerisches Staatsministerium für Unterricht und Kultus; 1920–1933 Mitglied des Bayerischen Landtags (Bayerische Volkspartei); 1929–1933 Vorsitzender der Bayerischen Volkspartei; 1931–1933 im Range eines Staatsrats Leiter des Bayerischen Staatsministeriums der Finanzen; 1934 Zulassung als Rechtsanwalt; 1945 Mitbegründer der CSU; 1949–1961 Mitglied des Deutschen Bundestags (CSU), 1949–1953 Vorsitzender der CSU-Landesgruppe; 1949–1957 Bundesminister der Finanzen; 1957–1961 Bundesminister der Justiz.

Scheel, Walter (1919–2016) Bundesminister für wirtschaftliche Zusammenarbeit (und späterer Bundespräsident).

1938–1939 Ausbildung zum Bankkaufmann in Solingen; 1939–1945 Kriegsdienst; 1945–1953 Tätigkeit bei den Stahlwerken Solingen, zuletzt als Prokurist und Geschäftsführer; 1950–1953 Mitglied des Landtags von Nordrhein-Westfalen

(FDP); 1953–1961 zunächst selbstständiger Wirtschaftsberater, seit 1958 Geschäftsführer des Marktforschungsinstituts Intermarket und der Finanzfirma Interfinanz; 1953–1974 Mitglied des Deutschen Bundestags (FDP), 1956–1961 Mitglied des Europäischen Parlaments; 1961–1966 Bundesminister für wirtschaftliche Zusammenarbeit; 1967–1969 Vizepräsident des Deutschen Bundestags; 1968–1974 Bundesvorsitzender der FDP; 1969–1974 Bundesminister des Auswärtigen und Stellvertreter des Bundeskanzlers; 1974–1979 Bundespräsident.

Schiller, Karl (1911–1994), Mitglied des Deutschen Bundestags und Mitglied des SPD-Parteivorstands.

1931–1935 Studium der Volkswirtschaftslehre und der Soziologie; ab 1935 beim Institut für Weltwirtschaft in Kiel, dort ab 1936 Leiter der Forschungsgruppe Marktordnung und Außenwirtschaft; 1941–1945 Kriegsdienst; 1944 Berufung an die Universität Rostock; 1945–1946 Leiter der Hamburger Außenstelle des Instituts für Weltwirtschaft; 1946 Eintritt in die SPD; 1946 Gastprofessor an der Universität Kiel; ab 1947 ordentlicher Professor für Volkswirtschaftslehre und Direktor des Instituts für Außenhandel und Überseewirtschaft an der Universität Hamburg, dort 1956–1958 Rektor; seit 1947 Mitglied des wissenschaftlichen Beirats bei der Verwaltung für Wirtschaft des Vereinigten Wirtschaftsgebietes bzw. ab 1949 beim BMWi; 1948–1953 Senator für Wirtschaft und Verkehr der Freien und Hansestadt Hamburg; 1949–1957 Mitglied der Hamburger Bürgerschaft; 1961–1965 Senator für Wirtschaft in Berlin; 1962–1972 Mitglied des Parteivorstands und ab 1966 Mitglied des Präsidiums der SPD; 1965–1972 Mitglied des Deutschen Bundestags (SPD), stellvertretender Vorsitzender und wirtschaftspolitischer Sprecher der SPD-Bundestagsfraktion; 1966–1971 Bundesminister für Wirtschaft; 1971–1972 Bundesminister für Wirtschaft und Finanzen; 1972 Austritt aus der SPD; 1973–1979 Präsident des Verwaltungsrates der privaten Entwicklungsgesellschaft für Mittel- und Südafrika EDESA (Economic Development Corporation for Equatorial and Southern Africa); 1980 erneut Eintritt in die SPD.

Schmidt, Helmut (1918–2015), Innensenator der Freien und Hansestadt Hamburg, Mitglied des Bundestags.

1937–1945 Wehrdienst bzw. Kriegsdienst und Gefangenschaft; 1945–1949 Studium der Volkswirtschaftslehre und der Staatswissenschaften; 1946 Eintritt in die SPD; 1949–1953 Tätigkeit beim Senat der Freien und Hansestadt Hamburg, dort bei der Behörde für Wirtschaft und Verkehr zunächst Referent, dann Leiter der wirtschaftspolitischen Abteilung, zuletzt ab 1952 Dezernent für Verkehr; 1953–1962 Mitglied des Deutschen Bundestags (SPD); 1958–1961 Mitglied des Europäischen Parlaments; 1961–1965 Senator der Behörde für Inneres der Freien und Hansestadt Hamburg; 1965–1987 erneut Mitglied des Deutschen Bundestags (SPD), 1965–1967 stellvertretender und 1967–1969 Fraktionsvorsitzender; 1968–1984 stellvertretender SPD-Parteivorsitzender; 1969–1972 Bundesminister der Verteidigung; 1972 Bundesminister für Wirtschaft und Finanzen; 1972–1974 Bundesminister der Finanzen; 1974–1982 Bundeskanzler; ab 1983 Mitherausgeber der Wochenzeitung *Die Zeit*.

Schmücker, Karl Bernhard Kurt (1919–1996), Bundesminister für Wirtschaft und Mitglied des Deutschen Bundestags.

1938–1940 Volontariat bei den *Oldenburgischen Nachrichten*; 1940–1946 Kriegsdienst und Kriegsgefangenschaft; Übernahme der elterlichen Druckerei; 1949–1972 Mitglied des Bundestags (CDU), dort 1959–1961 Vorsitzender des Wirtschaftsausschusses; 1956–1966 Vorsitzender der CDU-Mittelstandsvereinigung; 1963–1966 Bundesminister für Wirtschaft; 1966 zugleich Bundesminister der Finanzen; 1966–1969 Bundesschatzminister; 1968–1971 Bundesschatzmeister der CDU; 1972–1986 Bürgermeister von Löningen (Oldenburg).

Schröder, Gerhard (1910–1989), Bundesminister des Auswärtigen und Mitglied des Deutschen Bundestags.

1929–1936 Studium der Rechtswissenschaften in Königsberg, Edinburgh, Berlin und Bonn; 1933–1934 wissenschaftlicher Assistent an der Universität Bonn; 1934–1936 Referent am Kaiser-Wilhelm-Institut für ausländisches und internationales Privatrecht, Berlin; 1936–1939 Anwaltsassessor; 1939–1945 Kriegsdienst und Kriegsgefangenschaft; 1945 Mitbegründer der CDU; 1945–1947 Persönlicher Referent des Oberpräsidenten der Nordrhein-Provinz, dann Referent im Innenministerium des Landes Nordrhein-Westfalen; 1947–1953 Rechtsanwalt und Abteilungsleiter der North German Iron and Steel Control bzw. (seit 1949) Stahltreuhändervereinigung; 1949–1980 Mitglied des Bundestags (CDU), dort 1952–1953 stellvertretender Fraktionsvorsitzender; 1953–1961 Bundesminister des Innern; 1955–1978 Vorsitzender des Evangelischen Arbeitskreises von CDU und CSU; 1961–1966 Bundesminister des Auswärtigen; 1966–1969 Bundesminister der Verteidigung; 1967–1973 stellvertretender Bundesvorsitzender der CDU; 1969–1980 Vorsitzender des Auswärtigen Ausschusses des Deutschen Bundestags.

Schumacher, Kurt (1895–1952), früherer Parteivorsitzender der SPD und Mitglied des Deutschen Bundestags.

1915–1919 Studium der Rechts- und Staatswissenschaften in Halle, Leipzig und Berlin nach Kriegsteilnahme und Verwundung; 1918–1919 Vertreter des Reichsbundes der Kriegsbeschädigten, Mitglied des Soldaten- und Matrosenrats von Groß-Berlin; 1920–1930 Redakteur der *Schwäbischen Tagwacht*; 1924–1931 Mitglied des Landtags Württemberg (SPD); 1930–1933 Mitglied des Reichstags (SPD); 1933–1945 politisch verfolgt und inhaftiert, zuletzt in den Konzentrationslagern Dachau und Neuengamme; 1945 Bevollmächtigter der SPD für die Westzonen; 1946–1952 Vorsitzender der SPD; 1946 Mitglied des Hannoverschen Landtags; 1946–1947 Mitglied des Zonenbeirats (der britischen Besatzungszone); 1949–1952 Mitglied des Bundestags (SPD) und Fraktionsvorsitzender.

Schuman, Robert (1886–1963), früherer Präsident des Europäischen Parlaments.

1904–1908 Studium der Rechts- und Wirtschaftswissenschaften, politischen Philosophie, Theologie und Statistik in Bonn, Berlin und München; 1914–1918 Reservist im deutschen Heer; 1918 Mitglied des Stadtrates von Metz; ab 1919, nach der Abtrennung Elsass-Lothringens von Deutschland, französischer Staatsbürger; 1919–1940 Mitglied der Abgeordnetenkammer; 1946–1947 französischer Finanzminister; 1948 Ministerpräsident; 1948–1952 Außenminister; Initiator des nach ihm benannten »Schuman-Plans« (zur Gründung der Europäischen Gemeinschaft für Kohle und Stahl); 1955 Präsident der Europäischen Bewegung; 1958–1960 erster Präsident des Europäischen Parlaments in Straßburg.

Schwarzhaupt, Elisabeth (1901–1986), Bundesministerin für Gesundheitswesen und Mitglied des Bundestags.

1920 Lehramtsexamen; 1921–1930 Studium der Rechtswissenschaften in Frankfurt a. M. und Berlin, 1930 Promotion; 1930–1932 Gerichtsassessorin an der Städtischen Rechtsauskunftsstelle für Frauen; 1932–1933 Vertretungsrichterin in Zwangsversteigerungsangelegenheiten in Dortmund; 1934–1936 juristische Mitarbeiterin beim Reichsbund der Kapital- und Kleinrentner in Berlin; seit 1936 juristische Tätigkeit in zentralen Dienststellen der evangelischen Kirche, insbesondere 1936–1947 bei der Kanzlei der Deutschen Evangelischen Kirche in Berlin bzw. ab 1945 Frankfurt a. M. und 1948–1953 im Kirchlichen Außenamt der EKD in Frankfurt a. M., zuletzt als Oberkirchenrätin und Geschäftsführerin der Evangelischen Frauenarbeit; 1953 Eintritt in die CDU; 1953–1969 Mitglied des Deutschen Bundestags (CDU); 1957–1961 stellvertretende Vorsitzende der CDU/CSU-Bundestagsfraktion; 1961–1966 Bundesministerin für Gesundheitswesen; 1970–1972 Präsidentin des Deutschen Frauenrats.

Seebohm, Hans-Christoph (1903–1967), Bundesminister für Verkehr und Mitglied des Bundestags.

1921–1928 Studium der Bergbau- und Ingenieurswissenschaften in Freiburg i.Br. und München; 1931 Promotion; 1931–1950 Tätigkeit in verschiedenen leitenden Funktionen im Bergbau und in der Industrie; 1946–1951 Mitglied des Landtags Niedersachsen (Deutsche Partei, DP); 1946–1948 Niedersächsischer Minister für Aufbau und Arbeit bzw. ab 1947 für Arbeit, Aufbau und Gesundheitswesen; 1947–1963 Präsident der Industrie- und Handelskammer Braunschweig; 1948–1949 Mitglied des Parlamentarischen Rates (DP); 1949–1967 Mitglied des Bundestags (DP, 1957 DP/FVP, 1957 DP, 1960 fraktionslos, 1960 CDU); 1949–1966 Bundesminister für Verkehr; 1959–1967 Sprecher der Sudetendeutschen Landsmannschaft; 1960 Austritt aus der DP und Eintritt in die CDU; 1964–1967 Vorsitzender des CDU-Landesverbandes Hannover; 1967 Bundesschatzmeister der CDU.

Shinnar, Felix Elieser (1905–1983), israelischer Diplomat.

Studium der Rechtswissenschaften in Tübingen, Heidelberg und Frankfurt a. M., 1927 Promotion; bis 1933 Geschäftsführer einer Treuhandgesellschaft; 1934 Emigration nach Palästina; 1939–1946 Vorsitzender der Discount Bank Israel; 1948–1949 Wirtschaftsberater der israelischen Gesandtschaft in London; 1949–1951 Leiter der Währungsabteilung im israelischen Außenministerium; 1952 stellvertretender Leiter der israelischen

Delegation bei den Wiedergutmachungsverhandlungen; 1953–1966 Leiter der israelischen Vertretung in Köln im Rang eines Botschafters.

Spengler, Oswald (1880–1936), Philosoph und Schriftsteller.

1899–1903 Studium der Mathematik und der Naturwissenschaften in Halle, München und Berlin, 1904 Promotion an der Universität Halle; 1908–1911 Gymnasiallehrer in Hamburg für die Fächer Naturwissenschaft, Mathematik, Deutsch und Geschichte; seit 1910 Publizist; ab 1911 Tätigkeit als freier Schriftsteller und Privatgelehrter; 1918 Veröffentlichung des ersten Bandes (Gestalt und Wirklichkeit) seines kulturphilosophischen Hauptwerks *Der Untergang des Abendlandes. Umrisse einer Morphologie der Weltgeschichte.*

Stalin, Josef Wissarionowitsch (1879–1953), früherer Generalsekretär der KPdSU.

1917–1922 Volkskommissar für Nationalitätenfragen, gleichzeitig 1919–1922 Volkskommissar für Staatskontrolle (ab 1920: Arbeiter- und Bauerninspektion); 1922–1953 Generalsekretär des Zentralkomitees (ZK) der Kommunistischen Partei der Sowjetunion (KPdSU); 1941–1946 Vorsitzender des Rates der Volkskommissare (ab 1946 des Ministerrats) und des Staatskomitees für Verteidigung.

Stoltenberg, Gerhard (1928–2001), Bundesminister für wissenschaftliche Forschung und Mitglied des Deutschen Bundestags (späterer Bundesminister der Finanzen).

1949–1954 Studium der Geschichte, Philosophie und Sozialwissenschaft, 1954 Promotion, 1960 Habilitation; 1954–1957 Mitglied des Landtags von Schleswig-Holstein (CDU); 1955–1961 Bundesvorsitzender der Jungen Union Deutschlands; 1957–1971 und 1983–1998 Mitglied des Bundestags (CDU); 1965–1969 Bundesminister für wissenschaftliche Forschung;

1969–1971 Leiter der Stabsabteilung Wirtschaftspolitik bei der Friedrich Krupp GmbH, Essen; 1971–1982 Ministerpräsident des Landes Schleswig-Holstein; 1971–1989 Landesvorsitzender der CDU in Schleswig-Holstein; 1982–1989 Bundesminister der Finanzen; 1989–1992 Bundesminister der Verteidigung; 1992–1995 Koordinator für die deutsch-französische Zusammenarbeit.

Strauß, Franz Josef (1915–1988), Vorsitzender der CSU und Mitglied des Deutschen Bundestags.

1935–1939 Studium der Altphilologie, Geschichte, Staatswissenschaften und Germanistik in München; 1939–1945 Kriegsdienst und Kriegsgefangenschaft; 1946–1949 Landrat in Schongau; 1948–1953 Generalsekretär der CSU; 1948–1949 Mitglied des Wirtschaftsrates des Vereinigten Wirtschaftsgebietes; 1949–1978 Mitglied des Deutschen Bundestags (CSU), dort 1949–1953 geschäftsführender Vorsitzender der CSU-Landesgruppe und stellvertretender Vorsitzender der CDU/CSU-Fraktion; 1953–1957 und 1963–1966 Vorsitzender der CSU-Landesgruppe; 1952–1961 stellvertretender Vorsitzender der CSU; 1953–1955 Bundesminister für besondere Aufgaben; 1955–1956 Bundesminister für Atomfragen; 1956–1962 Bundesminister für (seit 1961) der Verteidigung; 1961–1988 Vorsitzender der CSU; 1966–1969 Bundesminister der Finanzen; 1978–1988 Mitglied des Bayerischen Landtags und Bayerischer Ministerpräsident.

Stücklen, Richard (1916–2002), Bundesminister für das Post- und Fernmeldewesen und Mitglied des Deutschen Bundestags.

1939–1944 Fernstudium der Elektrotechnik an der TH Mittweida; 1940–1943 Kriegsdienst; 1949–1990 Mitglied des Bundestags (CSU), dort 1953–1957 geschäftsführender und 1966–1976 Vorsitzender der Landesgruppe der CSU sowie 1953–1957 und 1967–1976 stellvertretender Vorsitzender der CDU/CSU-Fraktion; 1953–1957 Vorsitzender des Ausschusses für Sonderfragen des Mittelstandes; 1957–1966 Bundesminister für das Post- und Fernmeldewesen; 1976–1979 Vizepräsident des Deutschen Bundestags; 1979–1983 Präsident des Deutschen Bundestags; 1983–1990 erneut Vizepräsident.

Ulbricht, Walter (1893–1973), Vorsitzender des Staatsrates der DDR.

1912 Eintritt in die SPD; 1920 Eintritt in die KPD; 1926–1929 Mitglied des Landtags in Sachsen (KPD); 1927 Mitglied des Zentralkomitees der KPD; 1928–1933 Mitglied des Reichstags (KPD); 1933–1945 Emigration (Frankreich, Tschechoslowakei, Sowjetunion), dort in führenden Positionen in der Exil-KPD und der Komintern; 1946–1950 Mitglied des Zentralsekretariats des Parteivorstands der SED, Stellvertretender Vorsitzender der SED und Leiter der Abteilung Wirtschaft, Verwaltung und Kommunalpolitik; ab 1949 Mitglied der Volkskammer der DDR; 1949–1973 Mitglied des Politbüros des Parteivorstandes bzw. des Zentralkomitees der SED; 1949–1960 Stellvertretender Ministerpräsident bzw. (ab 1955) Erster Stellvertreter des Vorsitzenden des Ministerrats der DDR; 1950–1971 Generalsekretär bzw. (ab 1953) Erster Sekretär des Zentralkomitees der SED; 1960–1973 Vorsitzender des Staatsrats der DDR; 1960–1971 Vorsitzender des Nationalen Verteidigungsrats; ab 1971 Vorsitzender der SED.

Wehner, Herbert (1906–1990), Mitglied des Deutschen Bundestags (späterer Fraktionsvorsitzender der SPD).

1927–1942 Mitglied der KPD; 1930–1931 Mitglied des Sächsischen Landtags (KPD); 1933–1935 illegale Tätigkeit für die KPD in Deutschland; ab 1935 Emigration und Mitglied des Zentralkomitees der Exil-KPD und der Komintern; 1937–1941 Aufenthalt in Moskau; 1941 im Auftrag der Komintern in Schweden;

1942–1944 dort Inhaftierung und Verurteilung zu einer einjährigen Haftstrafe, Ausschluss aus der KPD; 1944–1946 Tätigkeit als wissenschaftlicher Hilfsarbeiter in Schweden; 1946 Rückkehr nach Deutschland und Eintritt in die SPD; 1948 Mitglied des Bezirksvorstandes der SPD in Hamburg; 1949–1983 Mitglied des Bundestags (SPD), dort 1949–1966 Vorsitzender des Ausschusses für gesamtdeutsche und Berliner Fragen; 1966–1969 Bundesminister für gesamtdeutsche Fragen; 1958–1973 stellvertretender Parteivorsitzender; 1969–1983 Fraktionsvorsitzender.

Werner, Pierre (1913–2002), luxemburgischer Ministerpräsident.

1934–1938 Studium der Rechtswissenschaften; 1940 Angestellter der Banque Generale du Luxembourg; 1945–1949 Kommissar für Bankaufsicht am luxemburgischen Finanzministerium; 1953–1959 Finanz- und Verteidigungsminister; 1959–1964 Ministerpräsident und Finanzminister; 1964–1967 Ministerpräsident Finanz-, Außen- und Justizminister; 1970 Vorlage des Stufenplans für eine europäische Wirtschafts- und Währungsunion (Werner-Plan); 1979–1984 Präsident der Regierung und Staatsminister; 1979 Mitglied des Europäischen Parlaments; 1989 bis 1996 Präsident der S.E.S. Astra (Societé Européenne des Satellites).

Westrick, Ludger (1894–1990), Chef des Bundeskanzleramts.

Studium der Rechtswissenschaft und der Wirtschaftswissenschaften; 1921–1933 Tätigkeit in der Holzindustrie; ab 1926 Prokurist bei der Stahlunion-Export GmbH; ab 1933 im Vorstand bei der Vereinigten Aluminium-Werke AG, ab 1939 deren Vorstandsvorsitzender; seit 1945 gleichzeitig Vorstandsmitglied bei der VIAG (Vereinigte Industrie-Unternehmen AG), seit 1947 deren Zentraltreuhänder; 1948–1951 Finanzdirektor der Deutschen Kohlenbergbauleitung; 1951–1963 Staatssekretär im Bundesministerium für Wirtschaft; 1963–1964 Staatssekretär des Bundeskanzleramtes; 1964 Eintritt in die CDU; 1964–1966 Bundesminister für besondere Aufgaben und Chef des Bundeskanzleramts.

Weyer, Willy (1917–1987), stellvertretender Bundesvorsitzender der FDP und Innenminister des Landes Nordrhein-Westfalen.

Bis 1940 Studium der Rechtswissenschaften in Bonn, Jena und München; 1941–1942 Assistent an der Akademie für Deutsches Recht; 1948–1954 Stadtverordneter und zweiter Bürgermeister der Stadt Hagen; 1950–1954 und 1958–1975 Mitglied des Landtags Nordrhein-Westfalen (FDP), dort 1958–1962 als Fraktionsvorsitzender; 1953–1954 Mitglied des Bundestags (FDP); 1954 Minister für Wiederaufbau des Landes Nordrhein-Westfalen; 1956–1958 Finanzminister des Landes Nordrhein-Westfalen; 1962–1975 Innenminister des Landes Nordrhein-Westfalen; 1956–1972 Landesvorsitzender der FDP in Nordrhein-Westfalen; 1963–1968 stellvertretender Bundesvorsitzender der FDP; 1974–1986 Präsident des Deutschen Sportbunds.

Wickert, Erwin (1915–2008), Schriftsteller und Diplomat.

1934–1939 Studium der Philosophie, Germanistik, Volkswirtschaft und Kunstgeschichte an den Universitäten von Berlin, Carlisle (Pennsylvania) und Heidelberg, Promotion (Kunstgeschichte); 1939 Tätigkeit in der Kulturpolitischen Abteilung des Auswärtigen Amtes; 1939 Tätigkeit als wissenschaftlicher Hilfsarbeiter in der politischen Rundfunkabteilung des Auswärtigen Amtes; 1940 Ernennung zum ersten Rundfunkattaché des Auswärtigen Dienstes im japanisch-besetzten China; 1940 Leitung des Hörfunksenders der deutschen Gemeinde in Schanghai; 1947 Rückkehr nach Deutschland; 1955 Übernahme in den Auswärtigen Dienst der Bundesrepublik; 1960–

1968 Referatsleiter im Auswärtigen Amt; 1971–1976 Botschafter in Bukarest; 1976–1980 Botschafter in Peking.

Wilson, Harold (1916–1995), britischer Premierminister.

1935–1939 Studium der Neueren Geschichte, Philosophie, Politikwissenschaften und Ökonomie an der Universität Oxford; 1938–1940 Dozent für Wirtschaftswissenschaften an der Universität Oxford; 1940–1945 Tätigkeit in verschiedenen Ministerien; 1945–1983 Labour-Abgeordneter im britischen Unterhaus; 1947–1951 Handelsminister; 1952–1976 Mitglied des Parteivorstandes der Labour Party, 1963–1976 deren Vorsitzender; 1955–1956 Präsident der Fabian Society; 1964–1970 und 1974–1976 britischer Premierminister; 1976–1983 Mitglied des britischen Unterhauses; seit 1983 Mitglied des britischen Unterhauses als Lord Wilson of Rievaulx.

Zoglmann, Siegfried (1913–2007), Parlamentarischer Geschäftsführer der FDP-Fraktion im Deutschen Bundestag.

Seit 1928 führende Tätigkeit in der sudetendeutschen Jugendbewegung; Journalist in Köln; ab 1935 Leiter der Auslandspressestelle der Reichsjugendführung der NSDAP in Berlin; Chefredakteur einer Jugendzeitschrift und des Pressedienstes »Ostraum«; Redakteur des *Berliner Tageblatts* sowie Gebietsführer der Hitler-Jugend; 1939 Abteilungsleiter beim Reichsprotektor in Böhmen und Mähren; 1939–1945 Kriegsdienst; 1950 Eintritt in die FDP; seit 1951 verlegerische und erneut journalistische Tätigkeit, u. a. Geschäftsführer des Norddeutschen Zeitungs- und Zeitschriftenverlags sowie Chefredakteur der Wochenzeitungen *Fortschritt, Die Deutsche Zukunft* und *Deutsche Allgemeine Zeitung*; 1954–1958 Mitglied des Landtags von Nordrhein-Westfalen; 1957–1976 Mitglied des Deutschen Bundestags, 1961–1963 Parlamentarischer Geschäftsführer der FDP-Bundestagsfraktion; 1969 Mitgründer der National-Liberalen Aktion (NLA); 1970 Austritt aus der FDP; ab 1972

Mitglied der CDU/CSU-Fraktion; 1971–1974 Bundesvorsitzender der Deutschen Union; 1976–1988 Landesobmann der Sudetendeutschen Landsmannschaft in Bayern.

Anmerkungen

Vorwort

1 Ludwig Erhard: Ansprache auf der Gedenkfeier zum 100. Geburtstag von Franz Oppenheimer, in: Ludwig Erhard: *Wirken und Reden*, hrsg. von Walter Hoch, Ludwigsburg 1966, S. 371.

2 Vorwort von Gerhard Schröder, Alfred Müller-Armack, Karl Hohmann, Johannes Gross und Rüdiger Altmann, November 1971, in: *Ludwig Erhard. Beiträge zu seiner politischen Biographie. Festschrift zum fünfundsiebzigsten Geburtstag*, Frankfurt a. M., Berlin, Wien 1972, S. 11.

Editorische Notiz

1 So ist es im Rechenschaftsbericht der Ludwig-Erhard-Stiftung von 1977 aufgeführt, vgl. dazu die schriftliche Mitteilung von Angela Gastrow (Ludwig-Erhard-Stiftung) vom 9. Mai 2023.

2 Biografische Angaben zu Johnny Klein bei Mark Langen und Franziska Laue: »Hans Klein 1987–1989«, in: Wolfgang Gieler (Hrsg.): *Biographie, Konzeptionen und Einfluss auf nationale und internationale Entwicklungspolitik*, Bonn 2008, S. 101 ff. in: Bundesministerium für wirtschaftliche Zusammenarbeit und Entwicklung (Hrsg.): *Auf Augenhöhe. 50 Jahre Bundesministerium für wirtschaftliche Zusammenarbeit und Entwicklung 1961–2011*, S. 119–128. Die einzige Biografie stammt von Karl Hugo Pruys: *Hans Johnny Klein: Journalist, Diplomat, Politiker: Eine Biographie*, Starnberg/Percha 1990.

3 Ebd., S. 50.

4 Ebd., S. 51.

5 Johnny Klein: »Abschiedsabend«, in: Gerhard Schröder u. a. (Hrsg.): *Ludwig Erhard – Beiträge zu seiner politischen Biographie. Festschrift zum fünfundsiebzigsten Geburtstag*, Frankfurt a. M./Berlin/Wien 1972, S. 571–574.

6 Vgl. ebd., S. 574.

7 Johnny Klein: »Silvesterrede« (31. 12. 1965), zit. nach Pruys: *Klein*, a. a. O., S. 240.

8 Ebd., S. 241.

9 Einer der seltenen Anlässe, bei denen Hohmann Einblick in seine Seelenlage gewährte, war die Ansprache an Freunde und Mitstreiter aus An-

lass seines 65. Geburtstags am 18. Mai 1981 in Erwiderung auf die Laudatio von Rüdiger Altmann, HSS, Nachlass Klein, Karton 417.

10 Ludwig Erhard: »Abschiedsbrief«, in: *Neue Illustrierte Revue* vom 20. November 1966.

11 Vgl. dazu Karl Hugo Pruys: *Klein*, a. a. O., S. 55.

12 Johnny Klein (Hrsg.): *Ludwig Erhard*, Köln 1967.

13 Maschinenschriftliches Manuskript von Johnny Klein, HSS, Nachlass Klein, Karton 415.

14 Johnny Klein an Ludwig Erhard, 28. Januar 1972, LES, Nachlass Erhard, Bd. 55.

15 Johnny Klein an Karl Hohmann, 9. April 1976, LES, Nachlass Erhard, Bd. 1155.

16 Ebd.

17 Ich danke Markus Lübbering und Andreas Schirmer, die mir halfen, jenes Manuskript im Archiv der Ludwig-Erhard-Stiftung in der Originalfassung und zwei Ablichtungen zu lokalisieren. Das Manuskript findet sich im Nachlass Erhard je einmal unter den Signaturen NE /02, NE 1011 und NE 1155.

18 Schreiben Karl Hohmann an Josef von Ferenczy, 7. April 1977, HSS, Nachlass Klein, Karton 417.

19 Karl Hohmann (Hrsg.): *Ludwig Erhard: Erbe und Auftrag. Aussagen und Zeugnisse*, Düsseldorf 1977.

20 Ebd., S. 8.

21 Zit. nach ebd.

22 Johnny Klein an Karl Hohmann, 3. März 1977, HSS, Nachlass Klein, Karton 417.

23 Vgl. dazu Anm. 13 sowie undatierter Vermerk Karl Hohmanns, LES, Nachlass Erhard, Bd. 55.

24 Aufschlussreich vor diesem Hintergrund ist auch der Beitrag von Franz Josef Strauß zur Festschrift Ludwig Erhards zum 75. Geburtstag über Erhard und das Generationenproblem, dort auf S. 632–636, in dem Strauß mit keiner Silbe auf die Regierungszeit Erhards eingeht.

25 Undatierter Vermerk Karl Hohmanns, LES, Nachlass Erhard, Bd. 55.

26 Vgl. dazu Karl Hohmann an Johnny Klein, 18. April 1977, ebd.

27 Vgl. dazu Karl Hohmann an Johnny Klein, 6. September 1977, HSS, Nachlass Klein, Bd. 417.

28 Vgl. dazu Karl Hohmann an Johnny Klein, 2. September 1977, ebd.

29 Vgl. dazu Karl Hohmann an Johnny Klein, 27. April 1988, HSS, Nachlass Klein, Bd. 415.

30 HSS, Nachlass Klein, Karton 414; Kleins Rezension erschien am Montag, dem 30. Mai 1988, unter dem Titel »Ordnung in Freiheit« auf S. 14 der *Frankfurter Allgemeinen Zeitung*.

31 Zit. nach Pruys, a. a. O., S. 217.

32 Das trifft beispielsweise auch auf die Erinnerungen von Franz Josef Strauß (*Die Erinnerungen*, Berlin 1989) zu, die auf Gespräche des bayerischen Ministerpräsidenten mit dem Historiker Michael Stürmer zu-

rückgehen und von dem damaligen Lektor des Siedler Verlags, Thomas Karlauf, für den Druck bearbeitet wurden.

Ludwig Erhard, *Meine Kanzlerzeit*

1 *Veraltet, leicht spöttisch*: kommt ohne Emotion aus.
2 »Freiheit statt Sozialismus« war gleichzeitig das Wahlkampfmotto von CDU und CSU im Bundestagswahlkampf 1976, das nach innerparteilichen Kontroversen am 24. Mai 1976 auf dem Wahlparteitag der CDU in Hannover der Öffentlichkeit präsentiert wurde.
3 Vgl. dazu den Essay »Wir haben den Blick vorwärts zu richten« in diesem Buch.
4 Der Kritiker ist in Wirklichkeit Hans »Johnny« Klein selbst, der sich im Vorwort zum Bildband über Ludwig Erhard entsprechend geäußert hatte (vgl. dazu Klein, *Erhard*, a. a. O., S. XXVI).
5 Dazu Karl Hohmann in einem undatierten Vermerk zu dem ihm von Hans Klein am 9. April 1976 vorgelegten Manuskript der Erhard-Memoiren (künftig zitiert als »Vermerk Hohmann«):»*Die CDU/CSU hat 20 Jahre lang in der Bundesrepublik Deutschland regiert, die SPD/FDP hat von 1969 an Macht ausgeübt.*« (LES, Nachlass Erhard, Bd. 1155).
6 Anspielung auf *Der Antimachiavell* von Friedrich dem Großen, der 1740 mit seiner Schrift einen Gegenentwurf zu Niccolò Machiavellis *Il Principe* formuliert hatte; Klein hat sich in Auseinandersetzung mit Johannes Gross mehrfach mit der Frage beschäftigt, ob Erhard ein Machiavelli gewesen sei (vgl. dazu Johannes Gross: *Lauter Nachworte. Innenpolitik nach Adenauer*, Stuttgart 1965, S. 71; aus den Protokollen des Sonderkreises geht hervor, dass wiederholt über die »Machtfrage« gesprochen wurde (vgl. LES, Nachlass Erhard, Bd. 559).
7 Unter dem Motto »CDU überwindet Kapitalismus und Marxismus« verabschiedete die Partei im Februar 1947 ein Wirtschafts- und Sozialprogramm, das sich an den Maximen eines christlichen Sozialismus orientierte: Ahlener Programm. Zonenausschuss der CDU für die britische Zone, Ahlen/Westf. vom 3. Februar 1947, https://www.kas.de/c/document_library/get_file?uuid=76a77614-6803-0750-c7a7-5d3ff7c46206&groupId=252038 (zuletzt abgerufen am 27.12.2023).
8 Diese Umfrage hat sich nach Auflösung des Meinungsforschungsinstituts Emnid im Jahr 2020 nicht mehr ermitteln lassen (Schriftliche Mitteilung von Dr. Ilka Minneker, Stiftung Westfälisches Wirtschaftsarchiv, vom 14. Juni 2023).
9 Vgl. dazu einen Brief Adenauers an Erhard vom 20. Mai 1959, in dem der damalige Bundeskanzler dem Bundeswirtschaftsminister dringend von einer eigenen Kanzlerkandidatur abrät, im Einband abgedruckt bei Daniel Koerfer: *Kampf ums Kanzleramt. Erhard und Adenauer*, München/Salzburg 2020; vgl. dazu auch Volker Hentschel: *Ludwig Erhard. Ein Politikerleben*, München 1996, S. 332.

10 Zitiert nach Hans Klein: »Ludwig Erhard«, in: ders. (Hrsg.): *Die Bundeskanzler,* Berlin 1994, S. 101; vgl. dazu auch Koerfer, a. a. O., S. 16.

11 Der Begriff »Regime der Administratoren« geht auf den amerikanischen Soziologen und Politikwissenschaftler James Burnham zurück (vgl. dazu James Burnham: *The Managerial Revolution. What is Happening in the World,* New York 1941).

12 Dieser Vergleich hat für Hans Klein biografische Bezüge. Er war 1959 als Seiteneinsteiger in den Auswärtigen Dienst eingetreten und zunächst als Presseattaché in Amman auf Posten.

13 Die Wahl Adenauers in den Landesvorstand der CDU Rheinland erfolgte am 21. Januar 1946. Am darauffolgenden Tag wurde er in Herford vorläufiger Vorsitzender der CDU in der britischen Zone. Seine endgültige Wahl erfolgte in Neheim-Hüsten am 1. März 1946, und den Vorsitz des Landesverbands Rheinland der CDU übernahm er am 5. Februar 1946. Die Mitgliedskarte, die im Archiv der Stiftung Bundeskanzler Adenauer Haus in Rhöndorf aufbewahrt wird, ist von der CDU des Sieg-Kreises am 1. Juni 1946 unter der Nummer 1700265 ausgestellt worden. (Schriftliche Mitteilung von Dr. Holger Loettel, Stiftung Bundeskanzler Adenauer Haus, am 8. April 2024.)

14 Franz Josef Strauß übernahm den Parteivorsitz der CSU am 18. März 1961 und behielt ihn bis zu seinem Tod am 3. Oktober 1988.

15 Heinrich von Brentano hatte den Vorsitz der CDU/CSU-Bundestagsfraktion vom 15. September 1949 bis zum 15. Juni 1955 sowie erneut vom 24. November 1961 bis zu seinem Tod am 14. November 1964 inne.

16 Hans Wolfgang Rubin war Bundesschatzmeister der FDP vom 3. März 1954 bis zum 1. Oktober 1974; Rubins »progressistisches« Deutschlandpapier erschien als Aufsatz unter dem Titel: »Die Stunde der Wahrheit«, in: *liberal* 9 (1967), S. 161–164.

17 Zum Richtungsstreit der FDP in den 1960er-Jahren vgl. unter anderem Mathias Siekmeyer: *Restauration oder Reform? Die FDP in den sechziger Jahren. Deutschland- und Ostpolitik zwischen Wiedervereinigung und Entspannung,* Köln 1998, S. 90–95.

18 Günter Gaus: *Bonn ohne Regierung? Kanzlerregiment und Opposition. Bericht, Analyse, Kritik,* München 1965, S. 59.

19 Zit. nach der Niederschrift des 13. CDU-Bundesparteitages, Düsseldorf, 28.–31. März 1965, hrsg. von der Bundesgeschäftsstelle der Christlich Demokratischen Union Deutschlands, Bonn 1965, S. 700.

20 Vgl. dazu Walter Ulbricht: »Der offene Brief des ZK der SED und die Antwort der SPD«, Referat des Genossen Walter Ulbricht auf der 12. Tagung des ZK der SED 27./28. April 1966. Stellungnahme des ZK der SED zum Meinungsaustausch zwischen SED und SPD, Berlin 1966.

21 Zit. nach Auswärtiges Amt (Hrsg.): *Die Bemühungen der deutschen Regierung und ihrer Verbündeten um die Einheit Deutschlands* 1955–1966, Bonn 1966, S. 5 u. 7.

22 Erhards Rede vor dem Council on Foreign Relations vom 11. Juni 1964 ist abgedruckt in: Bundesministerium für innerdeutsche Beziehungen

(Hrsg.): *Dokumente zur Deutschlandpolitik* (DzD) (IV. Reihe/Bd. 10), Frankfurt a. M. 1980, S. 677–684.

23 Vgl. dazu Daniel Kosthorst: »Sowjetische Geheimpolitik in Deutschland? Chruschtschow und die Adschubej-Mission 1964«, in: *Vierteljahrshefte für Zeitgeschichte* 44 (1996), Heft 2, S. 257–293, hier S. 259.

24 Die nach dem Staatssekretär im Auswärtigen Amt und späteren ersten Vorsitzenden der Kommission der Europäischen Wirtschaftsgemeinschaft, Walter Hallstein, benannte Doktrin formulierte den Alleinvertretungsanspruch der Bundesrepublik Deutschland für alle Deutschen im Sinne des Grundgesetzes, also diejenigen, die die deutsche Staatsbürgerschaft in den Grenzen des Deutschen Reiches vom 31. Dezember 1937 besaßen. Die Aufnahme diplomatischer Beziehungen zur Deutschen Demokratischen Republik durch Drittstaaten wurde danach als unfreundlicher Akt eingestuft. Eigentlicher Urheber jener Leitlinie war Wilhelm Grewe, der Leiter der Politischen Abteilung im Auswärtigen Amt; vgl. dazu auch das Interview mit Grewe vom 13. Dezember 1955: »Jede Anerkennung der ›DDR‹ ein unfreundlicher Akt«, in: *Bulletin des Presse- und Informationsamtes der Bundesregierung*, Nr. 233, S. 1993 f. sowie Horst Osterheld: *Außenpolitik unter Bundeskanzler Ludwig Erhard, 1963–1966. Ein dokumentarischer Bericht aus dem Kanzleramt*, Düsseldorf 1992, hier S. 155 f., 170, 174, 193, 308.

25 Die Auseinandersetzung zwischen Atlantikern und Gaullisten belastete die ganze Kanzlerschaft Erhards. Der Kanzler und sein Außenminister Gerhard Schröder galten als »Atlantiker«, der Parteivorsitzende Adenauer und der CSU-Vorsitzende Franz Josef Strauß galten als Gaullisten; vgl. dazu insbes. Horst Osterheld: *Außenpolitik unter Bundeskanzler Ludwig Erhard 1963–1966. Ein dokumentarischer Bericht aus dem Kanzleramt*, Düsseldorf 1992, S. 25–28 sowie Eckart Conze: »›Atlantiker‹ und ›Gaullisten‹: eine Kontroverse zur deutschen Außenpolitik aus den 1960er-Jahren«, in: Ulrich Schlie (Hrsg.): *Horst Osterheld und seine Zeit (1919–1998)*, Wien u. a. 2006, S. 99–124 und Tim Geiger: *Atlantiker gegen Gaullisten. Außenpolitischer Konflikt und innerparteilicher Machtkampf in der CDU/CSU 1958–1969*, München 2008.

26 Vgl. dazu unter anderem Roger Morgan: *Washington und Bonn. Deutsch-amerikanische Beziehungen seit dem Zweiten Weltkrieg*, München 1975, S. 130.

27 Vgl. dazu Andreas Margara: *Geteiltes Land, geteiltes Leid. Geschichte der deutsch-vietnamesischen Beziehungen von 1945 bis zur Gegenwart*, Berlin 2022, S. 65–70.

28 Ausführlich zum Konzept des »Europas der Vaterländer« nach wie vor Hans-Dieter Lucas: *Europa vom Atlantik bis zum Ural? Europapolitik und Europadenken im Frankreich der Ära de Gaulle (1958–1969)*, Bonn 1992.

29 Der Wortlaut des Aide-Memoire vom 11. März 1966 ist abgedruckt unter dem Titel »Gaulle, Charles de: Aide-mémoire adressé par le gouvernement français aux quatorze autres pays membres de l'OTAN«, in: Frédé-

ric Bozo: *Deux Stratégies pour l'Europe. De Gaulle, les États-Unis et l'Alliance atlantique 1958–1969*, Paris 1996, Annexe 4, S. 264–266.

30 Anspielung auf die Orientreise von Kaiser Wilhelm II. im Oktober und November 1898, die ihn unter anderem nach Haifa, Bethlehem und Jerusalem geführt hatte.

31 Vgl. dazu Yeshayahu A. Jelinek / Rainer A. Blasius.: »Ben Gurion und Adenauer im Waldorf Astoria. Gesprächsaufzeichnungen vom israelisch-deutschen Gipfeltreffen in New York am 14. März 1960«, in: *Vierteljahrshefte für Zeitgeschichte*, 45 (1997), Heft 2, S. 309–344 sowie Michael Borchard: *Eine unmögliche Freundschaft. David Ben-Gurion und Konrad Adenauer*, München 2019.

32 Vgl. dazu auch Kurt Birrenbach: *Meine Sondermissionen: Rückblick auf zwei Jahrzehnte bundesdeutscher Außenpolitik*, Düsseldorf/Wien 1984.

33 Vgl. dazu Franz Josef Strauß: »Auf die Dauer kann es kein Deutschland geben, das wirtschaftlich ein Riese und politisch ein Zwerg ist«, in: ders.: *Herausforderung und Antwort: Ein Programm für Europa*, Stuttgart 1968, S. 203.

34 Johann Wolfgang von Goethe: *Faust. Eine Tragödie*. Der Tragödie erster Teil, »Vor dem Tor«, Szene 5, Vers 941 f.

35 Der Begriff der »Formierten Gesellschaft« zielt auf die Vorstellung einer gesellschaftlichen Ordnung, unter der alle staatlichen Einzelinteressen einem als Gemeinwohl verstandenen, wirtschaftlichen Wachstum untergeordnet werden; vgl. dazu u. a. Rüdiger Altmann: *Die Formierte Gesellschaft*, Stuttgart 1965; Ralf Dahrendorf: »Formierte oder offene Gesellschaft«, in: Vortragsreihe des Instituts der Deutschen Wirtschaft, Bd. 25 (1965), Nr. 40, S. 1–5; das Konzept der »Formierten Gesellschaft« nach Ludwig Erhard, Gutachten des Wissenschaftlichen Dienstes des Deutschen Bundestags vom 19. September 2019, Az.: WD 1 - 3000 – 016/1.

36 Anspielung darauf, dass die führenden Köpfe der Frankfurter Schule, Max Horkheimer (1895) und Theodor W. Adorno (1903), sich zum damaligen Zeitpunkt bereits der Emeritierung näherten.

37 Lew Leontjew: ОПЕРАЦИЯ «ОФОРМЛЕННОЕ ОБЩЕСТВО» [Operation «Formierte Gesellschaft»], in: *Literaturnaja Gazeta*, 15. März 1966, S. 1 u. 4.

38 Ursprünglich hatte Hohmann gegen diese Passage Bedenken erhoben. Dies wird aus seiner Formulierung deutlich: M. E. *sollten die Angriffe gegen Brandt relativiert und nicht so persönlich gehalten werden*. Es ist bemerkenswert, dass die scharfe Formulierung gegen Willy Brandt auch im politischen Zeitklima des Jahres 1976 noch gewählt wird, zu einem Zeitpunkt, als der Rücktritt von Willy Brandt im Mai 1970 bereits zwei Jahre zurücklag, (»Vermerk Hohmann« LES, Nachlass Erhard, Bd. 1155).

39 Die Multilateral Force (MLF) war ein US-amerikanischer Vorschlag aus dem Jahr 1963, wonach mehrere U-Boote und Kriegsschiffe der NATO mit Atomraketen ausgestattet werden sollten, die unter dem gemeinsamen Kommando der Mitgliedstaaten gestanden und mithin auch nichtnuklearen Mächten entsprechende Teilhabe gesichert hätten; vgl. dazu

Christoph Hoppe: *Zwischen Teilhabe und Mitsprache: Die Nuklearfrage in der Allianzpolitik Deutschlands 1959–1966*, Baden-Baden 1993.

40 Vgl. dazu die Weihnachtsausgabe der Schweizer *Weltwoche* vom 24. Dezember 1965, in der das Interview unter der Überschrift »Bundespräsident Lübke zur Situation Deutschlands« erschien.

41 Vgl. dazu Rainer Barzel: *Im Streit und umstritten. Anmerkungen zu Konrad Adenauer, Ludwig Erhard und den Ostverträgen*, Frankfurt a. M. 1986, S. 86.

42 Vgl. dazu die aufschlussreiche Bemerkung Hohmanns in seinem undatierten Vermerk zum Memoiren-Manuskript, die wohl ausschlaggebend war, weshalb Hohmann nach dem Tod Erhards das Manuskript nicht mehr für die Drucklegung freigab: *Die Person Strauß bzw. dessen Einflußnahme ist m. E. viel zu positiv gezeichnet. z. B. .... daß er der neuen Bundesregierung nicht angehören wolle, und mir damit in* selbstloser *Weise die Regierungsbildung erleichtert* (»Vermerk Hohmann«, LES, Nachlass Erhard, Bd. 1155).

43 Das Gesetz wurde im Deutschen Bundestag nach einer eindrucksvollen Debatte mit einer Mehrheit von 364 gegen 96 Stimmen bei 4 Enthaltungen angenommen. Insbesondere die Debattenbeiträge von Ernst Benda für die CDU/CSU-Bundestagsfraktion und Adolf Arndt für die SPD-Bundestagsfraktion trugen maßgeblich dazu bei, dass die von Bundesminister Ernst Bucher, FDP, eingebrachte Vorlage, die ein Ende der Verjährungsfrist für NS-Verbrechen nach 30 Jahren vorgesehen hätte, gekippt wurde; vgl. dazu auch die Audiodatei der 175. Sitzung des Deutschen Bundestags vom 25. März 1965, https://www.bundestag.de/mediathek/plenarsitzungen?videoid=7544587_2_1#url=L2lZGlhdGhla292ZXJsYXk/dmlkZW9pZD03NTQ0NTg3XzJfMQ==&mod=mediathek (zuletzt abgerufen am 27. 12. 2023).

44 Diese Bemerkung bezieht sich darauf, dass Erhard in seinem Kabinett nicht auf vollumfängliche Loyalität rechnen konnte. Außenminister Gerhard Schröder war zwar deklaratorisch loyal und wie Erhard »Atlantiker«, hegte aber eigene Ambitionen auf die Kanzlerschaft. Zudem war die wichtige Funktion des Vorsitzes der CDU/CSU-Bundestagsfraktion mit Rainer Barzel in den Händen eines weiteren Gegners Erhards. Mit der Wiederberufung der Bundesminister Kai-Uwe von Hassel (Verteidigung), Heinrich Krone (besondere Aufgaben) und Bruno Heck (Jugend) gehörten schließlich drei führende CDU-Politiker der von Ludwig Erhard geführten Bundesregierung an, die dem Bundeskanzler skeptisch-zurückhaltend gegenüberstanden. Darüber hinaus ernannte Erhard in seinem zweiten Kabinett mit dem vormaligen Wohnungsbauminister Paul Lücke zum Innenminister einen der dezidierten Anhänger der Großen Koalition.

45 Vgl. dazu Karl-Georg von Stackelberg: *Attentat auf Deutschlands Talisman. Ludwig Erhards Sturz. Hintergründe, Konsequenzen*, Stuttgart u. a. 1967, S. 176–221.

46 Vgl. dazu Rainer Barzel: *Im Streit und umstritten. Anmerkungen zu Konrad Adenauer, Ludwig Erhard und den Ostverträgen*, Frankfurt a. M. 1986, S. 119 f.

47 Ein entsprechendes Entschuldigungsschreiben konnte weder im Nachlass Erhard noch im Nachlass Karl Theodor zu Guttenberg nachgewiesen werden.

48 Auch in dieser Passage formuliert Hohmann seine Kritik deutlich. Vgl. dazu den undatierten »Vermerk Hohmann« (LES, Nachlass Erhard, Bd. 1155): M. E. *ist ohnehin der »Kanzlersturz« stark zugunsten von Strauß und zu Ungunsten der FDP verzeichnet.*

49 Dazu Hohmann: *Ein Kanzler, der das Amt angestrebt hat und doch über längere Strecken immer wieder als potenter Nachfolger galt, dürfte m. E. bei Übernahme der Kanzlerschaft keineswegs von der »Autoritätsfülle, vom Einfluß und dem Informationssog« dieses Amtes überrascht sein.* (ebd.).

50 Erst im September 1966 hatte das Kabinett den Bundeshaushalt für das kommende Jahr mit einem Volumen von 73,9 Milliarden DM verabschiedet, ohne dass jedoch dessen Deckung gesichert war; vgl. dazu Marx, Stefan: »Bildung und Management der Großen Koalition unter Kurt Georg Kiesinger 1966–1969«, in: Philipp Gassert/Hans Jörg Hennecke (Hrsg.): *Koalitionen in der Bundesrepublik. Bildung, Management und Krisen von Adenauer bis Merkel*, Paderborn 2017, S. 113–160, S. 122, Anm. 61.

51 Vgl. dazu das Schreiben des FDP-Landesgeschäftsführers Baden-Württemberg, Karl-Hermann Hummel, an den FDP-Hauptausschuss, 17. Januar 1966, BA Koblenz, Nachlass Knut von Kühlmann-Stumm (N 1257), Bd. 2 (vgl. dazu auch Tim Geiger: »Koalitionsverhandlungen und Koalitionsmanagement in der Kanzlerschaft Ludwig Erhards 1963–1966«, in: Philipp Gassert/Hans Jörg Hennecke (Hrsg.): *Koalitionen in der Bundesrepublik. Bildung, Management und Krisen von Adenauer bis Merkel*, a. a. O., S. 83–112, 109, Anm. 145).

52 Barzels Rede vor dem Council on German Affairs vom 17. Juni 1966 ist abgedruckt in: Bundesministerium für innerdeutsche Beziehungen (Hrsg.): *Dokumente zur Deutschlandpolitik* (DzD) (IV. Reihe/Bd. 12), Frankfurt a. M. 1981, S. 900–912; vgl. dazu auch die Ausführungen von Kai Wambach: *Rainer Barzel. Eine Biographie*, Boston 2019, S. 295–320.

53 Aus der Landtagswahl vom 10. Juni 1966 ging die SPD mit 49,5 % der Stimmen erstmals als stärkste Kraft hervor. Dennoch gelang es Ministerpräsident Franz Meyers erneut, eine Koalition aus CDU und FDP zu schmieden, die nun jedoch nur noch über eine hauchdünne Mehrheit verfügte und bereits im Dezember desselben Jahres auf dem Wege des konstruktiven Misstrauensvotums abgewählt wurde, vgl. dazu Franz Meyers: Gez. Dr. Meyers: *Summe eines Lebens*, Düsseldorf 1982, S. 538.

54 Vgl. dazu »Folgerungen im Rahmen des Erhard-Kabinetts«, in: *Die Welt* vom 11. Juli 1966.

55 So bereits in der Ausgabe des *Bayernkuriers* vom 10. November 1965, in der offensiv kritisiert wurde, *daß ausgerechnet die Regierung eines »Hono-*

rarprofessors für Gegenwartsfragen der Wirtschaftspolitik die ihr gegebenen vier Jahre mit einem nie da gewesenen Sparprogramm beginnen muß« (vgl. dazu auch Rainer Barzel: *Im Streit und umstritten. Anmerkungen zu Konrad Adenauer, Ludwig Erhard und den Ostverträgen*, Frankfurt a. M. 1986, S. 85).

56 Das »Gesetz zur Förderung der Stabilität und des Wachstums der Wirtschaft« wurde im Deutschen Bundestag am 14. und 15. September 1966 in erster Lesung kontrovers diskutiert und konnte erst acht Monate später unter der Großen Koalition verabschiedet werden.

57 Dazu »Vermerk Hohmann« (LES, Nachlass Erhard, Bd. 1155): *Es wäre ein Hinweis erforderlich, warum ... Präs. Johnson in der Frage der Stationierungskosten so hart bleiben mußte.*

58 *Erhard ist und bleibt Kanzler*, formulierte der Fraktionsvorsitzende Rainer Barzel im September und Oktober wiederholt (vgl. dazu Barzel: »Erhard ist und bleibt Bundeskanzler«, in: *Frankfurter Allgemeine Zeitung* vom 4. Oktober 1966, S. 1 sowie Horst Osterheld: *Außenpolitik unter Bundeskanzler Ludwig Erhard 1963–1966. Ein dokumentarischer Bericht aus dem Kanzleramt*, Düsseldorf 1992, S. 363).

59 Vgl. dazu die Rede von Franz Josef Strauß auf der CSU-Landesversammlung am 9. Oktober 1966 sowie Hans Klein: Ludwig Erhard, in ders. (Hrsg.): *Die Bundeskanzler*, 2. Aufl., Berlin 1994, S. 91–164, hier S. 160.

60 Dies hatte sicherlich auch damit zu tun, dass Strauß aufgrund des Widerstands des FDP nicht in Erhards Kabinette berufen wurde, vgl. dazu Rainer Barzel: *Im Streit und umstritten. Anmerkungen zu Konrad Adenauer, Ludwig Erhard und den Ostverträgen*, Frankfurt a. M. 1986, S. 83.

61 So unter anderem mit folgenden Schlagzeilen: »CDU-Landeschef an Kanzler Erhard: Machen Sie den Weg frei!«, in: *Bild* vom 2. November 1966 und »255:246 gegen den Kanzler. Erhard: Ich mache diesen Schauprozess nicht mit«, in: *Bild* vom 9. November 1966.

62 Vgl. dazu die Protokolle des Bundesvorstands der CDU 1965–1969, bearbeitet von Günter Buchstab, Düsseldorf 2005, Nr. 9: 8. November 1966, S. 338–374, hier S. 364. Die Namen der Aspiranten trug hier der spätere Bundeskanzler Helmut Kohl vor, der dabei in der Aufzählung die alphabetische Reihenfolge einhielt, um niemandem eine Priorität einzuräumen.

63 Vgl. dazu Philipp Gassert: *Kurt Georg Kiesinger 1904–1988. Kanzler zwischen den Zeiten*, München 2006, S. 494. Die Unterstützung der CSU verband sich hier mit deren Erwartungshaltung, dass Franz Josef Strauß erneut in das Bundeskabinett eintreten würde.

64 Dies ist eine Anspielung auf eine Äußerung des Erhard-Vertrauten Johannes Gross, der geschrieben hatte: »*In Adenauer sahen die Deutschen ihren Gemeinplatz bekräftigt, daß Politik den Charakter verderbe, unter Erhard mögen sie hinzulernen, daß Charakter die Politik verdirbt.*« (Johannes Gross: *Lauter Nachworte. Innenpolitik nach Adenauer*, Stuttgart 1965, S. 71.)

65 Vgl. dazu Dieter Hildebrandt: *Ich mußte immer lachen: Dieter Hildebrandt erzählt sein Leben*, Köln 2006, S. 127.

66 In einer Rede vor dem Wirtschaftstag der CDU/CSU in Düsseldorf am 9. Juli 1965 sprach Bundeskanzler Ludwig Erhard Schriftstellern wie Rolf Hochhuth das Recht auf Einmischung in sozialpolitische Themen ab: *Die sprechen von Dingen, von denen sie von Tuten und Blasen keine Ahnung haben. [...] Nein, so haben wir nicht gewettet. Da hört der Dichter auf, da fängt der ganz kleine Pinscher an, der in dümmster Weise kläfft.* (vgl. dazu Friedrich Christian Delius: *Wir Unternehmer. Über Arbeitgeber, Pinscher und das Volksganze. Eine Dokumentar-Polemik anhand der Protokolle des Wirtschaftstages der CDU/CSU 1965* in Düsseldorf, Berlin 1966, S. 7 f. sowie Wirtschaftsrat der CDU (Hrsg.): *Wirtschaftstag der CDU/CSU* Düsseldorf 1965. *Thesen, Protokolle,* Bonn 1965, S. 472, wobei hier das wörtliche Zitat in abgeschwächter Form wiedergegeben ist; darauf könnte sich Hohmanns fragende Bemerkung in seinem Vermerk bezogen haben: vgl. dazu »Vermerk Hohmann« (LES, Nachlass Erhard, Bd. 1155: *Passage bzgl. der »Pinscher«: Chef versuchte immer wieder darzulegen, daß er mit dieser Bezeichnung nur Herrn Hochhut* [sic] *wegen seiner im* Spiegel *veröffentlichten Auslassungen über die Gesellschaftspolitik gemeint hatte, also keinen anderen Schriftsteller – auch nicht Grass. Stimmt das?*

67 Hans Klein: Ludwig Erhard, in: ders. (Hrsg.): *Die Bundeskanzler,* a. a. O., S. 91–164, S. 123.

68 Klein entlehnt hier einen Begriff, den zunächst schon der Journalist Rolf Zundel 1972 mit Blick auf Willy Brandt geprägt hatte (vgl. dazu Rolf Zundel: »Willy Brandt: ›Was sind das für Leute!‹«, in: *Die Zeit* vom 11. Oktober 1974), und überträgt ihn auf das Verhältnis von Ludwig Erhard zum deutschen Wähler; auch Arnulf Baring benutzt den Begriff »unio mystica« in seinem Standardwerk *Machtwechsel* zur Beschreibung des Verhältnisses von Willy Brandt und Walter Scheel, ohne den Hinweis auf Zundel anzuführen (vgl. Arnulf Baring: *Machtwechsel. Die Ära Brandt-Scheel,* Stuttgart 1982, S. 566).

Ulrich Schlie: »Wir haben unseren Blick vorwärts zu richten«

1 Daniel Koerfer: *Kampf ums Kanzleramt. Erhard und Adenauer,* München/Salzburg 2020.

2 So die Zusammenfassung von Karl-Georg von Stackelberg: *Attentat auf Deutschlands Talisman. Ludwig Erhards Sturz: Hintergründe, Konsequenzen,* Stuttgart u. a. 1967, S. 11 f.

3 Johannes Gross: »Kandidat Erhard«, in: ders.: *Lauter Nachworte. Innenpolitik nach Adenauer,* Stuttgart 1965, S. 49.

4 Ebd., S. 51.

5 Ebd., S. 58.

6 Rainer Barzel: *Im Streit und umstritten. Anmerkungen zu Konrad Adenauer, Ludwig Erhard und den Ostverträgen,* Frankfurt a. M., Berlin 1986, S. 64.

7 Ebd.
8 Ebd., S. 63.
9 Golo Mann im Gespräch mit Marion Dönhoff und Theo Sommer, in: *Die Zeit* vom 30. August 1985.
10 Udo Wengst: »Ludwig Erhard im Fokus der Zeitgeschichtsschreibung«, in: Peter Gilles, Daniel Koerfer, Udo Wengst: *Ludwig Erhard*, Berlin 2010, S. 73.
11 Daniel Koerfer: »Ludwig Erhard – der vergessene Gründervater«, in: ebd., S. 56.
12 So schon Daniel Koerfer in der Erstausgabe seiner Dissertation. *Kampf ums Kanzleramt. Erhard und Adenauer*, Darmstadt 1987, S. 753.
13 Ebd.
14 Fred Luchsinger: »Erhard vor der politischen Bewährungsprobe«, in: ders.: *Bericht über Bonn. Deutsche Politik 1955–1965*, Zürich 1966, S. 163.
15 Deutscher Bundestag: Stenographisches Protokoll der 90. Sitzung. Erklärung der Bundesregierung (Bundeskanzler Dr. Dr. h.c. Erhard) am 18. Oktober 1963, S. 4192.
16 Ebd.
17 Ebd., S. 4196.
18 Ebd., S. 4192.
19 Ebd., S. 4193.
20 Ebd.
21 Ebd., S. 4208.
22 Ebd., S. 4193.
23 Ludwig Erhard im *Spiegel*-Gespräch: »Von der bloßen Macht halte ich nicht viel«, in: *Der Spiegel* Nr. 37 vom 7. September 1965.
24 Deutscher Bundestag: Stenographisches Protokoll der 90. Sitzung. Erklärung der Bundesregierung (Bundeskanzler Dr. Dr. h.c. Erhard) am 18. Oktober 1963, S. 4192.
25 Die Rolle von Ludwig Erhard in der Zeit des Nationalsozialismus ist in jüngster Zeit vor allem durch die Publikation von Ulrike Herrmann (*Deutschland, ein Wirtschaftsmärchen. Warum es kein Wunder ist, dass wir reich geworden sind*, Frankfurt a. M. 2019) – und in deren Gefolge durch eine Reihe von Zeitungsartikeln – ausgesprochen kritisch betrachtet worden. Es wurde dabei der Eindruck erweckt, dass Ludwig Erhard eine viel nähere Beziehung zu den nationalsozialistischen Machthabern eingegangen sei, als dies bislang in der Literatur dargestellt wurde. Aufgrund umfangreicher Recherchen des Ludwig Erhard Zentrums (LEZ) in Fürth unter Leitung von Evi Kurz hat der Historiker Daniel Koerfer in der erweiterten, aktualisierten und korrigierten Fassung seines Standardwerks *Kampf ums Kanzleramt* (Daniel Koerfer: *Kampf ums Kanzleramt: Erhard und Adenauer* München, Salzburg 2020) die wesentlichen Vorwürfe durch die stringente Analyse von Primärquellen entkräften können. Diese Darstellung bleibt maßgeblich, weil sie insbesondere die Kooperation Erhards mit Gauleiter Josef Bürckel, dem Erhard als Wirtschaftsberater für Elsaß-Lothringen zur Seite stand sowie Erhards Gut-

achtertätigkeit für die NS-Haupttreuhandstelle Ost in den besetzten polnischen Gebieten, in Westpolen, Danzig und dem sogenannten Warthegau und Posen und seine Auseinandersetzung mit der Dienststelle des Reichskommissars für die Festigung des deutschen Volkstums sorgfältig darstellt. Über Ludwig Erhard liegen eine Reihe von biographischen Darstellungen vor: die biographische Skizze von Michael K. Caro (*Der Volkskanzler Ludwig Erhard*, Köln 1965) ist von Ludwig Erhard selbst sehr geschätzt worden; die Einführung von Hans Klein zum Bildband Ludwig Erhard (Hans Klein: *Ludwig Erhard*, Köln, Berlin 1967) hat Ludwig Erhard selbst redigiert. Aus der älteren Literatur sind die Studien von Jess M. Lukomski: *Ludwig Erhard. Der Mensch und der Politiker*, Düsseldorf, Wien 1965 und Karl-Georg von Stackelberg: *Attentat auf Deutschlands Talisman. Ludwig Erhards Sturz. Hintergründe, Konsequenzen*, Stuttgart u.a. 1967; sehr kritisch die voluminöse Biographie von Volker Hentschel: *Ludwig Erhard. Ein Politikerleben*, München 1996. Von nach wie vor unschätzbarem Wert sind die verschiedenen autobiographischen und wissenschaftlichen Texte zur Festschrift, die Ludwig Erhard zu seinem 75. Geburtstag von Gerhard Schröder, Alfred Müller-Armack, Karl Hohmann, Johannes Gross und Rüdiger Altmann überreicht bekam (Frankfurt a. M., Berlin 1965) und die sich explizit als Beiträge zu seiner politischen Biographie verstehen. Eine umfassende wissenschaftliche Biographie über Ludwig Erhard steht nach wie vor aus.

26 Ernst Goyke hat am 27. Mai 1988 in einem Artikel in *Das Parlament* unter Bezug auf ein Gespräch, das er gemeinsam mit dem Journalisten Hermann Otto Bolesch im Januar 1962 mit dem damaligen Wirtschaftsminister Erhard geführt hat, dargelegt, dass Erhard zugegeben hatte, nie Mitglied der CDU gewesen zu sein (*Minister ohne Parteibuch, in: Das Parlament*, Jg. 38 (Ausgabe 21–22) vom 27. Mai 1988). Die Diskussionen über Erhards nicht vorhandene Parteimitgliedschaft wurde wiederholt in der Presse thematisiert. Sie war insbesondere auch von Konrad Adenauer bereits in einem Schreiben an Erhard vom 14. Februar 1966 angesprochen worden, das Ludwig Erhard postwendend, d.h. schon am darauffolgenden Tag (Schreiben vom 15. Februar 1966, LES, Nachlass Erhard, Bd. 10–11) in einer für ihn ungewöhnlichen Schärfe beantwortet hatte, indem er ausführte, dass er »dem Besitz des Parteibuches wirklich keine Beachtung geschenkt« habe (LES, Nachlass Erhard, Bd. 10). Das im Archiv der Ludwig-Erhard-Stiftung zugängliche Protokoll der Niederschrift des Gesprächs mit den beiden Journalisten ergibt zweifelsfrei, dass Ludwig Erhard bis 1962 kein Mitglied der CDU war (Tonbandwiedergabe, Gespräch Bolesch *[Abendpost]* und Goyke *[Bild]* mit Minister Erhard in Anwesenheit Dr. Hohmanns, LES, Nachlass Erhard, Bd. 10) und alle Recherchen mit negativen Ergebnissen im Archiv der CDU-Geschäftsstelle in Ulm erlauben die abschließende Einschätzung, dass Ludwig Erhard nie formales Mitglied der CDU gewesen ist.

27 Hans Herbert Götz: »Ludwig Erhards Leben und Laufbahn«, in: *Frankfurter Allgemeine Zeitung* vom 17. Oktober 1963.

28 Knut von Kühlmann-Stumm an Ludwig Erhard, 25. Oktober 1963, ACDP, Teilnachlass Mende, Archiv-Nr. 01-267-034/1.

29 Nikolaus Benickser: »Der Bundeskanzler und der Außenminister«, in: *Frankfurter Allgemeine Zeitung* vom 17. Oktober 1963.

30 Johannes Gross: »Schröder und der deutsche Gaullismus«, in: ders.: *Lauter Nachworte*, a. a. O. S. 89.

31 Tim Geiger: »Koalitionsverhandlungen und Koalitionsmanagement in der Kanzlerschaft Ludwig Erhards 1963–1966«, in: Philipp Gassert und Hans Jörg Hennecke (Hrsg.): *Koalitionen in der Bundesrepublik. Bildung, Management und Krisen von Adenauer bis Merkel*, Paderborn 2017, S. 95.

32 Tagebucheintrag Heinrich Krones vom 1. Oktober 1963, in: Heinrich Krone: *Tagebücher. Zweiter Band: 1961–1966*, bearbeitet von Hans-Otto Kleinmann (Forschungen und Quellen zur Zeitgeschichte, Bd. 44), Düsseldorf 2003, S. 227.

33 Günter Gaus: *Bonn ohne Regierung? Kanzlerregiment und Opposition. Bericht, Analyse, Kritik*, München 1965, S. 39.

34 Karl-Hermann Flach: *Erhards schwerer Weg*, Stuttgart 1963, S. 16.

35 Ludwig Erhard, in: *Berichte, Reden, Kommentare. Bundesminister Dr. Ludwig Erhard, 4. Februar 1957, 60 Jahre.* MS o. O. u. J. (1957), S. 17.

36 Vgl. dazu die verschiedenen Aufzeichnungen aus dem Jahr 1965, in: AdsD, Nachlass Altmann, Archiv-Nr. 1/RAAC000120.

37 Willy Brandt im *Spiegel*-Gespräch: »Ich bin bereit, mit Ost-Berlin zu verhandeln«, in: *Der Spiegel* Nr. 1 vom 9. Januar 1962.

38 Vgl. zu dieser Auseinandersetzung Tim Geiger: *Atlantiker gegen Gaullisten. Außenpolitischer Konflikt und innerparteilicher Machtkampf in der CDU/CSU 1958–1969*, München 2008.

39 »La nouvelle rencontre franco-allemande s'est ouverte dans un climat assez tendu«, in: *Le Monde* vom 4. Juli 1964.

40 Geheime Aufzeichnung von Staatssekretär Karl Carstens: *Das deutsch-französische Verhältnis*, 27. Juli 1964, BAK, Nachlass Carstens, Archiv-Nr. 1337/652.

41 Zit. nach Karl Carstens: *Erinnerungen und Erfahrungen*, hrsg. von Kai von Jena und Reinhard Schmoeckel (Schriften des Bundesarchivs, Bd. 44), Boppard/Rhein 1993, S. 272.

42 Zit. nach Horst Osterheld: *Außenpolitik unter Bundeskanzler Ludwig Erhard 1963–1966. Ein dokumentarischer Bericht aus dem Kanzleramt* (Forschungen und Quellen zur Zeitgeschichte, Bd. 23), Düsseldorf 1992, S. 99.

43 Deutscher Bundestag: Stenographisches Protokoll der 137. Sitzung. Entgegennahme einer Erklärung des Bundeskanzlers (Dr. Dr. h. c. Erhard, Bundeskanzler) vom 15. Oktober 1964, S. 6786.

44 Rainer Achim Blasius: »Erwin Wickert und die Friedensnote der Bundesregierung vom 25. März 1966«, in: *Vierteljahrshefte für Zeitgeschichte* 43, 1955, Heft 3, S. 539–553.

45 Deutscher Bundestag: Stenographisches Protokoll der 170. Sitzung am 10. März 1965, S. 8516 ff.

46 Rüdiger Altmann und Johannes Gross: »Gespräch über Erhard«, in: Gerhard Schröder u.a. (Hrsg.): *Ludwig Erhard. Beiträge zu seiner politischen Biographie. Festschrift zum 75. Geburtstag*, Berlin 1972, S. 30f.
47 Vgl. dazu »Besser ist der Ludwig«, in: *Die Zeit* vom 13. August 1965.
48 Günter Gaus: *Bonn ohne Regierung?* a.a.O., S. 39.
49 Vgl. dazu Fred Luchsinger: »Willy Brandt auf Wählerwerbung«, in ders.: *Bericht über Bonn. Deutsche Politik 1955–1965*, Zürich 1966, S. 195–200.
50 Tagebucheintrag Heinrich Krones vom 26. September 1965, in: Heinrich Krone: *Tagebücher. Zweiter Band: 1961–1966*, a.a.O., S. 409.
51 Deutscher Bundestag: Stenographisches Protokoll der 4. Sitzung, Entgegennahme einer Erklärung des Bundeskanzlers (Dr. Dr. h.c. Erhard, Bundeskanzler) am 10. November 1965, S. 17.
52 Jürgen Tern: »Bestätigung und Bewahrung«, in: *Frankfurter Allgemeine Zeitung* vom 21. September 1965.
53 Das Wort »wahrscheinlich« hatte Lübke eigenhändig am 16. September 1965 eingefügt, BA Nachlass Lübke, Bd. 45.
54 »Der Bundespräsident will Schröder nicht. Er werde ihn nicht ernennen, sagte er mir noch einmal, als ich am 30. September bei ihm war.« (In: Heinrich Krone: *Tagebücher.* Zweiter Band: 1961–1966, a.a.O., S. 413).
55 Gutachten zur Ministerernennung vom 12. Oktober 1965, ACDP, Nachlass Berger, Archiv-Nr: I-400/030/1; dazu auch Tagebucheintrag Heinrich Krone vom 1. Oktober 1965, Heinrich Krone: *Tagebücher. Zweiter Band: 1961–1966*, a.a.O.
56 Ebd., S. 414f.
57 Vgl. dazu die im Nachlass Altmann enthaltenen verschiedenen Aufzeichnungen in Vorbereitung der Regierungserklärung: AdsD, Nachlass Altmann, Archiv-Nr. 1/RAAC000121.
58 Aufzeichnung Rüdiger Altmann: *Regierungsbildung, Regierungsprogramm und die Kernfrage der inneren Politik*, 1965, ACDP, Teilnachlass Erhard, Archiv-Nr. 01-554-002/3.
59 Gerhard Stoltenberg an Ludwig Erhard, 25. August 1965, ACDP, Nachlass Stoltenberg, Archiv-Nr. 01-626-176/1.
60 Vermerk Horst Osterheld für Minister (Schröder), vertraulich, Herrn Hohmann zur Kenntnis, 21. Oktober 1965, ACDP, Teilnachlass Erhard, Archiv-Nr. 01-554-002/3.
61 Vermerk o.D. mit dem handschriftlichen Zusatz von Dr. Gross, o. O., ACDP, Teilnachlass Erhard, Archiv-Nr. 01-554-002/3.
62 Vgl. dazu: Deutscher Bundestag: Stenographisches Protokoll der 4. Sitzung, Entgegennahme einer Erklärung des Bundeskanzlers (Dr. Dr. h.c. Erhard, Bundeskanzler), am 10. November 1965, S. 17.
63 Ebd., S. 19.
64 Ebd., S. 30.
65 Ebd., S. 33.
66 Karl Hohmann: »Über Politisches und Menschliches in der Politik«, in: Gerhard Schröder u.a. (Hrsg.): *Ludwig Erhard. Beiträge zu seiner politischen Biographie.*, a.a.O., S. 559.

67 Vgl. dazu Tagebucheintrag Heinrich Krones vom 14. Januar 1966, in: Heinrich Krone: *Tagebücher. Zweiter Band: 1961–1966*, a. a. O., S. 448.

68 Vgl. dazu die durchgehend kritischen Bemerkungen Heinrich Krones in dessen Tagebuch, etwa die Eintragung vom 10. Januar 1966 »Ich kenne Rainer Barzel. Ist der Mann eitel und arrogant!«, in: ebd., S. 446.

69 »SPD-Sieg in Nordrhein-Westfalen. Erhards Ende?«, *Spiegel*-Titelbild Nr. 29 vom 17. Juli 1966.

70 Vgl. dazu Alf Mintzel: *Geschichte der CSU. Ein Überblick*, S. 384 ff.

71 Henry Kissinger: *White House Years*, Boston 1979, S. 97.

72 Vgl. dazu insbesondere die Essays von Johannes Gross: *Wie das Wunder in die Jahre kam. Essays zu Deutschland*, Berlin 1989.

73 Vgl. dazu die Serie »Die Reichen in Deutschland«, in: *Der Spiegel* Nr. 37 vom 5. September 1966.

74 Zit. nach »Im Stil der Zeit«, in: *Der Spiegel* Nr. 30 vom 20. Juli 1965.

75 Zit. nach »Schalom aleichem«, in: *Der Spiegel* Nr. 39 vom 18. September 1966.

76 Zit. nach ebd.

77 Vgl. dazu die gleichnamige Titelgeschichte mit dem Bild von Ludwig Erhard auf dem Cover des *New York Times Magazine* vom 6. März 1966. Unter dieser Überschrift hatte der Berliner Politologe Richard Löwenthal im Hauptteil der *New York Times* vom gleichen Tag argumentiert, dass mit Ludwig Erhards Kanzlerschaft nicht nur ein Stilwechsel, sondern auch ein stärkerer Akzent auf Deutschlands Unteilbarkeit gesetzt worden sei.

78 Protokoll der Fraktionssitzung vom 12. September 1966, Helge Heidemayer: *Die CDU/CSU-Fraktion im Deutschen Bundestag*. Sitzungsprotokolle 1961–1966, Dritter Teilband September 1965–November 1966, (in: *Quellen zur Geschichte des Parlamentarismus und der politischen Parteien*. Vierte Reihe: Deutschland seit 1945; Bd. 11/IV), Düsseldorf 2004, S. 1898 ff.

79 Tagebucheintrag Heinrich Krones vom 20. September 1966, in: Heinrich Krone: *Tagebücher. Zweiter Band: 1961–1966*, a. a. O., S. 509.

80 Dazu Tagebucheintrag Heinrich Krones vom 24. September 1966, ebd., S. 511.

81 »Wenn der Kanzler von der Reise zurück ist, dann schläft er sich erst mal zwölf Stunden aus und dann gähnt er einen vier Stunden an.« (Tagebucheintrag Heinrich Krones vom 7. Oktober 1966, in: ebd., S. 513.)

82 Vgl. ebd.

83 So der Titel des Kommentars von Friedrich Karl Fromme in der *Frankfurter Allgemeinen Zeitung* vom 28. Oktober 1966.

84 Fraktionssitzung vom 2. November 1966, Vorsitz: Dr. Barzel, Helge Heidemayer: *Die CDU/CSU-Fraktion im Deutschen Bundestag*, Bd. 4, November 1966, bearb. von Corinna Franz, Düsseldorf 2004, S. 2165 ff.

85 »Machen Sie den Weg frei!«, in: *Bild*-Zeitung vom 2. November 1966.

86 Vgl. Tagebucheintrag Heinrich Krones vom 7. November 1966, in: Heinrich Krone: *Tagebücher. Zweiter Band: 1961–1966*, a. a. O., S. 519.

87 Fraktionssitzung vom 8. November 1966, Helge Heidemayer: *Die CDU/CSU-Fraktion im Deutschen Bundestag*, Bd. 4, November 1966, bearb. von Corinna Franz, Düsseldorf 2004, S. 2193 f.

88 Vgl. dazu: Karl Hugo Pruys: *Hans Johnny Klein: Journalist, Diplomat, Politiker*, a. a. O., S. 87.

89 Vgl. dazu: *Neue Revue*, Nr. 47 vom 20. November 1966, S. 122 f.

90 Ebd.

91 Deutscher Bundestag: Stenographisches Protokoll der 80. Sitzung, Entgegennahme einer Erklärung der Bundesregierung (Bundeskanzler Dr. h.c. Kiesinger, Bundeskanzler) am 13. Dezember 1966, S. 3656.

92 Ebd.

93 Ludwig Erhard an Helmut Kohl, 12. Juni 1975, LES, Nachlass Erhard, Bd. 1109.

94 Ebd.

95 Biedenkopf an Erhard, 20. Juni 1975, ebd.

96 Ludwig Erhard an Helmut Kohl, 25. Juli 1975, ebd.

97 Ebd.

98 Vgl. dazu: »Ludwig Erhard setzte sich im CDU-Vorstand durch. Endfassung der ›Mannheimer Erklärung‹ mit Korrekturen des Altbundeskanzlers gebilligt«, in: *Frankfurter Rundschau* vom 14. November 1975.

99 Gerhard Schröder u. a. (Hrsg): *Ludwig Erhard. Beiträge zu seiner politischen Biographie.*, a. a. O.

100 Ludwig Erhard: *Erinnerungen an Fürth*, o. D., LES, Nachlass Erhard, Bd. 1562.

101 Ludwig Erhard im *Spiegel*-Gespräch: »Von der bloßen Macht halte ich nicht viel«, in: *Der Spiegel* Nr. 37 vom 7. September 1965.

102 Tagebucheintrag Heinrich Krones vom 4. Februar 1966, in: Heinrich Krone: *Tagebücher. Zweiter Band: 1961–1966*, a. a. O., S. 451.

103 Johannes Gross: »Schröders Zukunft«, in: ders.: *Lauter Nachworte*, a. a. O., S. 97.

104 Ludwig Erhard im *Spiegel*-Gespräch: »Von der bloßen Macht halte ich nicht viel«, in: *Der Spiegel* Nr. 37 vom 7. September 1965.

105 Helmut Schmidt zur Außen- und Sicherheitspolitik des Bundeskanzlers Erhard, in: Gerhard Schröder u. a. (Hrsg.): *Ludwig Erhard. Beiträge zu seiner politischen Biographie*, a. a. O., S. 395–401, hier S. 399.

106 Ebd., S. 340.

107 Johannes Gross: »Kanzler Erhard«, in: ders.: *Lauter Nachworte*, a. a. O., S. 83.

108 Ebd.

109 Günter Gaus: *Bonn ohne Regierung?* a. a. O., S. 41.

110 Rüdiger Altmann und Johannes Gross: »Gespräch über Erhard«, in: Gerhard Schröder u. a. (Hrsg.): *Ludwig Erhard. Beiträge zu seiner politischen Biographie*, a. a. O., S. 36.

111 Ebd., S. 38.

112 Gerd Bucerius: »Der Abschied«, in: *Die Zeit* vom 18. Oktober 1963.

Quellen- und Literaturverzeichnis

1. Unveröffentlichte Quellen

Archiv der Ludwig-Erhard-Stiftung e. V., Bonn
Nachlass Ludwig Erhard

Archiv der sozialen Demokratie der Friedrich-Ebert-Stiftung e. V., Bonn
Nachlass Rüdiger Altmann

Archiv für Christlich-Demokratische Politik der Konrad-Adenauer-Stiftung e. V., Sankt Augustin
Nachlass Hans Berger
Teilnachlass Ludwig Erhard
Nachlass Heinrich Krone
Nachlass Paul Lücke
Teilnachlass Erich Mende
Nachlass Gerhard Schröder
Nachlass Gerhard Stoltenberg

Archiv für Christlich-Soziale Politik der Hanns-Seidel-Stiftung e. V., München
Nachlass Hans »Johnny« Klein
Nachlass Franz Josef Strauß

Bundesarchiv, Koblenz
Bestand Bundeskanzleramt

Bestand Bundesministerium für Angelegenheiten des Bundesverteidigungsrates
Bestand Bundesministerium des Innern
Bestand Bundesministerium für besondere Aufgaben
Bestand Bundespräsidialamt

Nachlass Rainer Barzel
Nachlass Karl Carstens
Nachlass Heinrich Lübke
Nachlass Walter Scheel

2. Amtliche Akteneditionen und andere Quellensammlungen

Akten zur Auswärtigen Politik der Bundesrepublik Deutschland (AAPD), hrsg. vom Institut für Zeitgeschichte i. A. des Auswärtigen Amtes, Bd. 1963, bearbeitet von Mechthild Lindemann und Ilse Dorothee Pautsch, München 1994; Bd. 1964, bearbeitet von Wolfgang Hölscher und Daniel Kosthorst, München 1995; Bd. 1965, bearbeitet von Mechthild Lindemann und Ilse Dorothee Pautsch, München 1996; Bd. 1966, bearbeitet von Matthias Peter und Harald Rosenbach, München 1997.

Münkel, Daniela (Hrsg.): *Die DDR im Blick der Stasi 1963. Die geheimen Berichte an die SED-Führung*, bearbeitet von Georg Herbstritt, Göttingen 2020; *Die DDR im Blick der Stasi 1964. Die geheimen Berichte an die SED-Führung*, bearbeitet von Bernd Florath, Göttingen 2017; *Die DDR im Blick der Stasi 1965. Die geheimen Berichte an die SED-Führung*, bearbeitet von Bernd Florath, Göttingen 2016.

Wirtschaftsrat der CDU (Hrsg.): *Wirtschaftstag der CDU/CSU Düsseldorf 1965. Thesen, Protokolle*, Bonn 1965.

Auswärtiges Amt (Hrsg.): *Die auswärtige Politik der Bundesrepublik Deutschland*, Köln 1972.

Auswärtiges Amt (Hrsg.): *Die Bemühungen der deutschen Regierung und ihrer Verbündeten um die Einheit Deutschlands 1955–1966*, Bonn 1966.

Beyme, Klaus von (Hrsg.): *Die Großen Regierungserklärungen der deutschen Bundeskanzler von Adenauer bis Schmidt*, München /Wien 1979.

Buchstab, Günther/ Gotto, Klaus/ Hockerts, Hans Günter u.a. (Hrsg.): Kiesinger: *Wir leben in einer veränderten Welt – Die Protokolle des CDU-Bundesvorstands 1965–1969* (Forschungen und Quellen zur Zeitgeschichte, Bd. 50), bearbeitet von Günter Buchstab und Denise Lindsay, Düsseldorf 2005.

Buchstab, Günther/ Gotto, Klaus/ Hockerts, Hans Günter u.a. (Hrsg.): *Adenauer: »Stetigkeit in der Politik« – Die Protokolle des CDU-Bundesvorstands 1961–1965* (Forschungen und Quellen zur Zeitgeschichte, Bd. 32), bearbeitet von Günter Buchstab, Düsseldorf 1998.

Bundesgeschäftsstelle der Christlich Demokratischen Union Deutschlands (Hrsg.): 13. CDU-Bundesparteitag Düsseldorf, 28.–31. März 1965. Niederschrift, Bonn 1965.

Bundesministerium für innerdeutsche Beziehungen (Hrsg.): *Dokumente zur Deutschlandpolitik* (DzD), IV. Reihe, Bd. 10, bearbeitet von Marie-Luise Goldbach und Karl-Günter Schirrmeister, Frankfurt a.M. 1980; Bd. 12, bearbeitet von Gisela Oberländer, Frankfurt a.M. 1981.

Bundesministerium für wirtschaftliche Zusammenarbeit und Entwicklung (Hrsg.): *Auf Augenhöhe. 50 Jahre Bundesministerium für wirtschaftliche Zusammenarbeit und Entwicklung*, Baden-Baden 2012.

Die CDU-CSU-Fraktion im Deutschen Bundestag. *Sitzungsprotokolle 1966–1969*, hrsg. von Winfried Becker u.a., 2 Halbbände, (*Quellen zur Geschichte des Parlamentarismus und der politischen Parteien*, Vierte Reihe: Deutschland seit

1945, Bd. 11/V), bearbeitet von Stefan Marx, Düsseldorf 2011.

Die CDU-CSU-Fraktion im Deutschen Bundestag. *Sitzungsprotokolle 1961–1966*, hrsg. von Karl Dietrich Bracher u.a., 4 Teilbände (Quellen zur Geschichte des Parlamentarismus und der politischen Parteien, Vierte Reihe: Deutschland seit 1945, Bd. 11/IV), bearbeitet von Corinna Franz, Düsseldorf 2004.

Die Kabinettsprotokolle der Bundesregierung, hrsg. für das Bundesarchiv von Hartmut Weber, Bd. 16: 1963, bearbeitet von Ulrich Enders, Christoph Seemann, Ralf Behrendt u.a., Köln 2006; Bd. 17: 1964, bearbeitet von Josef Henke, Uta Rössel, Ralf Behrendt u.a., Köln 2007; Bd. 18: 1965, bearbeitet von Josef Henke, Christoph Seemann, Ralf Behrendt u.a., Köln 2008; Bd. 19: 1966, bearbeitet von Christine Fabian, Uta Rössel, Ralf Behrendt u.a., Köln 2009.

Gaulle, Charles de: »Aide-mémoire adressé par le gouvernement français aux quatorze autres pays membres de l'OTAN (11 mars 1966)«, in: Bozo, Frédéric: *Deux Stratégies pour l'Europe. De Gaulle, les États-Unis et l'Alliance atlantique 1958–1969*, Paris 1996.

Gaus, Günter: *Was bleibt sind Fragen. Die klassischen Interviews*, Berlin 2001.

Jelinek, Yeshayahu A. / Blasius, Rainer A.: »Ben Gurion und Adenauer im Waldorf Astoria. Gesprächsaufzeichnungen vom israelisch-deutschen Gipfeltreffen in New York am 14. März 1960«, in: *Vierteljahrshefte für Zeitgeschichte*, Jg. 45 (1997), H. 2, S. 309–344.

Presse und Informationsamt der Bundesregierung (Hrsg.), Die formierte Gesellschaft. Ludwig Erhards Gedanken zur politischen Ordnung Deutschlands, Bonn 1966.

Schoeps, Julius / Silbermann, Alphons / Süssmuth, Hans (Hrsg.): *Franz Oppenheimer. Gesammelte Schriften*, Bde. I–III, bearbeitet von Elke-Vera Kotowski, Berlin 1995–1998.

Zweites Deutsches Fernsehen, *Jahrbücher 1962/64–1969*, Mainz 1965–1970.

3. Tagebücher, Memoiren, Briefe und zeitgenössisches Schrifttum

Adenauer, Konrad: *Erinnerungen*, Bd. 1: 1945–1953, Stuttgart 1965; Bd. 2: 1953–1955, Stuttgart 1966; Bd. 3: 1955–1959, Stuttgart 1967; Bd. 4: 1959–1963. Fragmente, Stuttgart 1968.

Adenauer. Rhöndorfer Ausgabe. Briefe 1945–1967, hrsg. von Rudolf Morsey und Hans-Peter Schwarz, bearbeitet von Hans Peter Mensing, Berlin/Paderborn 1983–2009.

Adenauer. Rhöndorfer Ausgabe. Teegespräche, hrsg. von Rudolf Morsey und Hans-Peter Schwarz, Bd. 1: 1950–1954, bearbeitet von Hanns Jürgen Küsters, Berlin 1984; Bd. 2: 1955–1958, bearbeitet von Hanns Jürgen Küsters, Berlin 1986; Bd. 3: 1959–1961, bearbeitet von Hanns Jürgen Küsters, Berlin 1988; Bd. 4: 1961–1963, bearbeitet von Hans Peter Mensing, Berlin 1992.

Adschubej, Alexej Ivanowitsch: *Gestürzte Hoffnung. Meine Erinnerungen an Chrustschow*, Berlin 1990.

Barzel, Rainer: *Ein gewagtes Leben. Erinnerungen*, Stuttgart 2001.

Ders.: *Im Streit und umstritten. Anmerkungen zu Konrad, Adenauer, Ludwig Erhard und den Ostverträgen*, Frankfurt a. M./ Berlin 1986.

Ders.: *Auf dem Drahtseil*, München 1978.

Ders.: *Gesichtspunkte eines Deutschen*, Düsseldorf 1968.

Birrenbach, Kurt: *Meine Sondermissionen: Rückblick auf zwei Jahrzehnte bundesdeutscher Außenpolitik*, Düsseldorf/Wien 1984.

Blankenhorn, Herbert: *Verständnis und Verständigung. Blätter eines politischen Tagebuches 1949 bis 1979*, Frankfurt a. M./ Berlin/Wien 1980.

Brandt, Rut: *Freundesland. Erinnerungen*, Hamburg 1992.

Brandt, Willy: *Erinnerungen*, Berlin 2013.

Ders.: *Links und frei. Mein Weg 1930–1950*, Hamburg 1982.

Ders.: *Begegnungen und Einsichten. Die Jahre 1960 bis 1975*, Hamburg 1976.

Busse, Walter (Hrsg.): *... wir danken Ihnen für dieses Gespräch. 24 »Spiegel«- Gespräche*, München 1970.

Carstens, Karl: *Erinnerungen und Erfahrungen*, Berlin 1993.

Dahrendorf, Ralf: »Formierte oder offene Gesellschaft«, in: *Vortragsreihe des Instituts der Deutschen Wirtschaft*, Bd. 25, 1965, o. O.

Diehl, Günter: *Zwischen Politik und Presse. Bonner Erinnerungen. 1949–1969*, Frankfurt a. M. 1994.

Eick, Jürgen: *Als noch Milch und Honig flossen. Erinnerungen an die Marktwirtschaft*, Stuttgart 1982.

Ders.: *Deutsche Wirtschaftspolitik. Der Weg der Sozialen Marktwirtschaft*, Düsseldorf 1962.

Ders.: *Wohlstand für Alle*, Düsseldorf 1957.

Ders.: *Reden, Berichte, Kommentare* – Bundeswirtschaftsminister Prof. Dr. Ludwig Erhard 4. Februar 1957 – 60 Jahre, Bonn 1957.

Eschenburg, Theodor: *Letzten Endes meine ich doch. Erinnerungen 1933–1999*, Berlin 2000.

Fischer, Werner: *Ein Leben für den Wiederaufbau Deutschlands*, München 1967.

Frank, Paul: *Entschlüsselte Botschaft. Ein Diplomat macht Inventur*, Stuttgart 1981.

Gaulle, Charles de: *Mémoires de guerre*, Bd. 1: L'Appel: 1940–1942, Paris 1954; Bd. 2: L'Unité: 1942–1944, Paris 1956; Bd. 3: Le Salut: 1944–1946, Paris 1959.

Gaus, Günter: *Widersprüche. Erinnerungen eines linken Konservativen*, Berlin 2004.

Ders.: *Bonn ohne Regierung? Kanzlerregiment und Opposition. Bericht. Analyse. Kritik*, München 1965.

Geppert, Dominik / Schwarz, Hans-Peter (Hrsg.): *Adenauer. Rhöndorfer Ausgabe. Konrad Adenauer, Ludwig Erhard und die Soziale Marktwirtschaft*, bearbeitet von Holger Löttel, Paderborn 2019.

Gerstenmaier, Eugen: *Streit und Friede hat seine Zeit. Ein Lebensbericht*, Frankfurt a. M./Berlin 1981.

Grewe, Wilhelm G.: *Rückblenden 1976–1951*, Frankfurt a. M./Berlin/Wien 1979.

Ders.: »Jede Anerkennung der ›DDR‹ ein unfreundlicher Akt«, in: *Bulletin des Presse- und Informationsamtes der Bundesregierung*, Nr. 233 vom 13. Dezember 1955, S. 1993.

Gross, Johannes: *Unsere letzten Jahre. Fragmente aus Deutschland. 1970–1980*, Stuttgart 1980.

Ders.: *Lauter Nachworte. Innenpolitik nach Adenauer*, Stuttgart 1965.

Guttenberg, Karl Theodor Freiherr von und zu: *Fußnoten*, Stuttgart 1971.

Hildebrandt, Dieter: *Ich mußte immer lachen. Dieter Hildebrandt erzählt sein Leben*, Köln 2006.

Hoch, Walter (Hrsg.): *Ludwig Erhard. Wirken und Reden*, Ludwigsburg 1966.

Hohmann, Karl (Hrsg.): *Ludwig Erhard. Gedanken aus fünf Jahrzehnten. Reden und Schriften*, Düsseldorf/Wien/New York 1988.

Ders. (Hrsg.): *Ludwig Erhard. Erbe und Auftrag. Aussagen und Zeugnisse*, Düsseldorf/Wien, 1977.

Ders. (Hrsg.): *Der Geburtstag. Eine Dokumentation über den 75. Geburtstag von Altbundeskanzler Professor Dr. Ludwig Erhard*, 4. Februar 1972, Bonn 1973.

Kempski, Hans Ulrich: *Um die Macht. Sternstunden und sonstige Abenteuer mit den Bonner Bundeskanzlern 1949–1999*, Berlin 1999.

Kissinger, Henry: *White House Years*, Boston 1979.

Krone, Heinrich: *Tagebücher*, Erster Band: 1945–1961, bearbeitet von Hans-Otto Kleinmann, Düsseldorf 1995 (Forschungen und Quellen zur Zeitgeschichte, Bd. 28); *Tagebücher.* Zweiter Band: 1961–1966, bearbeitet von Hans-Otto Kleinmann, Düsseldorf 2003 (Forschungen und Quellen zur Zeitgeschichte, Bd. 44).

Luchsinger, Fred: *Bericht über Bonn. Deutsche Politik 1955–1965*, Zürich/Stuttgart 1966.

Lücke, Paul: *Ist Bonn doch Weimar? Der Kampf um das Mehrheitswahlrecht*, Frankfurt a. M. 1986.

Meyers, Franz, Gez. Dr. Meyers: *Summe eines Lebens*, Düsseldorf 1982.

Müller-Armack, Alfred: *Genealogie der Sozialen Marktwirtschaft. Frühschriften und weiterführende Konzepte*, Bern, Stuttgart 1974.

Müller-Armack, Alfred: *Genealogie der Sozialen Marktwirtschaft. Frühschriften und weiterführende Konzepte*, Bern, Stuttgart 1974.

Osterheld, Horst: *Außenpolitik unter Bundeskanzler Ludwig Erhard 1963–1966. Ein dokumentarischer Bericht aus dem Kanzleramt*, (Forschungen und Quellen zur Zeitgeschichte, Bd. 23), Düsseldorf 1992.

Ders.: *»Ich gehe nicht leichten Herzens ...« Adenauers letzte Kanzlerjahre. Ein dokumentarischer Bericht* von Horst Osterheld, Mainz 1987.

Pompidou, Georges: *Pour rétablir une vérité*, Paris 1982.

Poppinga, Anneliese: *Adenauers letzte Tage. Die Erinnerungen seiner engsten Mitarbeiterin*, Stuttgart 2009.

Dies.: *»Das Wichtigste ist der Mut«. Konrad Adenauer – die letzten fünf Kanzlerjahre*, Bergisch Gladbach 1994.

Dies.: *Meine Erinnerungen an Konrad Adenauer*, Stuttgart 1970.

Schmid, Carlo: *Erinnerungen*, Bern/München/Wien 1979.

Schröder, Gerhard u. a. (Hrsg.): *Ludwig Erhard. Beiträge zu seiner politischen Biographie. Festschrift zum fünfundsiebzigsten Geburtstag,* Berlin 1972.

Seydoux, François: *Botschafter in Deutschland. Meine zweite Mission 1965 bis 1970,* Frankfurt a. M. 1978.

Stoltenberg, Gerhard: *Wendepunkte. Stationen deutscher Politik 1947–1990,* Berlin 1997.

Strauß, Franz Josef: *Die Erinnerungen,* Berlin 1989.

Ders.: *Herausforderung und Antwort. Ein Programm für Europa,* Stuttgart 1968.

Ulbricht, Walter: »Der offene Brief des ZK der SED und die Antwort der SPD. Referat des Genossen Walter Ulbricht auf der 12. Tagung des ZK der SED 27./28. April 1966. Stellungnahme des ZK der SED zum Meinungsaustausch zwischen SED und SPD«, Berlin 1966.

Vogel, Lars (Hrsg.): *Ludwig Erhard. Das Prinzip Freiheit. Maximen und Erkenntnisse,* Köln 2009.

Wickert, Erwin: *Mut und Übermut: Geschichten aus meinem Leben,* Stuttgart 1991

4. Sekundärliteratur

Adschubej, Alexej Ivanowitsch: *Wir sahen Westdeutschland,* München 1964.

Altmann, Rüdiger (Hrsg.): *Ludwig Erhard und seine Politik,* Stuttgart 1985.

Ders.: *Wirtschaftspolitik und Staatskunst: Wirkungen Ludwig Erhards. Aus Anlaß seines achtzigsten Geburtstages,* Bonn 1977.

Ders. (Hrsg.): *Die Formierte Gesellschaft,* Stuttgart 1965.

Ders.: *Das Erbe Adenauers,* Stuttgart 1960.

Bavendamm, Dirk: *Bonn unter Brandt. Machtwechsel oder Zeitenwende,* Wien, München, Zürich 1971.

Berendt, Joachim-Ernst, *Ein Fenster aus Jazz. Essays, Portraits, Reflexionen*, Frankfurt a. M. 1977.

Blasius, Rainer A. (Hrsg.): *Von Adenauer zu Erhard. Studien zur Auswärtigen Politik der Bundesrepublik Deutschland 1963*, München 1994.

Borchard, Michael: *Eine unmögliche Freundschaft. David Ben-Gurion und Konrad Adenauer*, München 2019.

Bösch, Frank: *Die Adenauer-CDU Gründung, Aufstieg und Krise einer Erfolgspartei 1945–1969*, Stuttgart 2001.

Bracher, Karl Dietrich (Hrsg.): *Nach 25 Jahren. Eine Deutschland-Bilanz*, München 1970.

Buchhaas, Dorothee: *Die Volkspartei. Programmatische Entwicklung der CDU 1950–1973*, Düsseldorf 1981.

Caro, Michael K.: *Der Volkskanzler Ludwig Erhard*, Köln 1965.

Carstens, Karl u. a. (Hrsg.): *Franz Josef Strauß. Erkentnisse, Standpunkte, Ausblicke*, München 1985.

Caspari, Volker/ Lichtblau, Klaus: *Franz Oppenheimer. Ökonom und Soziologe der ersten Stunde*, Frankfurt a. M. 2014.

Conze, Eckart: »›Atlantiker‹ und ›Gaullisten‹: eine Kontroverse zur deutschen Außenpolitik aus den 1960er Jahren«, in: Ulrich Schlie (Hrsg.): *Horst Osterheld und seine Zeit (1919–1998)*, Wien u. a. 2006, S. 99–124.

Dalberg, Thomas: *Franz Josef Strauß. Portrait eines Politikers*, Gütersloh 1968.

Deininger, Roman: *Die CSU. Bildnis einer speziellen Partei*, München 2020.

Delius, Friedrich Christian: *Wir Unternehmer. Über Arbeitgeber, Pinscher und das Volksganze. Eine Dokumentar-Polemik anhand der Protokolle des Wirtschaftstages der CDU/CSU 1965 in Düsseldorf*, Berlin 1966.

Dexheimer, Wolfgang F.: *Koalitionsverhandlungen in Bonn 1961–1965–1969. Zur Willensbildung in Parteien und Fraktionen*, Bonn 1973.

Dönhoff, Marion Gräfin: *Deutsche Außenpolitik von Adenauer bis Brandt*, Hamburg 1970.

Dies.: *Von gestern nach Übermorgen. Zur Geschichte der Bundesrepublik Deutschland*, Hamburg 1981.

Ehlert, Holger/Reichel, H.: *Die Zukunft der Demokratie. Erhards Formierte Gesellschaft oder sozialistischer Demokratismus*, Rheinberg 1965.

Eschenburg, Theodor: *Zur politischen Praxis in der Bundesrepublik. Bd. II: Kritische Betrachtungen 1961–1965*, München 1966.

Flach, Karl-Hermann: *Erhards schwerer Weg*, Stuttgart 1963.

Gassert, Philipp: *Kurt Georg Kiesinger 1904–1988. Kanzler zwischen den Zeiten*, München 2006.

Geiger, Tim: »Koalitionsverhandlungen und Koalitionsmanagement in der Kanzlerschaft Ludwig Erhards 1963–1966«, in: Gassert, Philipp und Hennecke, Hans Jörg: (Hrsg.): *Koalitionen in der Bundesrepublik. Bildung, Management und Krisen von Adenauer bis Merkel*, Paderborn 2017, S. 83–112.

Ders.: *Atlantiker gegen Gaullisten, Außenpolitischer Konflikt und innerparteilicher Machtkampf in der CDU/CSU 1958–1969*, München 2008.

Geppert, Dominik / Schwarz, Hans-Peter (Hrsg.): *Konrad Adenauer, Ludwig Erhard und die Soziale Marktwirtschaft*. Rhöndorfer Ausgabe, bearbeitet von Holger Löttel, Paderborn 2019.

Gieler, Wolfgang (Hrsg.): *Deutsche Entwicklungsminister von 1961–2008. Biographie, Konzeption und Einfluss auf nationale und internationale Entwicklungshilfe*, Bonn 2008.

Gillies, Peter / Koerfer, Daniel / Wengst, Udo: *Ludwig Erhard*, Berlin 2010.

Gotto, Klaus (Hrsg.): *Der Staatssekretär Adenauers. Persönlichkeit und politisches Wirken Hans Globkes*, Stuttgart 1980.

Gross, Johannes: *Wie das Wunder in die Jahre kam. Essays zu Deutschland*, Düsseldorf/Wien/New York/Moskau 1994.

Ders.: *Phönix in Asche. Kapitel zum westdeutschen Stil*, München 1989.
Ders.: *Die Deutschen*, Frankfurt a. M. 1967.
Haselhoff, Otto Walter: *STERN. Strategie und Krise einer Publikumszeitschrift*, Mainz 1977.
Heck, Bruno: *Vaterland Bundesrepublik?* Osnabrück 1984.
Henkels, Walter: *Ganz das Gegenteil, Konrad Adenauer und Ludwig Erhard in der Karikatur*, Düsseldorf, Wien, 1967.
Hennis, Wilhelm/Kielmansegg, Peter Graf (Hrsg.): *Regierbarkeit. Studien zu ihrer Problematisierung*, Bd. 2, Stuttgart 1977/1979.
Hentschel, Volker: *Ludwig Erhard. Ein Politikerleben*, München/Landsberg am Lech 1996.
Herrmann, Ulrike: *Deutschland, ein Wirtschaftsmärchen. Warum es kein Wunder ist, dass wir reich geworden sind*, Frankfurt a. M. 2019.
Hildebrand, Klaus: »Von Erhard zur Großen Koalition 1963–1969«, (*Geschichte der Bundesrepublik Deutschland*, Bd. 4), Stuttgart 1984.
Ders.: »Ludwig Erhard. 1897–1977«, in: Lothar Gall (Hrsg.): *Die großen Deutschen unserer Epoche*, Berlin 1995, S. 368–378.
Hoppe, Christoph: *Zwischen Teilhabe und Mitsprache: Die Nuklearfrage in der Allianzpolitik Deutschlands 1959–1966: Nuclear History Program (NHP)*, Baden-Baden 1993.
Hurnaus, Nadira/ Martensen, Ute (Hrsg.): *Festschrift für Hans Klein*. 4 Bde., München 1996.
Jaspers, Karl: *Wohin treibt die Bundesrepublik? Tatsachen, Gefahren, Chancen*, München 1966.
Ders.: *Antwort. Zur Kritik meiner Schrift: Wohin treibt die Bundesrepublik?* München 1967.
Klein, Hans: »Entwicklungspolitik zur Wahrung der Menschenrechte und als christliches Gebot«, in: Bundesministerium für wirtschaftliche Zusammenarbeit und Entwicklung (Hrsg.): *Auf Augenhöhe. 50 Jahre Bundesministerium für*

wirtschaftliche Zusammenarbeit und Entwicklung, Baden-Baden 2012, S. 129–138.
Ders. (Hrsg.): *Die Bundeskanzler*, 2. Aufl., Berlin 1994.
Ders.: *Ludwig Erhard*, Köln 1967.
Koch, Roland/ Kroll, Frank-Lothar (Hrsg.): *Heinrich von Brentano. Ein Wegbegleiter der europäischen Integration*, München 2004.
Koerfer, Daniel: *Kampf ums Kanzleramt. Erhard und Adenauer*, München, Salzburg 2020 (1. Aufl. Darmstadt 1987).
Köhler, Henning: Adenauer. *Eine politische Biographie*, Berlin 1994.
Kosthorst, Daniel: »Sowjetische Geheimpolitik in Deutschland? Chruschtschow und die Adschubej-Mission 1964«, in: *Vierteljahrshefte für Zeitgeschichte*, Jg. 44 (1996), Heft 2, S. 257–293.
Kunst, Hermann u. a. (Hrsg.): *Dem Staate verpflichtet. Festgabe für Gerhard Schröder*, Berlin, 1980.
Laitenberger, Volkhard: *Ludwig Erhard. Der Nationalökonom als Politiker*, Göttingen/Zürich 1986.
Lehmann, Hans-Georg: *Chronik der Bundesrepublik Deutschland 1945/49–1981*, München 1981.
Leontjew, Lew: ОПЕРАЦИЯ »ОФОРМЛЕННОЕ ОБЩЕСТВО« [Operation »Formierte Gesellschaft«], in: *Literaturnaja Gazeta*, 1966.
Lojewski, Werner von: *Bonn am Wendepunkt. Die Krise der deutschen Außenpolitik. Analyse und Bilanz*, München/Esslingen 1965.
Lucas, Hans-Dieter: *Europa vom Atlantik bis zum Ural? Europapolitik und Europadenken im Frankreich der Ära de Gaulle (1958–1969)*, Bonn 1992.
Lukomski, Jess M.: *Ludwig Erhard. Der Mensch und der Politiker*, Düsseldorf/Wien 1965.
Mahrenholz, Ernst G.: *Die Kirchen in der Gesellschaft der Bundesrepublik*, Hannover 2. durchges. Aufl. 1972 (1969).

Margara, Andreas: *Geteiltes Land, geteiltes Leid. Geschichte der deutsch-vietnamesischen Beziehungen von 1945 bis zur Gegenwart*, Berlin 2022.

Merseburger, Peter: *Willy Brandt 1913–1992. Visionär und Reaktionär*, Stuttgart, München 2002.

Ders.: *Mythos Weimar. Zwischen Geist und Macht*, München 2007.

Mintzel, Alf: *Geschichte der CSU. Ein Überblick*, Opladen 1977.

Morgan, Roger: *Washington und Bonn. Deutsch-amerikanische Beziehungen seit dem 2. Weltkrieg*, München 1975.

Niclauß, Karheinz: *Kanzlerdemokratie. Regierungsführung von Konrad Adenauer bis Angela Merkel*, Wiesbaden 2015.

Noelle-Neumann, Elisabeth: *Eine Generation später. Bundesrepublik Deutschland 1953 bis 1979. Eine Allenbacher Langzeit-Studie*. Institut für Demokratie Allensbach, Allensbach am Bodensee 1981.

Nolte, Ernst: *Deutschland und der Kalte Krieg*, München/Zürich 1974.

Oppelland, Torsten: *Gerhard Schröder (1910–1989). Politik zwischen Staat, Partei und Konfession*, Düsseldorf 2002.

Pruys, Karl Hugo: *Hans Johnny Klein. Journalist. Diplomat. Politiker. Eine Biographie*, Starnberg 1990.

Rubin, Hans Wolfgang: *Die Stunde der Wahrheit. Zum Verhältnis der Wissenschaft zu Politik, Wirtschaft und Medien in der Wissensgesellschaft*, Bonn 1967.

Scheuch, Erwin K. (Hrsg.): *Die Wiedertäufer der Wohlstandsgesellschaft. Eine kritische Untersuchung der »Neuen Linken« und ihre Dogmen*, Köln 1968.

Schlecht, Otto: *Konzentrierte Aktion als Instrument der Wirtschaftspolitik*, Tübingen 1968.

Schlie, Ulrich (Hrsg.): *Horst Osterheld und seine Zeit* (1919–1998), Wien 2006.

Schwan, Heribert/ Steininger, Rolf: *Die Bonner Republik 1949–1998*, Berlin 2009.

Schwarz, Hans-Peter: *Die Fraktion als Machtfaktor. CDU/CSU im Deutschen Bundestag 1949 bis heute*, München 2009.

Ders.: *Adenauer. Der Staatsmann 1952–1967*, München 1991.

Ders.: *Adenauer. Der Aufstieg 1876–1952*, München 1986.

Seeliger, Rolf: *Rainer Barzel. Kronprinz im Zwielicht. Eine Dokumentation*, München 1966.

Siekmeyer, Mathias: *Restauration oder Reform? Die FDP in den sechziger Jahren. Deutschland- und Ostpolitik zwischen Wiedervereinigung und Entspannung*, Köln 1998.

Stackelberg, Karl-Georg von: *Attentat auf Deutschlands Talisman. Ludwig Erhards Sturz. Hintergründe, Konsequenzen*, Stuttgart u. a. 1967.

Wambach, Kai: *Rainer Barzel. Eine Biographie*, Boston 2019.

Abkürzungen

AA	Auswärtiges Amt
AAPD	Akten zur Auswärtigen Politik der Bundesrepublik Deutschland
ACDP	Archiv für Christlich-Demokratische Politik der Konrad-Adenauer-Stiftung (Sankt Augustin)
ACSP	Archiv für Christlich-Soziale Politik der Hanns-Seidel-Stiftung (München)
AdsD	Archiv der sozialen Demokratie der Friedrich-Ebert-Stiftung (Bonn)
BAK	Bundesarchiv (Koblenz)
Bd.	Band
Bde.	Bände
BDI	Bundesverband der Deutschen Industrie
BMWi	Bundesministerium für Wirtschaft
BPA	Bundespresseamt
CBS	*Columbia Broadcasting System*
CDU	Christlich Demokratische Union Deutschlands
CSSR	Tschechoslowakei
CSU	Christlich-Soziale Union
DDR	Deutsche Demokratische Republik
DDP	Deutsche Demokratische Partei
DIMITAG	Dienst mittlerer Tageszeitungen
DM	Deutsche Mark
DP	Deutsche Partei
DStP	Deutsche Staatspartei
EG	Europäische Gemeinschaft

EGKS	Europäische Gemeinschaft für Kohle und Stahl (Montanunion)
EKD	Rat der Evangelischen Kirche in Deutschland
EU	Europäische Union
EUCD	Europäische Union Christlicher Demokraten
EUJCD	Europäische Union Junger Christlicher Demokraten
EURATOM	Europäische Atomgemeinschaft
EVG	Europäische Verteidigungsgemeinschaft
EVP	Europäische Volkspartei
EWG	Europäische Wirtschaftsgemeinschaft
EZU	Europäische Zahlungsunion
FAZ	Frankfurter Allgemeine Zeitung
FDGB	Freier Deutscher Gewerkschaftsbund
FDP	Freie Demokratische Partei
FES	Friedrich-Ebert-Stiftung (Bonn)
GATT	*General Agreement on Tariffs and Trade* (Allgemeines Zoll und Handelsabkommen)
GG	Grundgesetz
H.	Heft
hrsg.	herausgegeben
Hrsg.	Herausgeber
HSS	Hanns-Seidel-Stiftung (München)
IWF	Internationaler Währungsfonds
Jg.	Jahrgang
KAS	Konrad-Adenauer-Stiftung (St. Augustin)
KPdSU	Kommunistische Partei der Sowjetunion
LES	Ludwig-Erhard-Stiftung (Bonn)
m. E.	meines Erachtens
MLF	*Multilateral Force* (Multilaterale Atomstreitmacht)
NATO	*North Atlantic Treaty Organization* (Nordatlantikpakt)
NHP	*Nuclear History Program*

NSDAP	Nationalsozialistische Deutsche Arbeiterpartei
o. D.	ohne Datum
OEEC	*Organization for European Economic Cooperation* (Organisation für europäische wirtschaftliche Zusammenarbeit)
SED	Sozialistische Einheitspartei Deutschlands
SPD	Sozialdemokratische Partei Deutschlands
SS	Schutzstaffel
u. a.	und andere (unter anderem)
UdSSR	Union der Sozialistischen Sowjetrepubliken
USA	*United States of America* (Vereinigte Staaten von Amerika)
WEU	*Western European Union*
ZK	Zentralkomitee

Dank

Mein Dank gilt zunächst der Ludwig-Erhard-Stiftung in Bonn, ihrem Vorsitzenden, Herrn Ministerpräsidenten a. D. Roland Koch, und ihren Geschäftsführern, Herrn Marcus Lübbering und Herrn Staatssekretär a. D. Patrick Opdenhövel, die die Veröffentlichung der politischen Memoiren von Ludwig Erhard möglich gemacht haben. Herr Andreas Schirmer (Ludwig-Erhard-Stiftung, Bonn) hat mit kundiger Fachkenntnis und stets hilfreich sowohl die Arbeiten im Archiv als auch die Entstehung des Manuskripts begleitet. Frau Nadira Hurnaus hat Fotografien ihres verstorbenen Vaters, Herrn Bundestagsvizepräsident a. D. Hans »Johnny« Klein, beigesteuert und wertvolle Informationen zu ihrem Vater ergänzt. Dankbar habe ich mich bei der Erstellung des Manuskripts an Gespräche über Ludwig Erhard und die deutsche Außenpolitik in dessen Zeit als Bundeskanzler mit Herrn Rüdiger Altmann (†), Herrn Botschafter a. D. Alexander Böker (†), Herrn Staatssekretär a. D. Hans von Herwarth (†), Herrn Rüdiger von Voss (†) und insbesondere Herrn Botschafter a. D. Horst Osterheld (†) erinnert. Herr Jürgen Diessl hat weit über die verlegerische Betreuung hinaus mit großem Einsatz und feinem Gespür für Sprache und Themen die Entstehung des Manuskripts ermuntert und gefördert, Frau Annalisa Viviani hat mit hoher Professionalität den Weg zum satzfertigen Manuskript bereitet. Herr Julius Schwafferts und das Team der Henry-Kissinger-Professur an der Rheinischen Friedrich-Wilhelms-Universität Bonn haben wertvolle Hilfe bei den Recherchen, dem Textabgleich und der Erstellung der Anhänge geleistet. Den Archivarinnen und Archivaren der neben der Ludwig-Erhard-Stiftung aufgesuchten Archive und Bibliotheken, namentlich dem Archiv für Christliche Politik der Hanns-Seidel-Stiftung in München, dem Bundesarchiv in Koblenz, dem Archiv für Christlich-Demokratische Politik der Konrad-Adenauer-Stiftung in St. Augustin , danke ich für vielfältige Unterstützung. Frau Evi Kurz (Fürth), Herrn Dominik Geppert (Potsdam), Herrn Holger Löttel (Rhöndorf) und Herrn Bülend Ürük (Berlin) danke ich für wertvolle Hinweise und Anregungen. Stephanie Salzmann und Clemens Schlie haben die Entstehung des Manuskripts mit Rat und Tat begleitet.

Ulrich Schlie
Bonn, Ostern 2024

Bildnachweis

Abb. 1: Ludwig-Erhard-Stiftung, LE 4055
Abb. 2: Bundesbildstelle B 145 Bild-00096342
Abb. 3: Bundesbildstelle (Klein, Hans: *Ludwig Erhard*, Köln 1967, S. 139)
Abb. 4: Bundesbildstelle (Klein, Hans: *Ludwig Erhard*, Köln 1967, S. 154)
Abb. 5: Ludwig-Erhard-Stiftung, LE 4034
Abb. 6: Walter Henkels: *Ganz das Gegenteil*, Düsseldorf 1967, S. 16.
Abb. 7: Konrad-Adenauer-Stiftung; Urheber: DIE WAAGE Gemeinschaft zur Förderung des sozialen Ausgleichs e. V., Köln
Abb. 8. HSS-ACSP/Foto Josef A. Slominski
Abb. 9: Bundesbildstelle B 145 Bild-F 021006-0026 (Klein, Hans: *Ludwig Erhard*, Köln 1967, S. 3)
Abb. 10: Bundesbildstelle (Klein, Hans: *Ludwig Erhard*, Köln 1967, S. 6)
Abb. 11: Ludwig-Erhard-Stiftung, LE 4291
Abb. 12: Bundesbildstelle B 145 Bild-00074844
Abb. 13: Bundesbildstelle B 145 Bild-P090947
Abb. 14: Bundesbildstelle B 145 Bild-00113601
Abb. 15: Bundesbildstelle B 145 Bild-00009972
Abb. 16: Bundesbildstelle (Klein, Hans: *Ludwig Erhard*, Köln 1967, S. 122)
Abb. 17: Ludwig-Erhard-Stiftung, LE 4137
Abb. 18: Ludwig-Erhard-Stiftung, LE 4160
Abb. 19: Ludwig-Erhard-Stiftung, LE 3894
Abb. 20: Bundesbildstelle B 145 Bild-00016660

Abb. 21: Bundesbildstelle B 145 Bild-00049390
Abb. 22: Bundesbildstelle B 145 Bild-00091491
Abb. 23: Bundesbildstelle B 145 Bild-00003191
Abb. 24: Bundesbildstelle (Klein, Hans: *Ludwig Erhard*, Köln 1967, S. 94)
Abb. 25: Bundesbildstelle B 145 Bild-00094565
Abb. 26: Bundesbildstelle B 145 Bild-00138565
Abb. 27: Bundesbildstelle B 145 Bild-00095895
Abb. 28: Ludwig-Erhard-Stiftung, LE 4078
Abb. 29: Ludwig-Erhard-Stiftung, LE 4295
Abb. 30: Ludwig-Erhard-Stiftung, LE 4138
Abb. 31: dpa-Picture-Alliance, A1841
Abb. 32: Ludwig-Erhard-Stiftung, LE 4151

Personenregister